养成一生有用的好习惯

新教育实验『每月一事』操作手册

新教育研究院◎编著

長江出版傳媒 | 湖北教育出版社

本书编委会

总序

教育实验是一项细致而长久的工程，需要通过一代人去影响另一代人，不能急于求成，不能故步自封，一定要学会等待，一定要耐得住寂寞。

新教育实验更不例外。

中国教育有许多弊端，但仅仅是怒目金刚式的斥责和鞭挞，虽然痛快却无济于事。对于中国教育而言，最需要的是行动与建设，只有行动与建设，才是真正深刻而富有颠覆性的批判与重构。

新教育实验就是寓重构于行动之中，寓批判于建设之中。

新教育要做的，就是给教师和学生一种幸福完整的教育生活，一个开阔无垠的精神视野，让他们对人的内心的复杂性有更为深切的体验，不但要了解生命的伟大和宇宙的博大，而且要感受生活的丰富与人性的丰厚。

从2000年《我的教育理想》的出版，新教育思想悄然萌芽，到2014年《新教育文库》的第三版重订，此时此刻的中国大地上，2000多所学校的200多万新教育师生，正走在新教育的路上。

以追寻理想的执着精神、深入现场的田野精神、共同生活的合作精神、悲天悯人的公益精神，埋首耕耘，成就我们的人生、我们的教育、我们的民族。这就是新教育精神的本质内涵。

新教育追求高度，但永远不会高高在上；新教育培养卓越的教师，更关注普通的教师；新教育不是一个精英俱乐部，而是一个宽容开放的团队。新教育始终敞开胸怀，永远等待、拥抱理想主义者。真实的新教育，永远在田野中，在千千万万默默无闻的普通老师的教室里。

新教育人，就是这样一群有着共同梦想、遵守共同标准的志同道合者。彼此为对方的生命祝福，彼此珍惜生命中偶然的相遇，彼此郑重作出承诺，共同创造一间又一间完美的教室，共同书写一篇又一篇生命的传奇。

新教育不求无懈可击的理论体系，而是强调行动起来，在实践中思考，在实践中提升，在实践中成长。帮孩子成为自己，让我们成为自己，一个完整的幸福的自己。我们不是人类文明的创始者，但人类文明可以通过教育的伟大理想穿越时空，通过我们今天的行动变为现实。

当然，我们也知道，只有对新教育的认识从“概念”向“信念”推进，由“理想”转向“思想”引领，激发出人们深沉的情感、执着的意志，从精神世界的积淀表现为主体的自觉行动时，新教育实验才可能真正成为人生力量和教育智慧的策源地。

新教育文库，正是总结、梳理、传播新教育人的所行所思所得的一种努力。无论是经验还是教训，这一路跋涉的足迹，将成为指向明天的路标。在这套文库中，不同书系有着不同定位：我们希望用“通识书系”积淀下新教育的根本书籍，用“蒲公英书系”及时总结一线教育经验，用“萤火虫书系”全力搭建家校沟通的平台……我们并不准备用一部部书籍堆砌功名的城堡，但我们盼望这一部部心血凝成、行动书写的图书，能够成为一块块砖石，铺就一座通往彼岸的桥梁。

那么，新教育的彼岸是什么模样？

我想，彼岸是一群又一群长大的孩子，从他们身上能清晰地看到：政治是有理想的，财富是有汗水的，科学是有人性的，享乐是有道德的。

亲爱的新教育同仁，我们正在这条通往彼岸的船上。让我们同心同行，过一种幸福完整的教育生活。

行动，就有收获。

坚持，才有奇迹。

朱永新

目录

序

▶ 养成一生有用的好习惯

许新海

"教育就是养成习惯。"品读古今中外诸多教育名言，至今仍让人满口生津。我国古代思想家、教育家孔子曾指出，少年若天性，习惯如自然。著名教育家叶圣陶主张："教育是什么？就简单方面讲，只须一句话，就是养成良好的习惯。"俄国教育家乌申斯基说过："良好习惯乃是人在神经系统中存放的道德资本，这个资本在不断增值，而人在其整个一生中就享受着它的利息。"英国教育家培根指出："习惯是人生的主宰，人们务必努力求得好习惯。"

好习惯之于每一个生命个体自主发展、终身发展、社会发展的价值，已是业内外的共识。但是，光有共识，没有行之有效的举措，还是难以解决现实生活中的种种尴尬的。新教育实验发起人朱永新教授于2006年11月，就新教育的核心理念之一"交给学生一生有用的东西"给予了独到、具体的阐释，正式提出了开展新教育实验"每月一事"项目。旨在通过学校、社会、家庭的协同努力，让学生在每一个月中有重点地培育、养成一种终身受用的好习惯。项目一提出，得到了全国新教育实验区（校）的纷纷响应，如今也快十个年头了。近十年来，"每月一事"项目在全国新教育实验区（校）扎扎实实、蓬蓬勃勃地开展着、实践着、提升着，获得了可见的丰硕成果，令人欣喜。尤其是江苏海门新教育实验区"每月一事"项目组，就人一生好习惯的培育与养成进行了卓有成效的研究与实践，曾于2009年，遴选了以下12个主题：1月，吃饭——节约的主题；2月，走路——规则的主题；3月，种树——公益的主题；4月，踏青——自然的主题；5月，扫地——劳动的主题；6月，唱歌——艺术的主题；7月，玩球——健身的主题；8月，微笑——交往的主题；9月，阅读——求知的主题；10月，家书——感恩的主题；11月，演说——自信的主题；12月，日记——自省的主题，编写了《一生有用的十二个好习惯：新教育实验"每月一事"项目操作手册》，由天津教育出版社正式出版，并在新教育实验区（校）

内推广使用。“每月一事”项目既是实现新教育实验核心理念的一个重要方法，也是新教育实验的一个重要工程和独特的知识产权。

事物是历史发展的进程，具有历史的继承性，又与时俱进，反映时代的新问题，体现时代的新要求，着眼时代的新发展。随着“德育为先，能力为重，全面发展”教育改革与发展战略主题的提出，随着社会主义核心价值观培育、践行的全面深入推进，随着学生发展核心素养体系的逐步建构，足以引发新教育人对时代境遇下的“每月一事”项目，进行新的思考、新的梳理、新的实践，也呈现新的成果。因此，新教育研究团队决定重新编写“每月一事”操作手册。

中国家教文化中有一句格言：“三岁看大，七岁看老。”为什么从三岁孩子的身上能看到他（她）长大的样子呢？曾有一名记者采访过一位诺贝尔奖获得者：

记者：“您在哪所大学学到了您认为最重要的东西？”

那位白发苍苍的诺贝尔奖获得者平静地回答：“在幼儿园。”

记者接着问：“您在幼儿园学到了什么呢？”

诺贝尔奖获得者说：“学到了把自己的东西分一半给小伙伴；不是自己的东西不要拿；东西要放整齐；饭前便后要洗手；要诚实，不撒谎；打扰了别人要道歉；做错了事要改正；大自然很美，要仔细观察大自然……我一直是按幼儿园老师教的去做的。”

这位诺贝尔奖获得者的回答，足以印证幼时养成的好习惯对未来人生影响的深远。好习惯养成的关键期在于幼儿时期，一般在6岁以前，人的生活习惯基本形成。由此可以这样说，孩子的好习惯始于幼儿教育。因此，海门新教育实验区早在多年前就把“每月一事”项目推及至全市每一所幼儿园，如今也已悄然开花结果。本次“每月一事”操作手册的重新编写，我们把海门新教育实验区幼儿园的实验成果也纳入其中，使操作手册更为科学、更为全面。

好习惯的形成是学生周遭的外部条件及其自身的内部条件交互作用的一个过程、一种结晶。因此，“每月一事”项目的落实与推进，不仅仅局限于学校范围内，严格来说，孩子的好习惯更多的是始于家庭。家庭就是一个小社会，家庭成员的思想、言论、行为相互影响度非常高。家庭成员的品行修养、行为方式、人际交往等将是孩子养成好习惯最直接、最日常的“原型教科书”。新教育实验“十大行动”之一“家校合作共建”，为“每月一事”项目的有效推进打开了另一扇窗。多年来，海门市新教育实验区在“每月一事”推进过程中，充分关注、挖掘家庭这一不可或缺的重要资源，坚持学校与家庭，教师与家长合作共建，相通相融，及时解决孩子好习惯养成过程中出现的困惑与问题，最终实现教师与家长在培育孩子好习惯的过程中也遇见最美的自己。

据以上的思考与实践，新教育实验研究团队以海门市新教育实验区“每月一事”项目组的实验成果为蓝本，组织教授、教研员、校长、教师围绕“养成一生有用的好习惯”这个理念进行多次研讨，不断提炼影响人一生发展的核心习惯要目，筛选与完善“每月一事”项目的主题与专题，如 2 月份的主题，由原来的“规则”改成“循规”，后由“循规”改成“守规”，每一个主题与专题的确定，都经过大家多次的思考与推敲，这样使操作手册更加体系化、层次化、细目化，更具时代意义。现确定手册总体架构如下：

素养类别	建议月份	每月一事	主题	指向	专题
自我发展	1	让我们学会吃饭	节俭	讲俭省	节约　节制　简朴
	2	让我们不闯红灯	守规	守规矩	遵纪　守法　诚信
	5	让我们学会扫地	勤劳	爱劳动	自理　敬业　创造
	7	让我们玩球去	健身	惜生命	运动　健康　坚持
	11	让我们学会演讲	自信	我能行	乐观　勇敢　担当
社会交往	3	让我们不乱扔垃圾	环保	护环境	卫生　绿色　生态
	4	让我们去做志愿者	公益	做好事	参与　互助　志愿
	8	让我们成为好朋友	友善	会交往	善良　沟通　合作
	10	让我们给父母写信	感恩	有爱心	孝敬　尊师　爱国
文化学习	6	让我们学会表演	审美	懂艺术	感受　鉴赏　表现
	9	让我们快乐阅读	好学	乐学习	好奇　专注　质疑
	12	让我们记录生活	自省	善反思	计划　自律　自强

整个操作手册还是以每个月的习惯养成主题为系列，每一个主题下设有三个专题，每一个主题章节的结构框架调整为：一、名词解释：用准确精练的语言解释主题的内涵；二、行为规范：用具体可感的行动描述呈现主题的外延；三、名言警句：与主题相匹配的古今中外的名人名言、谚语警句；四、参考故事：与主题相匹配的可读性强的古今中外正能量故事；五、活动方案：具有可操作性的活动设计案例，包括活动目标、活动对象、活动准备、活动过程、活动评价、活动说明等；六、活动体会：讲述师生的生命叙事。

诚然，本操作手册也只是一个为广大新教育实验区（校）提供可借鉴的案例，尤其是其中的活动方案并不是唯一的实践路径。大家在具体的实践过程中，可以充分结合校本、班本课程展开，如每天的晨会课程、每周的班队活动课程、社团活动课程、每月的家校合作课程、每学期的学校节日课程等等，通过多元整合，最大效度地创造性实施，我们期待大家更为灿烂的成果。

新教育人形成这样一个共识:新教育实验“每月一事”项目的深入推进与操作手册的重新编写,是落实立德树人的根本任务、在广大青少年中培育和践行社会主义核心价值观的一个具体举措,是真正让社会主义核心价值观在学生心田播下种子,并且生根、开花、结果的一个重要载体,是学生核心素养中最关键、最必要的共同素养培育的一个有力支撑点。

基础教育的使命是奠定每一个儿童学力发展的基础和人格发展的基础,而人格发展的研究是首要的。习惯是一个人素养、人格的直接反映。新教育人坚信:多一个好习惯,心中就多一分自信;多一个好习惯,人生中就多一分成功的机会;多一个好习惯,生命就多一分享受美好生活的能力。

“每月一事”是一种追求,它在力所能及的范围内营造好习惯养成的氛围;“每月一事”是一种自觉,它用行动告诉人们好习惯养成的刻不容缓;“每月一事”更是一种幸福,当教师、学生、家长亲历其中时,收获的不仅仅是一种好习惯、一种好性格,而是一个灿烂、美好的人生。

作者系新教育研究院院长、中国陶行知研究会新教育分会理事长、中共江苏省海门市委教育工委书记、教育局党组书记、局长,江苏省特级教师,教育哲学博士。

第一章

1 月:节俭——让我们学会吃饭

【素养类别】自我管理
【每月一事】让我们学会吃饭(1 月)
【相关专题】节约　节制　简朴

▶ 一、名词解释

【节俭】生活俭省,有节制。《晏子春秋·谏下十四》:“法其节俭则可,法其服,居其室,无益也。”《史记·平津侯主父列传》:“盖闻治国之道,富民为始;富民之要,在于节俭。”唐白居易《太平乐词》之一:“岁丰仍节俭,时泰更销兵。”

【节约】节省,俭约的意思。《汉书·辛庆忌传》:“庆忌居处恭俭,食欲被服尤节约。”《宋书·五行志三》:“今宜罢散民役,务从节约,清扫所灾之处,不敢于此有所营造。”

【节制】①节度限制。②纪律,谓约束有方。《荀子·议兵》:“秦之锐士,不可以当桓文之节制。”③指挥管辖。《新唐书·郭英乂传》:“以武勇有名河陇间,累迁诸卫员外将军。哥舒翰见之,曰:‘是当代吾节制者。’”

【简朴】语言、文笔、生活等简单朴素。《后汉书·魏霸传》:“和帝时为钜鹿太守,以简朴宽恕为政。”宋陆游《游山西村》诗:“箫鼓追随春社近,衣冠简朴古风存。”

▶ 二、行为规范

* 不偏食、不挑食,荤菜、蔬菜搭配着吃。
* 在外就餐时点菜要适量,吃不完要打包带回。
* 感觉有些饱了就停止用餐。
* 外出时要自备白开水。
* 去饭店消费时,不追求价格贵的菜,要尽量经济实惠。
* 吃零食要适度。

* 随手关灯，随手关水。
* 不要使用一次性筷子。
* 喜欢的食物要与人分享，不能拿到自己前面独享。
* 要尽量用淘米水、洗菜水等浇花、冲洗马桶、拖地。
* 洗刷的时候水龙头不要开得过大。
* 不要过长时间不间断放水冲澡。
* 一旦停电停水，要及时拧紧水龙头，关闭电源。
* 洗完头后自然干。
* 刷牙时，水龙头不要总开着。
* 牙膏要挤干净，快用完时可以剪开后再使用。
* 洗脸时，用盆装水，够用即可。
* 衣服可集中起来洗，也能省水。
* 看完电视后及时拔掉插头。
* 人离开时要随手关闭电灯。
* 长时间不用电脑时要关闭或设置为睡眠状态。
* 要多走楼梯，少用电梯。
* 夏天要少用空调多开窗。
* 使用电风扇尽量开低挡。
* 使用空调时，温度设定不要过低或过高。
* 要尽量使用节能灯。
* 尽量在谷时段用电。
* 换季不用空调遥控器时，要及时将电池取出。
* 要尽量使用充电电池。
* 要多使用手帕少使用餐巾纸。
* 要把没有用完的练习本收集起来作草稿本。
* 复印材料时要尽量两面使用纸张。
* 要尽量使用电子贺卡。
* 包装盒、塑料瓶等尽量回收。
* 不要使用一次性鞋套，可以用旧衣服改成鞋套使用。
* 不向父母乱要零花钱。
* 要少去小卖部，零花钱的使用要有度。
* 不要被打折商品所诱惑，只买自己需要的。
* 养成储蓄的好习惯。
* 要珍惜财产，学会理财。
* 到超市购物时自带购物袋。

* 洗衣皂用小了放在布袋里可以用来洗手。
* 旧的能用的东西要尽量使用。
* 要爱护学习用品,不乱丢、乱放。
* 教科书尽量循环使用。
* 不要浪费学习簿本,用完再买。
* 坏掉不等于废掉,要学会创意自制生活小用品。
* 外出时尽量步行或坐公交与地铁。
* 不要攀比,不要追求名牌,衣服不在于贵,整洁舒适就行。
* 穿不了的旧衣服不要随便丢弃,整理后送给需要的人。

▶ 三、名言警句

◆ 由俭入奢易,由奢入俭难。

◆ 俭朴是我们美德的可靠卫士。

◆ 小处不省钱袋空。

◆ 唯俭可以助廉,唯恕可以成德。

◆ 谁在平日节衣缩食,在穷困时就容易渡过难关;谁在富足时豪华奢侈,在穷困时就会死于饥寒。

◆ 奢者狼藉俭者安,一凶一吉在眼前。

◆ 奢侈会破坏人们的心灵纯质,因为不幸的是,你获得愈多,就愈贪婪,而且确实总感到不能满足自己。

◆ 节俭本身就是一个大财源。

◆ 奢侈好像酒,既使人兴奋,又使人衰弱。

◆ 唯俭可以惜福,唯俭可以养廉。

◆ 取之有度,用之有节,则常足。

◆ 钱币是圆的,所以容易滚走。

◆ 历览前贤国与家,成由勤俭破由奢。

◆ 克勤于邦,克俭于家。

◆ 君子以俭德辟难。

◆ 静以修身,俭以养德。

◆ 节约莫怠慢,积少成千万。

◆ 俭节则昌,淫佚则亡。

◆ 俭,德之共也;侈,恶之大也。

◆ 锄禾日当午,汗滴禾下土。谁知盘中餐,粒粒皆辛苦。

◆ 侈而惰者贫,而力而俭者富。

◆ 不择手段地追求高级物质生活的人,他的思想品德,必然是低级的。

◆ 不戚戚于贫贱，不汲汲于富贵。

◆ 不念居安思危，戒奢以俭；斯以伐根而求木茂，塞源而欲流长也。

◆ 节用于内，而树德于外。

◆ 一粥一饭，当思来之不易；半丝半缕，恒念物力维艰。

◆ 天下之事，常成于勤俭而败于奢靡。

◆ 强本而节用，则天不能贫。

◆ 有德者皆由俭来也。

◆ 勤是摇钱树，俭是聚宝盆。

▶ 四、参考故事

汉堡男孩

维尼讨厌蔬菜！讨厌胡萝卜！讨厌豆子！西兰花、圆白菜、西红柿、生菜、菜花……蔬菜，所有的蔬菜，只要是蔬菜，维尼都讨厌！维尼喜欢汉堡，最喜欢汉堡！除了汉堡，他什么都不吃。妈妈很担心：“维尼，只吃汉堡，小心有一天你会变成汉堡哦！”

维尼真的变成了一个大大的、大大的汉堡！有一天，维尼刚从汉堡店走出来，一只狗就跑过来闻来闻去。“嗯！好香呀！”说完，它张大嘴巴想吃掉维尼。就在这时，维尼听到了妈妈的声音——“危险！维尼，快跑！”维尼跳起来，拔腿就跑，那条狗在后面追。

“嗯！好香呀！汉堡的味道！你别跑！别跑！”“我不是汉堡！我是人！不要追我，放过我！”可是，狗还在拼命地追，而且，数量越来越多，越来越多。1 只、2 只、3 只、4 只……10 只狗在追着维尼跑！它们吼叫着，追赶着可怜的维尼。“嗯！好香呀！我要一口吞掉你！汉堡小子你别跑！别跑！”

维尼接着跑。跑啊跑，维尼拼命地跑。跑啊跑，维尼跑到了野地里。“就藏在这里吧，这儿比较安全。”

哗哗哗哗哗哗——维尼抬头一看，大块头的牛儿们在盯着自己。原来这里是养牛场，有很多很多牛。它们愤怒地喷着粗气：“喂！你这小子！知道你是拿什么做的吗？是我们的肉！”“我不是汉堡！我是人！求求你们，放过我吧！”维尼再次跑起来。穿过养牛场，跨过小河。跑啊跑，跑啊跑，维尼拼命地跑，10 只狗和一群牛在后面追。

“汉堡小子！你给我们站住！”维尼看到几个在玩球的小男孩。“救救我！”维尼喘着粗气：“快救救我！我要被吃掉了。”男孩们停了下来，他们使劲儿盯着维尼，简直不敢相信自己的眼睛。男孩们流着口水靠了过来：“大大的汉堡！太棒了！正好肚子饿了，吃了你！”“我不是汉堡！我是人！求求你们。不要过来！”

可怜的维尼！跑过山，越过谷，跑啊跑，跑啊跑，拼命地跑。为了甩掉大狗、凶牛、饿着肚子的男孩子们，维尼拼命地跑……哦！不！宽宽的马路阻断了维尼的去路，维尼被困住了。前进也不行，后退更不行。怎么办？现在的我是巨型汉堡，这样下去，一定会被吃掉啦！

就在这时，一辆白色面包车来到维尼身边，"吱"的一声停了下来，车门开了。"快点快点，上车上车！""安全了！"坐上车，维尼终于可以安心了。啊，太好了，得救了！可维尼做梦也没想到，更可怕的事情正等着他呢！载着维尼的车子停在了汉堡店前面，一个冰冷的声音传了出来。

"来，大家快来吃汉堡！不来尝一尝巨型汉堡，会后悔哦！欢迎光临！""我不是汉堡！我是人！求求你们，放过我吧！不要吃我！""汉堡居然会说话！太厉害了！"

"卖他个双倍价钱！"汉堡店老板兴奋地说。刀子逼近了维尼，他就要被切成两半了！啊……已经走投无路了……绝望的危急时刻，妈妈跑进来大声喊道："别碰他！不要碰我的孩子！"

妈妈将维尼领回家，给他吃了水果和蔬菜。慢慢地，慢慢地，维尼的汉堡身材开始变化，终于变回了人的样子。"我变回人了！"维尼大声叫起来。"太棒了！太棒了！哈哈，得救了！""我发誓，再也不吃汉堡了！"维尼真的做到了，胡萝卜、菜花、生菜、西兰花、各种豆子……维尼最喜欢吃蔬菜，最喜欢蔬菜了！而且现在只吃蔬菜！以前，维尼可是只吃汉堡的哦。妈妈又担心地说："维尼，要注意啊，你这样只吃蔬菜，小心……变成蔬菜哦！"哦……哦……哦……

富翁巴菲特的生活

巴菲特在全球富人排行榜上总是名列前茅，这得益于巴菲特长期以来卓越的投资管理能力。而他的个人生活却仍然保持着节俭的习惯，至今，他仍居住在他于 1958 年花 3.15 万美元买下的位于奥马哈市的住所内。他喜欢麦当劳的汉堡和可乐，对奢侈品没什么兴趣。

巴菲特对自己的生活标准也感到十分满意，他不追求大豪宅，对新款手机、电脑、汽车也没多大兴趣，更不要说私人岛屿和社会地位这些虚幻的东西。他喜欢过简单的生活，并以此为乐。

当然，巴菲特并非守财奴，也不是什么冥顽不化的老古董。虽然他在投资上反感高科技类的公司，但在实际生活中，他并不排斥这些实用的科技产品。手机、电脑，他也一一纳入囊中。只不过，他更善于衡量一家公司的投资价值，并且绝对坚持自己的生活标准。

巴菲特十分注意自己生活中的开销费用。手机费、上网费、房屋修缮费等，他都会尽量控制并减少。

对大多数人来说，巴菲特的资产仿佛需要几亿光年才能达到，而他节俭的生活习惯也似乎离我们很远很远。很多人喜欢彻头彻尾地钻研巴菲特的投资原则，却忽略了巴菲特节俭的一面。殊不知，在你还没有攒够万贯家财之前，节俭的生活习惯非常重要。巴菲特尚且如此，更何况我们呢？

梁实秋“节制”长寿

一天，梁实秋先生和朋友们一起吃饭。熏鱼端上来了，梁先生说他有糖尿病，不能吃带甜味的东西；“冰糖肘子”端上来，他又说不能碰，因为里面加了冰糖；“什锦炒饭”端上来，他还是说不能吃，因为淀粉会转化成糖。

最后，“八宝饭”端上来了，大家都猜他一定不会碰，没想到梁先生居然开心地说：“这个我要。”朋友提醒他：“里面既有糖又有淀粉。”

梁大师则笑着说他当然知道，就是因为知道有自己最爱吃的“八宝饭”，所以吃前面的菜时他才特别节制。

“我前面不吃，是为了后面吃啊。因为我血糖高，得忌口，所以必须计划着，把那‘配额’留给最爱。”

许多伟大的人，都因为他们节制自己，集中力量在特定的事物上，才有杰出的成就。

居里夫人的故事

1895 年，居里夫人和皮埃尔·居里结婚时，新房里只有两把椅子，正好两人各一把。皮埃尔·居里觉得椅子太少，建议多添几把，以免客人来了没地方坐，居里夫人却说：“有椅子是好的，可是，客人坐下来就不走啦。为了多一点时间搞研究，还是算了吧。”

从 1913 年起，居里夫人的年薪已增至 4 万法郎，但她照样“吝啬”。她每次从国外回来，总要带回一些宴会上的菜单，因为这些菜单都是很厚很好的纸片，在背面写字很方便。难怪有人说居里夫人一直到死都“像一个匆忙的贫穷妇人”。

有一次，一位美国记者寻访居里夫人，他走到村子里一座渔家房舍门前，向赤足坐在门口石板上的一位妇女打听居里夫人的住处。当这位妇女抬起头时，记者大吃一惊：原来她就是居里夫人。

毛泽东简朴小故事——一栋小楼

1964 年，为了让日夜操劳的毛主席能有个休息的地方，中央机关背着他在京西玉泉山盖了一栋小楼，让他在工作之余能去度周末。

毛主席知道后很不高兴，对工作人员说：“‘历览前贤国与家，成由勤俭破由奢。’我反对奢侈腐化，以权谋私，谋求制度和政策以外的特殊待遇。因为干部政治和生活搞特殊化，不仅是为政不廉的表现，也是一种腐化现象。”

工作人员说：“房子已经盖好了，您还是去住吧。”毛主席又说：“要我去住可以，一是盖房子的建设经费要从我的稿费中出，二是必须先让警卫战士去住。”无奈，领导只好安排警卫战士们先轮流去住。

一双旧皮鞋

20世纪50年代末，有一天，毛主席的卫士拿着一双旧皮鞋，叫毛主席身边警卫中队的一名战士出去修。

战士接过皮鞋一看，那是一双棕色的旧皮鞋，虽然擦过油，但鞋面上起了不少皱纹，每只都裂了一条一寸长的口子，鞋底也磨薄了。战士看罢心中不忍，心想我们党和国家的领袖，这样的鞋还再修了穿，叫人怎能不心疼？无奈卫士一再叮嘱：“主席急着穿，一定要抓紧修。”

这位战士下了哨，立即提着这双鞋到西单的修鞋铺去修。修鞋师傅看了这双皮鞋直摇头，半开玩笑地数落道：“小伙子，攒钱娶媳妇哪！这样的鞋哪能修？”战士不能说这鞋是谁的，于是又去了几家修鞋铺，好说歹说都修不了。无奈，战士就坐在修鞋铺里看师傅修鞋，并不时询问。修鞋师傅被感动了，就不时地指点他。最后，战士又去买了修鞋工具和材料，回部队自己修。战士费了九牛二虎之力终于把鞋修好了，不好意思地把鞋交给了卫士，并简要汇报了修鞋经过。

第二天，卫士告诉这位战士，毛主席挺满意。晚上，毛主席在院里散步，路过战士哨位时，正穿着这双棕色皮鞋。这位战士看了又高兴又崇敬，高兴的是自己为领袖修好了鞋，崇敬的是领袖的艰苦朴素作风。当时卫士告诉主席，就是这位战士自己学着修的鞋。主席转过身来，走向战士，拍拍战士的肩膀微笑着说：“修得不错，谢谢你。”

推荐阅读

1.《一园青菜成了精》
2.《弗朗西丝和面包抹果酱》
3.《多多什么都爱吃》
4.《肚子里的火车站》
5.《哪个小孩爱吃胡萝卜》

▶ 五、活动方案

方案一:让我们学会吃饭

【活动目标】

1. 在生活、游戏、实践、阅读等活动中,学会自己吃饭,感受不挑食、不偏食对身体成长的好处。

2. 了解自助餐用餐礼仪和进餐要求,形成良好的文明用餐礼仪,养成爱惜粮食、节约、节俭的良好习惯。

【活动对象】

幼儿园中大班孩子。

【活动准备】

1. 四张绘本内页、PPT、音乐、蔬菜图片、汉堡模型。

2. 菜肴、水果、点心、饮料等食品;碗、勺等餐具。

3. 轻音乐 CD、食物图片。

【活动过程】

1. 亲子游戏:蔬菜蹲。

家长和孩子手拉手进教室。

师:你们都已经变成蔬菜宝宝了呀,你是什么蔬菜宝宝?(问两个孩子)请你低头看一看自己是什么蔬菜宝宝,和爸爸妈妈一起玩蔬菜蹲的游戏吧!

2. 多元阅读明道理。

(1)出示《汉堡男孩》。

师:这么热闹的游戏,吸引来了一位朋友,你们猜猜会是谁?

他的名字叫维尼,大家都叫他汉堡男孩,他原来可不是这样的。

师:怎么会变成这样的呢?

(2)共读《汉堡男孩》。

师:你看到了什么?

师:男孩把西兰花种在花盆里,把西红柿给狗吃,把豌豆当球打,把胡萝卜当高尔夫球杆,只要是蔬菜,男孩都讨厌。他最喜欢吃的就是汉堡,他天天吃,妈妈说:只吃汉堡,小心有一天你会变成汉堡哦!终于有一天,男孩真的变成了一个大大的汉堡。

师:接下去又会发生什么紧张的事呢?

(3)创编《汉堡男孩》故事。

(4)分享创编故事。

(5)集体阅读结尾部分。

讨论:你们想变成故事中的汉堡男孩吗?你们平时爱吃什么菜呢?

小结:如果遇到自己喜欢吃的菜也不能光吃它,一下子吃很多,我们应该什么菜都要吃,这样我们的身体才能得到全面的营养,长得结实、健康,不生病。

3.实践活动:愉快的自助餐。

(1)出示图片,学习用餐礼仪。

师:看,餐厅里有许多用餐礼仪的图片,和爸爸妈妈一起看看说说,有哪些自助餐的用餐礼仪?(文明、谦让、节约、珍惜)

(2)亲子设计标志,进一步理解用餐礼仪和进餐要求。

师:自助餐厅即将开业,小朋友和爸爸妈妈为自助餐厅设计标志,提醒来用餐的人们该注意些什么。

①人多不拥挤,互相谦让。

②轻拿轻放用具。

③食物夹子不混用,夹子夹取食物时要夹牢,不掉在地上。

④取少量,用完后再添加。

⑤不贪吃某一种食物,多吃了会不消化,影响身体健康。

⑥所选食物尽量做到面广。

(3)摆放食物图片,合理、均衡安排膳食。(幼儿摆放,父母观察)

师:选择你喜欢吃的食物图片贴在盘子里,并展示到黑板上,和小伙伴们一起分析食物搭配是否合适(荤素搭配、干稀搭配、主副食搭配)。

小结:食物合理搭配,才能更有营养,为身体提供充足的能量,身体更健康、更强壮。这样你就不是汉堡男孩了!

(4)情境体验,巩固进餐要求。

师:餐厅开业了,邀请小朋友们一起去品尝美味佳肴,大家一起去用餐吧。

①就餐前准备工作:幼儿洗手,拿碗盆盛饭菜。提醒幼儿互相谦让,不霸道,不争抢物品,餐具、食物不掉地上。

②幼儿就餐(轻音乐相伴)。教师注意营造愉快的进餐氛围,保证幼儿良好的情绪;观察提醒幼儿:选择食物的面要广,吃多少拿多少,不能浪费。

③整理用具、饭后漱洗。

【活动评价】

"民以食为天",吃饭是我们日常生活中最普遍的行为。因此,培养幼儿节俭的好习惯首先就从学会吃饭开始。"谁知盘中餐,粒粒皆辛苦",这样的诗句幼儿都会背诵,但在现实生活中浪费粮食的现象仍是非常严重的。为了能让幼儿巩固活动效果,我们设计了幼儿一周用餐记录表,学校与家庭、教师与家长共同督查,使之形成好习惯。

一周用餐记录表　　姓名________　　班级________

<table>
<tr><th>日期</th><th>评价标准</th><th colspan="3">食用情况(优、良、一般)</th><th>今日感想</th></tr>
<tr><td>周一</td><td rowspan="7">1. 不挑食、不偏食。
2. 粗细、荤素搭配。
3. 吃多少盛多少。
4. 能控制自己的饮食。
5. 不掉饭菜,不泼汤。</td><td></td><td></td><td></td><td></td></tr>
<tr><td>周二</td><td></td><td></td><td></td><td></td></tr>
<tr><td>周三</td><td></td><td></td><td></td><td></td></tr>
<tr><td>周四</td><td></td><td></td><td></td><td></td></tr>
<tr><td>周五</td><td></td><td></td><td></td><td></td></tr>
<tr><td>周六</td><td></td><td></td><td></td><td></td></tr>
<tr><td>周日</td><td></td><td></td><td></td><td></td></tr>
</table>

方案二:学习用品——我们的朋友

【活动目标】

1. 爱惜学习用品,小心使用,注意保管,不故意损坏,不乱扔,不浪费。
2. 懂得勤俭节约要从平时的一点一滴做起,从我做起,从身边的小事做起。

【活动对象】

小学一、二年级学生。

【活动准备】

多媒体课件、情境剧、收集班上孩子浪费的学习用品。

【活动过程】

1. 学习用品作用大。

师:小朋友们,你们喜欢猜谜语吗?今天老师带来了几个与学习用品有关的谜语,仔细听,看谁猜得又对又快。

(1)一根小棒细又长,身穿花衣直心肠,嘴巴尖尖能写字,越写越短不见长。(铅笔)

(2)我的朋友好心肠,有方有圆又有长,发现作业有错误,牺牲自己来帮忙。(橡皮)

(3)身子方方耳朵长,上学背在我身上,别看它的个子小,多种知识肚里装。(书包)

(4)轻轻转一转,转出花小卷。再来转一转,转出尖又长。有我来帮忙,写字才好看。(卷笔机)

师:这些都是同学们最常用到的学习用品。

师:老师看到你们桌子上都放着文具盒,平时没太注意。今天,我想比比你们的文具盒谁的漂亮。来,轻轻地举起来,互相看一下。

(师描述小朋友们漂亮的文具盒。)

师:打开文具盒,看看里面有些什么?

(师巡视,小朋友向大家汇报文具盒里的学习用品。)

师:这些学习用品都有什么作用呢?(小朋友们介绍学习用品的作用。)

师:小小的学习用品,作用可真大!把这些学习用品都当成是你的朋友,和它们打声招呼吧!(铅笔朋友,你好!橡皮朋友,你好!直尺朋友,你好!文具盒朋友,你好!)

2.学习用品去哪了?

师:朋友常常是形影不离的,朋友常常是互相照应的。现在请大家观看一段童话情境剧。(两生表演情境童话)

铅笔:(一生手中拿着一支铅笔)我是铅笔。

橡皮:(一生手中拿着一块橡皮)我是橡皮。

铅笔:(长叹一口气)唉!

橡皮:你为什么叹气呀?

铅笔:唉!我在这里待了很长时间了,一直没人用我,快烂掉了。

橡皮:我也是啊!

铅笔:本来我从工厂里生产出来,被一个小学生买走了,我想帮他多写些字,好好学习,可是我在这里,派不上用场了。

橡皮:我也一样,我想帮助主人擦掉写错的字,可是我找不到主人了……

师:我们帮助他们找到主人吧?猜想一下,它们可能怎么来到这里的?

师:那你们谁丢过铅笔?谁是它们的主人?

学生认领后,随机采访:你当时丢了铅笔有没去找一找呢?为什么?

大屏幕观看老师在平日生活中捕捉到的掉落在地上无人捡起的铅笔。

师:有两块橡皮,它们倒是没被主人弄丢,却也唉声叹气地,这是怎么回事呢?我们来听一听。(两生表演情境童话)

橡皮A:咦?你身上怎么这么多小眼儿?

橡皮B:唉!这是我的主人上课不注意听讲时,用铅笔尖儿扎的。

橡皮A:疼吗?

橡皮B:不光是疼,本来我也像你一样干净漂亮,可是现在……

橡皮A:干净漂亮有什么用?刚把我买回来的时候,主人很喜欢我,可是昨天,他又买了一块小拖鞋形状的,比我还香还好看,他就不要我了!

师:同学们,它们为什么叹气,你知道了吗?

小朋友说说自己的文具盒里有多少橡皮。

大屏幕观看老师在平日生活中捕捉到的掉落在地上无人捡起的橡皮,被小主人摧残过的橡皮,外表黑漆漆的橡皮以及无人认领的其他学习用品。

师:看着这些被遗弃的学习用品,你有什么想说的吗?

3.学习用品要节约。

师:每个小朋友都会有好几支铅笔,因此会觉得一支铅笔不算什么,可你知道铅笔是怎么制作出来的吗?不知道吧,那就一起来看看。

师:看完铅笔的制作过程,有什么想说的吗?

师:是呀,一支普普通通的铅笔要经过这么多道工序才能生产出来,真是来之不易呀!这样吧,今天谁需要铅笔或者橡皮,就让谁做它们的主人,让老师收集的这袋学习用品发挥它们的作用,好吗?

(生举手认领)

师:(从中选了两个同学)老师感谢你们,让这支铅笔和这块橡皮有了新的主人,希望你们能用心保管,别让它们再伤心。

师:老师再请大家看一些东西。(出示一周收集的被遗弃的学习用品)

这张纸才写了几个字,就被扔了,这里竟然还有一个才用了三页的本儿。看到这些,你有什么感想?

师:让我们去了解一下纸的制造过程:(1)伐树做材料;(2)裁切成适当的长度;(3)剥去树皮;(4)切成碎片;(5)切成薄片;(6)将薄片集中处理,运往造纸厂;(7)以药水和蒸汽做成纸浆;(8)用药水冲洗;(9)去除杂质;(10)漂白纸浆;(11)在纸浆中加入药水;(12)用网子沥干水分;(13)放在毡子上吸水;(14)以高温烘干水分;(15)以压光机做压光处理;(16)做成纸卷。

师:让我们一起数一数一共有几道工序,好吗?纸的制造需要这么多工序,而每一道工序又需要许多人付出辛勤的劳动,你觉得我们的纸来得容易吗?一张纸的制造需要这么多繁杂的工序,要把它做成本制成书还需要裁剪、排版、印刷、装订等好多工作,我们的书、本子来得就更不容易了。

师:同学们,我们的书、本子及其他学习用品都是爸爸妈妈用钱买来的,你知道爸爸妈妈的钱是怎样来的吗?来得容易吗?

小结:学习用品是我们的朋友是我们学习的好帮手。每一样学习用品都倾注着无数人的劳动心血,都是来之不易的,我们要爱惜学习用品,不乱丢、不故意损坏。我们的生活是富裕了,可是在边远的山区,还有许多失学的儿童,他们吃不饱,穿不暖,需要我们的帮助。只要我们不浪费一张纸,节约一支笔,对他们就会多一分帮助。珍惜幸福生活,就从节约学习用品做起吧。

小朋友一起读儿歌:铅笔尺子和橡皮,天天帮助我学习,不损坏,不浪费,学习用品要爱惜。

4.学习用品我爱你。

师:下面我们就分小组动脑筋想办法,我们分为铅笔橡皮组、本子组、图书组,小组同学之间一起交流想办法,想一想我们该怎样保护它们,我们在使用时还应该注意哪些问题?把你的好办法汇集到小组长那里去。每想出一种好办法加一颗星,看看哪个小组大家能够齐心协力,想出更多的好办法。

(1)小组讨论。(图书、本子、铅笔、橡皮)(实物提示)

(2)分组汇报。(一种办法加一颗星)

师：这些学习用品真得好好谢谢同学们，是同学们动手动脑让一些本来破旧不堪的东西变得整洁漂亮又好用了，谢谢你们！在我国有一位大学问家鲁迅，你知道他是怎样爱书的吗？

(3)讲述《鲁迅爱书的故事》。

师：从这个故事当中我们了解到了更多的爱书的方法，老师也相信在以后的学习和生活当中我们每一个同学都能真正爱护珍惜自己的学习用品。

小结：爱惜每一件物品是一种美德，合理地使用利用物品是一种智慧。相反，浪费学习用品，是一种可耻的行为，我们要坚决反对。两周以后老师准备在班上评选"爱惜学习用品小能手"，同学们要帮助老师仔细观察，看看谁是真正爱惜学习用品的好孩子，好吗？

欣赏歌曲《我爱小铅笔》。

【活动评价】

良好习惯的养成是一个漫长的过程，为使学生养成爱惜学习用品，懂得节约的好习惯，需要家长的共同监督与指导。因此，可通过家长会或短信的方式告知家长，配合学校完成项目。

附：节约小贴士

1. 铅笔、橡皮等学习用品尽量用到不能使用为止，杜绝用一半扔一半。

2. 拒绝使用塑料书皮，用挂历等废纸包书皮。

3. 爱惜木质学习用品，保护生活环境，积极参与社会绿化美化活动，保护绿地花木。

4. 不浪费纸张，作业本不乱撕，双面使用，尽量用到最后一页。

5. 爱惜学习用品，延长书包、文具等学习用品的使用时间。

【活动说明】

当下低年级学生身边拥有的学习用品丰富多样，刚开始使用，他们很喜欢，但时间一长，就出现了一些不爱惜的现象。通过观察，发现其主要原因，一是由于他们年龄小，使用与保护学习用品的能力低，难免使用不当，管理不当，造成学习用品的损坏与丢失；二是由于他们缺少"爱惜"的思想情感，不知学习用品来之不易，一旦损坏、丢失，或看到新的产品，马上又要买新的，这难免使他们产生"来之容易"的思想，从而也就滋长了他们不爱惜、不节约的坏习惯。因此，由珍惜学习用品说起，对低年级小学生进行节约教育，让他们懂得勤俭节约就要从平时的一点一滴做起，从我做起，从身边的小事做起，节约一张纸、一度电、一滴水……以使他们从小养成勤俭节约的好习惯、好品质。

方案三:合理使用零花钱

【活动目标】

1. 让学生懂得合理使用零花钱,学习理财,做自己的小管家,养成节制的好习惯。

2. 感受父母工作的辛苦,增强合理使用零花钱的意识。

【活动对象】

小学三、四年级学生。

【活动准备】

查阅资料、调查问卷、采访等。

【活动过程】

1. 确定研究主题,讨论研究方法,组成研究小组。

(1)以学生储蓄罐为切入点,激发兴趣,引出话题。

(2)选取学生熟悉的现象,(如:每天放学后,小卖部边上挤满了孩子,他们从兜里掏出一块、两块,甚至更多的钱,买自己喜欢的玩具和爱吃的零食)展开讨论。

(3)师:看来对于零花钱,大家有着很多见解,那我们就以“合理使用零花钱”为题,进行一次调查研究活动吧!

(4)学生讨论,确立研究主题:零花钱的来源、零花钱的数量、零花钱的用途……

(5)学生讨论,明确研究方法:调查、访谈、查阅资料、问卷……

(6)老师进行归纳、指点,着重介绍调查表格的设计。

(7)学生自由组合,成立研究小组。

(8)小组合作,完成研究,撰写研究报告。

2. 组织分享研究成果。

(1)交流:零花钱的来源。

讨论:针对零花钱的来源,你想对同学说些什么?

(2)交流:零花钱的数目。

出示表格:小学生每天的零花钱数目调查表。

调查对象:

金额	1元以下	1—2元	3—4元	5元以上
人数				
比例				

讨论:从表格中,你看出了什么?有什么想说的?

生:应该适当给孩子一点零花钱,也让孩子学会基本的生活技能,体会到劳动的辛苦。

生:还可以将零花钱和一个记账本一起放在抽屉里,需要时自己取,同时让孩子自己学会使用零花钱。

(3)交流:零花钱的用途。

出示表格:小学生零花钱用途调查表。

调查对象:

用途	课外书	文具	零食	上网吧	玩具	其他
金额(元)						
比例						

(4)交流:家长问卷。

出示问卷:

家长问卷

敬爱的家长,您好!本次调查是我校实践活动之一,调查结果仅作为一种了解,您的答案对我们很重要,希望您能配合我们,真实填写,请在相应位置画"√",可以不写姓名。谢谢你们的支持!

1.您平时给孩子零花钱吗?( )

每天□ 偶尔□ 经常□

2.您平时给孩子零用钱是( )

孩子要就给□ 了解孩子需求后再给□

只要孩子身边有钱,别的不管□

3.您每月给孩子的零用钱大概在( )

10元以内□ 10—30元□ 30—50元□

50元以上□ 不固定□

4.您孩子零花钱的支配( )

孩子自己支配,您从不过问□ 经常落实零花钱的去向□

偶尔过问□

5.在给孩子零花钱时,您有没有向孩子渗透"合理使用零花钱"的思想教育?

经常□ 偶尔□ 从不□

讨论:看了家长问卷,你们对哪一条最有感触?

形成共识:父母的钱来之不易,我们使用时不能随心所欲,要有节制,要合理使用,养成记账的习惯,从小学会理财。

3.制订合理使用零花钱方案。

(1)交流怎样合理使用零花钱。

(2)各自制订合理使用零花钱的方案。

(3)交流小结。

4. 活动延伸阶段。

(1)学做“私人小存折”。

样例：

收进压岁钱	支出压岁钱
叔叔 100 元	开学购买教辅 318 元
爷爷 100 元	买书 30 元
爸爸 200 元	买文具用品 20 元
总共 400 元	总共 368 元
剩余 32 元	

(2)写倡议书。

倡　议　书

亲爱的同学们：

新年好！

春节里给孩子压岁钱是我国的传统习俗。随着人们生活水平的不断提高，压岁钱也水涨船高，少则数百，多则上万。如何用好“压岁钱”，已成为家长、孩子和社会共同关心的话题。存银行、充作学费、交给父母贴补家用、买学习用品、向社会献爱心，是压岁钱的主要去向；然而少数学生把压岁钱用于通宵打游戏、买零食、买高级昂贵的玩具等，这让人担忧。当前，我校正深入开展“勤俭节约教育活动”，现结合同学们的自身情况，围绕如何用好压岁钱问题，特向全校同学发出如下倡议：

一、为学校添一份绿。在植树节即将到来之际，同学们可从压岁钱中拿出 20 元捐植一棵树，为校园添一点绿。

二、为老人献一份爱。我们要发扬敬老爱老的优良传统。可以利用周六、周日到敬老院或附近的孤寡老人家中，用压岁钱给老人们送上一件小礼物，与老人谈谈心，为老人们做一件好事、实事，向老人们献爱心。

三、为父母送一份礼。父母养育之恩，重于泰山。孝敬父母是中华民族的传统美德。青少年学生应注重向父母表达孝亲之情,可用压岁钱为父母买一份或者亲手做一件有意义的小礼物,让父母展一个欢颜,得一份惊喜。

四、为自己理一份财。要通过打理压岁钱,从小树立正确的理财观念,培养良好的理财习惯,从小学习“当家”。可设立小账户,管好压岁钱,量入为出,花在该花的地方,注重勤俭节约,积累财富;可参与教育金储备,为将来教育做准备;可适当用于集邮、购书和字画等,培养良好健康的兴趣。

同学们,压岁钱可以用到很多很有意义的地方去,绝不仅仅是上面几种,如:为家庭购买节电节水设备等,节约能源;也可帮助贫困、失学少年儿童上学,开展“一帮一”“手拉手”活动,积极响应学校开展的“慈善一日捐”活动。

四(1)班全体师生

【活动评价】

要培养理财意识,形成节俭素养贵在坚持。充分利用学生自制的小存折,以晨会、品德、班会课等时间经常组织学生交流反馈,也可以动员家长一起配合,家校合力,使其养成习惯。

【活动说明】

随着经济的发展、生活水平的提高,家长给学生的零用钱也呈上升趋势。这使得一部分学生手中有了钱,就乱花起来。此次活动以学生生活中的现象作为研究材料,力求让学生通过调查、采访、查阅资料等方式,培养他们的研究与实践能力,让学生懂得合理且有计划地使用零用钱,培养勤俭节约的好习惯。培养孩子养成节制的途径还有很多,老师要做个有心人,善于捕捉学生中出现的问题,组织开展相应的研讨活动,在活动中,帮助学生明辨是非,提高认识,养成习惯。

方案四:生活富裕,不忘俭朴

【活动目标】

1. 通过“和父母比童年”、日常消费调查表的分析,使学生认识到日常生活中存在的追求虚荣、互相攀比、铺张浪费的不良风气,让学生掌握基本的消费常识,具有科学理性的消费观念和能力。

2. 通过这次活动使同学们体会到生活和学习中俭省朴实的重要性,并以此督促自己养成勤俭节约的好习惯。

【活动对象】

小学五、六年级学生。

【活动准备】

1. 准备诗歌朗诵。

2. 视频：感动中国人物刘盛兰。

3. 准备歌曲《生日快乐》。

4. 了解自己在过生日时家长的消费情况以及家长的月收入情况。

5. 名言警句。

【活动过程】

1. 我和父母比童年。

(1)学生活动前采访父母，完成调查表。(从吃穿住用行几个方面说说自己和父母童年有哪些不同之处。)

(2)听了上述同学的交流，大家有什么感想呢？学生思考，回答。

(3)现在生活水平提高了，我们的童年比父母的童年幸福多了，但是生活富裕了，也出现了一些铺张浪费的现象。面对这些现象，我们到底应该怎么做呢？

消费调查

1. 你每月大约消费的金额为(　　)

A. 10—20 元　B. 20—50 元　C. 50—100 元　D. 100 元以上

2. 你的经济来源属于(　　)

A. 父母每月给的零用钱　　B. 平时省吃俭用地存钱

C. 因各种因素所得的奖励　D. 自己劳动所得

3. 你平时追求怎样的衣着(　　)

A. 一定是名牌　　B. 时尚新潮，不一定是一种品牌

C. 无所谓　　D. 朴素的

4. 你每月的消费大多花在哪些方面(　　)

A. 学习用品　　B. 零食

C. 书籍(包括漫画、杂志等)　D. 饰品及其他

5. 你喜欢用什么样的文具(　　)

A. 日本品牌　B. 韩国品牌　C. 国产品牌　D. 无所谓

(4)请学生说说看：你觉得零花钱怎样用才更有意义？

(5)出示边远山区学校的图片，追问：如果每人剩下 0.5 元零用钱，会给他们的生活带来怎样的改变？

(学生通过计算，懂得每天节约 0.5 元零用钱，就可以帮助到那些生活在边远

山区的孩子,懂得俭朴生活的意义。)

(6)虽然现在生活富裕了,但是社会上还有许多人需要帮助,在现代社会发扬俭朴精神,帮助需要帮助的人有利于实现共同富裕。

2.在生日中学会俭省。

(1)播放音乐,齐唱《生日快乐》。

(2)每当我们听到这首歌,你会想起什么?还记得你过生日时的情景吗?

(3)学生回忆生日时的小故事,先在小组里讲一讲,再选择有代表性的故事让一两名学生上台讲述(最开心的故事和最烦人的故事)。从学生的故事中引出生日消费问题。

(4)你过生日的消费是多少?请把课前准备的材料在小组里交流。

把生日的消费分成大生日和小生日进行统计,从衣、食、住、行等方面作概括性的汇总。

分小组汇报,了解生日消费中的差距,初次感受不一样的生日消费水平。

(5)点评:随着人们生活水平的提高,我们改善自己的生活无可厚非,但是凡事有个度。

(6)快速统计,学生的生日消费和父母的月收入,同组数据汇报比较。

(7)你有什么想说的吗?把学生的思想引向深处。师:可是现实中我们有时互相攀比,摆阔,给家庭带来了沉重的负担,即使对有的富有的家庭来说也是一笔不小的开支。那我们该怎么过生日呢?怎样过一个有意义的生日?

(8)交流我的生日金点子:(不要向父母要礼物,不要摆宴席,建立"生日小银行"帮助家庭困难学生,过一次集体生日……)过生日是一种社会的风向标,从我们做起,过一个有意义的生日。

(9)有句话说:我出生的日子也正是妈妈受难的日子,所以过生日时也别忘了自己亲爱的妈妈。老师觉得过生日时为自己的爸妈及其他家人献上自己的拿手好菜可谓是很有意思的事儿。交流自己当家做主的经历。

3.生活是面透视镜。

(1)我们日常生活中还有各种浪费现象。那么,运用你充满智慧的双眼,你发现我们生活中还存在哪些浪费现象呢?学生交流。

(2)PPT显示在校园里拍到的一些浪费食物、浪费水电的图片。

(3)视频:认识浙江爱阅读的拾荒老人——韦思浩。交流感想。

(4)共读小诗。

一位退休教师
一位拾荒老人
用自己的言行
感染我们冰封已久的沉寂的心

瘦削的身板上
一件旧得掉色的暗橙色夹克
胸前挂着一个土灰色的包
在图书馆伏案读书
那双看书前一定要认真搓洗的双手
令无数读者为之动容
捐资助学无私奉献
温暖了这个世界

(5)学生活动:四人一组,联系个人的具体生活情况,讨论日常生活中怎样做到俭朴。

总结:学生在日常生活中应该做到:①花费上量力而行;②穿着上保持朴实;③生活上不图享乐。

(6)请同学们以小组为单位设计一句关于俭朴的校园宣传语,交流。

(7)活动小结:通过这次活动,我们认识到,虽然我们的生活水平越来越高,但我国资源有限,国家仍不富裕,我们身边还存在困难学生、困难家庭。因此,我们应该继承和发扬中华民族勤劳俭朴的优良传统,继续发扬俭朴精神。在日常生活中做到不浪费,适度消费,穿着打扮整洁大方,不贪图享乐,做一个俭朴好少年!

【活动评价】

采用星级评比制,促使每个学生达成要求。(想一想,再涂色)

活动表现评价表			
评价指标	自我评价	同伴评价	老师评价
不追求名牌,不爱慕虚荣。	☆☆☆☆☆	☆☆☆☆☆	☆☆☆☆☆
同学之间不互相攀比、不铺张浪费。	☆☆☆☆☆	☆☆☆☆☆	☆☆☆☆☆
具有科学理性的消费观念。	☆☆☆☆☆	☆☆☆☆☆	☆☆☆☆☆
节省下的钱存入“小银行”帮助他人。	☆☆☆☆☆	☆☆☆☆☆	☆☆☆☆☆

【活动说明】

对于现在的孩子来说,俭朴这一话题显得比较难于理解。家长给了他们的子女各个方面以最大的满足:新奇的玩具、名牌的衣服、高档的文具、充足的零花钱。就算是家庭条件一般的家长,也宁肯自己少用点,也要尽可能地创造条件来满足孩子的愿望,可以说是有求必应。渐渐地使我们的孩子觉得自己享用的一切都是那么地顺理成章,比吃、比穿、比大手花钱,也不算是什么大不了的事。在问起钱是哪里来时，大部分的孩子会不假思索地答出：是爸妈给的。对于爸妈的钱是怎么得来的知之甚少。

为了拉近主题与学生心灵的距离，通过活动使学生明白什么该比，什么不该比；同学们惊讶地发现自己节约的钱原来是一个很大的数目，懂得积少成多的道理；还借助媒体，让学生走近贫困儿童，贫困儿童的学习、生活状况深深地震撼了学生的心灵；还引导学生阅读古今中外勤俭节约故事。学生知道了还有很多人需要帮助，思想从向往奢华到合理消费到奉献爱心转变，都表示要把节省下来的东西用到急需的地方去，去帮助那些灾区和贫困地区的人们。

当然，要想让孩子们真正将勤俭节约变成一种习惯，还需要不断地督促，这是一个长期的话题。相信我们一定可以做得更好！

▶ 六、活动体会

真实体验，感悟辛劳

"锄禾日当午，汗滴禾下土。谁知盘中餐，粒粒皆辛苦。"这首古诗，孩子们都会背，"粒粒皆辛苦"也是我们教育孩子珍惜粮食的常用语，但对于幼儿园的孩子来说，这仅仅只是一句诗。

我们开展的"稻花香里说丰年"活动，带着孩子看收稻，体验晒稻、碾稻，真可谓历经千辛万苦，终于到碾稻坊。在门口，就闻到了米香，孩子们在老师的组织下把手上的稻子依次倒进了碾稻机，白白的米粒缓缓地从机器里滑出来，孩子们的小嘴忍不住地动起来："好饿啊！""我也饿了！"香喷喷的白米饭仿佛就在眼前了！老师用个大口袋等在碾稻机的出口接白米，收袋子的时候，有一小把米从机器的缝里漏了出来，我看到站在前边的几个小班的小朋友叫了起来："米掉了，米掉了。"并连忙走过去蹲下，开始一粒粒地捡起来，紧抓在小手里，放进了老师的口袋中。

孩子们簇拥着老师（老师扛着米）走进了校门，他们忙不迭地告诉保安叔叔："袋子里装的是米，是我们扛回来的米，是刚刚从稻田里收获的米，是我们亲眼看着它从碾稻机里变出来的米。"他们还说："今天中午就吃这个白米饭，我们请你吃新米饭……"一张张被冷风吹红的脸都发着光亮，他们恨不得把所有的收获告诉遇见的每个人。用"自豪"两字完全不能概括每张小脸上的神情。

到了教室，老师把袋子里的米分到了若干个小篓子里，让每个孩子都体验了一下淘米。米洗干净后放到一个大的收纳盒里，五六个孩子一起抬着送到了食堂："厨师叔叔，今天就吃我们带回来的米饭，我们已经把米洗干净了。"

孩子们从来都没有像今天这样期待着开饭，不时地有孩子问饭什么时候能做好，问还有多久到开饭时间。终于，香喷喷的米饭出锅，孩子们忍不住地围观，他们想看看今天的米饭与平时有什么不同。终于一碗碗的白米饭到了孩子的手中，他们发现：米粒比原来的大，比原来的亮，比原来的香，比原来的甜。这一顿午餐，桌上没有掉一粒米粒，也没有孩子剩饭！谁舍得呀！这是咱们从地里辛辛苦苦背回来的！想着平时苦口婆心的珍惜粮食的教育，日日午餐时的提醒都是收效甚微，语言是苍白的，情感和实践才是主因！通过这样的一个活动，孩子深深体会到了粮食的来之不易，节约、不浪费的情愫开始在心里慢慢扎根！

（海门市证大幼儿园教师　周杨玲）

节约，从我做起……

记得很小的时候，妈妈教会了我一首诗：“锄禾日当午，汗滴禾下土。谁知盘中餐，粒粒皆辛苦。”妈妈希望我从小养成良好的节约习惯，节约每一张纸，节约每一度电，节约每一滴水，节约每一粒粮……可是，我从来没有按照妈妈的意思去做，因为我不知道我们为什么要节约，我们怎样节约。最近，学校开展了“每月一事”——“节约”系列活动，我才知道了节约的意义，知道了小朋友应该怎样节约。

每天清晨，我们进行“节约”诗歌的诵读。我知道了节约是一种传统的美德，是一种惊人的智慧，是一种文明的习惯。午饭以后，我们阅读着“节约”的小故事。北宋时期著名的文学家、书画家苏东坡，把节俭作为自己的生活习惯，以节俭来提高自身的修养，他在生活上坚决反对奢侈浪费。有一年，他被贬黄州，俸禄减少，这给生活带来了诸多不便。为了渡过难关，他不仅辞退了身边所有的仆人，而且自己更加节俭，他给自己制订了一份完整详细的开支计划，把所有的收入和手边的钱都集中起来，然后将这些钱分成十二份，每月一份，每份又平均分成三十份，每天只用一份。他就是这样“取之有度，用之有节”渡过了难关。

古代圣贤的生活如此节俭，作为少先队员的我们，怎么能不节约呢？

从我做起，从身边做起，从一点一滴做起，我开始了我的“节约”之旅：每当我们排队去食堂就餐的时候，我就会伸出手来，关掉教室里的电灯；每当发现水龙头还在滴水的时候，我便会轻轻拧紧放水的龙头；每当我去超市购物的时候，我便会带上家里的环保袋；每当我和爸爸妈妈到街上就餐的时候，我学会了把剩菜剩饭打包回家……因此，我被学校评为了“节约小童星”呢！

通过一个个活动，我在反思，我在收获，我在成长。我们坚持从自己做起，从每一天做起，从身边的一点一滴的小事做起，让节约成为了我们的习惯，让节约成为了我们的生活方式。这样，我们的生活才会更加和谐幸福，我们的地球家园才会永远美丽富饶！

［海门市德胜小学四(3)班　陈绘霖］

孩子,你感动了我!

“妈妈,你看!你拧的水龙头都没有拧紧,水都从龙头里流下来了,多浪费呀!”这是一个双休日的上午,冬日的暖阳从窗户中照射进来。我做完家务,坐在沙发上休息。上一年级的儿子兴冲冲地跑过来嘱咐着我。

一想起他当时郑重其事的表情和急不可耐的话语,我就觉得真有点儿不可思议!这是我家孩子吗?平时,洗手的时候要放一大盆水;吃一碗饭的时候,进嘴一半,掉在桌上一半;玩具刚玩一个,再买一个……如今却像大人似的叮嘱起我,我心中感慨万分。于是,我好奇地询问孩子:“乐乐,今天你为什么会突然告诉妈妈要节约用水呢?”一打听,才明白了其中的原因。原来孩子所在的班上,开展了以“节约”为主题的“每月一事”活动呢!“妈妈,昨天老师给我们看了视频,我看到许多地方的人没有水喝呀!”儿子闪烁的眼睛里,充满无限的感伤与忧虑。“是呀,许多缺水的地方,孩子们忍受着干渴的折磨。平时的生活用水都要到很远的地方去挑。”听了儿子的话,我情不自禁地感叹起来。“妈妈,这些孩子真可怜,他们喝不到我们这么好的水,我们应该节约点水给他们。”说完,他托起下巴,沉思起来。我抚摸着他的头问:“儿子,你在想什么?”儿子回答说:“妈妈,我在想怎么把我们节约的水给送过去。”我的心里咯噔一下。或许,儿子的想法有些幼稚,但却是他内心真实的表达。

学校的“每月一事”活动,让我的孩子在不知不觉中长大了,懂事了……由于平日里自己工作特别忙,除了辅导必要的作业,没有太多的精力关注儿子其他方面的学习和发展,总觉得孩子能在学校里学好文化基础知识就够了。其实不然!孩子的一席话,让我感到有些汗颜了。

为了进一步引导孩子懂得理性消费和绿色生活,养成勤俭节约的好习惯,我和他一起参加了老师组织的节水小妙招大采集活动。我们采集的小妙招可多了:有“用洗衣机洗少量衣服时,水位不要太高”,有“洗澡时不要将喷头的水自始至终开着,尽可能先从头到脚淋湿一下,全身涂肥皂搓洗,最后一次冲洗干净”,有“如果厕所水箱过大,可以在水箱里放一块砖头或一只装满水的大可乐瓶,以减少每一次的冲水量”,还有“洗脸水用后可以洗脚,养鱼的水可以用来浇花”……活动结束,儿子得了一个“节水小标兵”的称号呢!

节约是一种态度,是一种远见,更是一种责任。在丰衣足食的今天,作为新时代的孩子家长,我们应该和孩子一起,为建设节约型社会而努力!

（海门市德胜小学周乐涵家长　陆佩）

好习惯,从节约粮食开始

1月,我们“每月一事”的主题是“节约”。为了增强学生勤俭节约的意识,帮助学生养成勤俭节约的习惯，围绕这个主题，我们开展了丰富多彩的活动。其中体会“一粒米的艰辛”主题教育活动，给孩子们进行了一次好习惯的洗礼。

我们组织班上的学生参观《一粒米的艰辛》主题宣传展板。从观摩学习中，不少同学认识了一粒米从选种、育苗、插秧、施肥，到除草、除虫、收割、脱粒、碾米，再到储藏、运输、烹饪和上餐桌的一系列过程，体会了农民的艰辛劳动和一粒米的来之不易。

我们利用晨会时间，向孩子们进行集体教育。我们又重温《悯农》等古诗和格言，要求孩子们知道农民劳动的艰辛，从小爱惜粮食，发扬中华民族的传统美德。“谁知盘中餐，粒粒皆辛苦。”一次次的讨论交流，让孩子们逐渐明白珍惜粮食，就是在珍惜农民伯伯的劳动成果，而浪费粮食就是在践踏他们的辛勤劳动。珍惜粮食、勤俭节约是我们中华民族的传统美德，我们要从点滴做起，减少浪费，养成勤俭节约的习惯。

节约是一种美德，也是一种智慧。我们响应了学校提出的“光盘行动”。要求学生在就餐时吃饱、吃好的基础上，更要“爱惜粮食、杜绝浪费”，要尽量把饭菜吃干净，对于确实吃不了的饭菜，采取“与人分享”“打包带走”的妙招。由此，全班学生树立起了“节约粮食光荣、浪费粮食可耻”的观念，并切实付诸行动！

纸上得来终觉浅，绝知此事要躬行。后阶段的主题教育，我们高年级组充分利用学校“童耕”实践基地，组织学生参与田间劳动，翻地、播种、除草、施肥……帮助学生体验了农耕之艰辛，粮食来之不易。

“一粥一饭，当思来之不易。”“节约粮食”并不是嘴上说说而已，也不只是短时间做到而已，而是要努力让它走进孩子们的心里。

通过本月的“每月一事”活动，孩子们中掀起了节约“一滴水”“一张纸”“一粒米”“一度电”的行动热潮。他们从自己的身边做起，节约社会资源，培养良好品德。人人付出一点点，一举手、一投足，水滴也能汇成大海，不是吗？

好习惯，从节约粮食开始！

（海门市德胜小学教师　顾向阳）

第二章

2 月:守规——让我们不闯红灯

【素养类别】自我发展
【每月一事】让我们不闯红灯(2 月)
【相关专题】遵纪　守法　诚信

▶ 一、名词解释

【守规】守:奉行;遵守。《商君书·更法》:“居官而守法。”规:法度;准则。《史记·司马相如列传·难蜀父老》:“必将崇论闳议,创业垂统,为万世规。”今理解为规则;章程,即规定出来供大家共同遵守的制度。守规即遵守规章制度。

【遵纪】遵:依从;按照。《史记·曹相国世家》:“参代何为汉相国,举事无所变更,一遵萧何约束。”纪:纪律。《后汉书·邓禹传》:“师行有纪。”今指社会生活长期积累的道德规范等不一定会以条文写出来的规则。遵纪即遵守纪律。

【守法】指国家机关、社会组织和个人依照法律规定,行使权利和履行义务的活动。《管子·任法》:“故曰:有生法,有守法,有法于法。生法者,君也;守法者,臣也;法于法者,民也。”《史记·商君列传》:“龙之所言,世俗之言也。常人安于故俗,学者溺于所闻。以此两者居官守法可也,非所与论于法之外也。”

【诚信】诚:真诚、诚实;信:守承诺、讲信用。诚信即指诚实,守信用。孟子说:“是故诚者,天之道也;思诚者,人之道也。”《中庸》:“诚者天之道,诚之者人之道。”诚信是一个道德范畴,是公民的第二“身份证”,是日常行为的诚实和正式交流的信用的合称。

▶ 二、行为规范

* 走路、散步靠右走。
* 过马路时走人行横道,并注意两边来车。
* 不在公路、铁路、码头边玩耍、追逐打闹。
* 过马路不闯红灯。

＊乘车要排队，上、下车不争先、不乱挤。
＊乘坐汽车时不将头、手伸出窗外。
＊按时上学，不迟到，不早退，不逃学。
＊有病有事要请假，放学后及时回家。
＊不在教室和校园内追逐打闹。
＊走楼梯时应有序，不插队，不推挤。
＊不在走廊上打球、奔跑，或做危险游戏。
＊在公共场所不制造噪音。
＊在图书馆保持安静，不损坏书籍。
＊不乱涂座椅、墙壁。
＊遵守用餐秩序，排队进入用餐地点。
＊用餐完毕，主动将餐具放置到规定地方。
＊能履行班规和生活公约，不做有损集体荣誉的事。
＊不随意翻动别人的物品。
＊不随意拆阅别人的书信。
＊跟别人借东西要得到许可方可拿走，并及时归还。
＊到他人房间先敲门，经允许再进入。
＊不打扰别人的工作、学习和休息。
＊说错话或做错事要主动道歉。
＊不随地吐痰，不乱扔果皮纸屑等废弃物。
＊早上到学校能自觉安静早读。
＊不随意翻越栅栏。
＊不踩踏、攀折花草树木。
＊爱护学校公用设施。
＊使用运动器材时要了解并遵守使用规则。
＊自觉遵守社区规则，尽力协助做好小区卫生。
＊儿童享有自由发表言论的权利。
＊儿童的隐私、家庭、住宅或通信不受任意或非法干涉。
＊不和同学玩赌博性的游戏或玩具。
＊身边不携带危险性的东西，如刀具、棍棒等。
＊要远离与水、火、电等有关的危险游戏。
＊未经别人同意，不能随便取走他人的财物，包括钱和物品。
＊不强行向同学索要财物。
＊不侵犯别人的隐私，如随便进入他人空间，翻看他人日记等。
＊未满 12 周岁，不能在马路上骑自行车。

* 不能将公物随意取走挪用，占为己有。
* 未成年人不能进入娱乐性的场所，如歌舞厅、酒吧、网吧。
* 不参加儿童不宜的活动。
* 不说谎话，勇于承认错误，知错就改。
* 拾到东西要归还失主或交公，别人的东西不能归自己所有。
* 独立完成作业，不抄袭。
* 独立考试，认真答题，不作弊。
* 答应别人的事要认真按时完成。
* 做不到的事情应告知对方，不要逞强。
* 要守时守约，言而有信。
* 遵守《中小学生守则》，做到老师在和不在一个样，校内校外一个样。

▶ 三、名言警句

◆ 不以规矩，不能成方圆。

◆ 学校没有纪律便如磨房里没有水。

◆ 民无信不立。

◆ 挣断线的风筝不仅不会得到自由，反而会一头栽向大地。

◆ 世界上的一切都必须按照一定的规矩秩序各就各位。

◆ 任何一个新的社会制度都要求人与人之间有新的关系、新的纪律。

◆ 没有纪律，就既不会有平心静气的信念，也不能有服从，也不会有保护健康和预防危险的方法了。

◆ 纪律是胜利之母。

◆ 纪律是自由的第一条件。

◆ 诚实是人生的命脉，是一切价值的根基。

◆ 在危险关头，要拯救大家的生命，所有的人就得立即绝对服从一个人的意志。

◆ 如果要别人诚信，首先自己要诚信。

◆ 法律就是秩序，有良好的法律才有好的秩序。

◆ 谁把法律当儿戏，谁就必然亡于法律。

◆ 有法必然治国，无法必然乱国；法有权威则治，法无权威则乱。

◆ 法律是最保险的头盔。

◆ 诚是一种心灵的开放。

◆ 法律是社会的习惯和思想的结晶。

◆ 法律就是法律，它是一座雄伟的大厦，庇护着我们大家；它的每一块砖石都垒在另一块砖石上。

◆ 失足，你可能马上复站立，失信，你也许永难挽回。
◆ 没有诚实何来尊严。
◆ 言不信者，行不果。
◆ 精诚所至，金石为开。
◆ 不信不立，不诚不行。
◆ 诚信为人之本。
◆ 内不欺己，外不欺人。
◆ 生命不可能从谎言中开出灿烂的鲜花。
◆ 虚伪的真诚，比魔鬼更可怕。
◆ 走正直诚实的生活道路，一定会有一个问心无愧的归宿。
◆ 以诚感人者，人亦诚而应。

▶ 四、参考故事

十一只猫做苦工

今天的天气真晴朗，11 只小猫排着队一起出门去游玩。山坡上开满了鲜花，那里还插着一块大牌子——“禁止采摘”。花太美了，11 只小猫心里真痒痒。“喵呜，喵呜，只摘一朵没关系吧！”只有队长拼命反对：“不行，不行。”最后，每只小猫还是各摘了一朵插在头上。连队长也忍不住摘了一朵。

11 只小猫走到一座吊桥前面，那里也竖着一块大牌子——“危险，禁止通过此桥！”“喵呜，喵呜，没关系吧！大家一起走，就不害怕啦！”11 只小猫一二一，一二一走过了吊桥！

前面是一棵大树，树旁也有一块牌子——“禁止攀爬树木”。“喵呜，喵呜，大概也没关系吧！”11 只小猫噌噌噌爬上了树吃起了点心。咦？不远处有一个好大的口袋，旁边还压着一张字条，上面写着“禁止进入口袋”。“喵呜，喵呜，爬进去，没关系吧！”11 只小猫全都钻进了大口袋子里。

突然，“哈哈哈，笨笨的小猫上当啦！11 只猫全被我抓到了。”原来这是怪兽乌西亚的圈套！他飞快地跑过来，扎紧大口袋，扛起就跑。乌西亚住在山上的城堡里，他要建一个运动场，让小猫做苦工。可怜的小猫，白天做苦工，怪兽乌西亚牢牢地看住他们，晚上还要被关在黑黑的铁笼里。小猫们想啊想，希望想个好办法逃走。第二天，他们做苦工时兴高采烈的，还唱着歌“做苦工真开心，做苦工真好玩！”

怪兽乌西亚说：“原来做苦工这么开心，好玩，我也要做苦工！”于是它对小猫们说：“走开，让我来做苦工！”怪兽从小猫的手里夺过工具，自己干了起来。11 只小猫乘机逃走了。

“我上当了，小猫们跑到哪儿去了？”怪兽在城堡里找啊找，看到高高的台阶上有一只大木桶,旁边写着:“禁止进入木桶!”

“哼! 小猫们肯定藏在里面!”只听“扑通”一声,怪兽跳进了木桶里。小猫们抱着长长的棍子向木桶撞去,怪兽“咕噜咕噜”滚下了台阶,从山上掉下去了。“成功啦! 我们终于干掉他啦!”“呜呼——”

11 只小猫下山回家了。“喵呜,喵呜,大家只要齐心协力,就没有什么办不到的事情。”11 只小猫走到宽宽的马路边,“啊,这里又竖了一块大牌子!”小猫们都停下来了。——“禁止穿行!”

这次 11 只小猫没有横穿马路,看,他们正在过天桥呢!

和甘伯伯去游河

甘伯伯有一条船,他的家住在河边,河边风景优美,甘伯伯经常撑着船去游河。

有一天,甘伯伯正要撑船去游河,有一只小兔说:“甘伯伯,我跟您一起去游河,行不行?”

甘伯伯说:“行是行,但是你不能乱跳。”

小兔说:“好好好,我保证不乱跳。”

甘伯伯带着小兔继续往前行,遇到了小猫,小猫说:“甘伯伯,我跟您一起去游河,行不行?”

甘伯伯说:“行是行,但是你不能乱抓。”

小猫说:“好好好,我保证不乱抓。”

山羊在河边等着上船,山羊说:“甘伯伯,我跟您一起去游河,行不行?”

甘伯伯说:“行是行,但是你不能乱顶。”

山羊说:“好好好,我保证不乱顶。”

这下终于轮到公鸡了,它都有点着急了,公鸡说:“甘伯伯,我跟您一起去游河,行不行?”

甘伯伯说:“行是行,但是你不能乱扇翅膀。”

公鸡说:“好好好,我保证不乱扇翅膀。”

起初,大家都很高兴,但是不久以后,兔子乱蹦乱跳,猫到处乱抓,山羊乱顶羊角,鸡乱扇翅膀,结果船就翻了。大家都掉进水里去了。

甘伯伯救起了所有的小动物,它们上船后,兔子不再乱跳,小猫不再乱抓,山羊不再乱顶,鸡不再扇翅膀,大家开开心心地去游河了。

邱少云的故事

1952 年 10 月,邱少云所在连队接受了一项光荣而艰巨的任务,我军决定在发起总攻击前一天的夜里,把部队潜伏在敌人阵地的前沿。深夜,五百多名全副武装的志愿军战士,按预定计划井井有条地迅速分散开来,隐蔽潜入到三九一高地附近一片蒿草丛生的地里。邱少云和他所在的那个排，就在高地东边的一条长满蒿草的坎旁边隐蔽着。

从南方飞来几架敌机，盘旋在志愿军潜伏的上空。忽然，敌机投下了燃烧弹，有一颗燃烧弹落在离邱少云两米远的草地上，飞迸的燃烧液溅到邱少云的左腿上。眨眼工夫，插在他脚上的蒿草烧着了，火苗腾腾地冒起来。此刻，邱少云只要翻动一下身子，就可以把火苗扑灭，而且，在邱少云的后边，有一条小水沟，此时只要他后退几步，在泥水里打个滚，火苗就会被扑灭。但是，他一滚动，敌人就会发觉，潜伏目标就会暴露。为了革命胜利，邱少云就像一块千斤巨石，伏在那里，纹丝不动，烈火在邱少云身上继续燃烧着。

同志们眼看着烈火在吞噬着自己的战友，急得咬破了嘴唇，几次想起来帮助邱少云扑灭掉身上的烈火。可是邱少云和战友们深深懂得，在这个节骨眼上，只要有人动一下，整个班、整个潜伏部队、整个反击计划全都完了，将要取得的胜利就会丢失，他们怀着对敌人的刻骨仇恨，强压着满腔怒火，等待着战斗时刻的到来。

时间过得真慢，邱少云依然纹丝不动地伏在那里。为了革命，为了胜利，他咬紧牙关，顽强地忍受着烈火烧身的剧烈疼痛，他没有发出一声呻吟，直到最后牺牲。

邱少云是视纪律重于生命的典型代表，他的那种高度的组织纪律性，那种坚忍顽强的革命意志，那种高度的自我牺牲精神，永远是我们学习的榜样。

河水和河岸

在美丽的平原上，一条河流如玉带环绕其中，河水与河岸相处融洽。渐渐地，河水对河岸的约束越来越不满。

终于有一天，河水发怒了。

“谁叫你给我规定道路?”河水对河岸咆哮，“你阻挡我随意流淌，限制我自由发展，我要挣脱你的羁绊，奔向广阔的田野……”

河岸耐心地劝导说:“正是由于我的存在，浅浅的溪流才汇聚成浩瀚的巨澜，你才富有肩负万吨巨轮的千钧之力。你才穿涧跳峡，带动发电机的水轮，将青春的力量化为光明，你才赢得两岸庄稼的礼赞。”

“你的说教已是老生常谈，现在已经什么年代了，还想骗我?”河水不听河岸的劝告，不顾一切地冲毁堤岸，漫野横流，淹没田野，冲毁村镇，自以为得到了发展。渐渐地，它停在茫无际涯的原野上，失去了动力，再也没有办法向前。终于被泥土吸收，太阳晒干。

不要以为我是总理

周总理生前从不认为自己是国家总理就可以置身法纪之外，他总是时时处处带头遵纪守法。有一次，他乘车去政协礼堂开会，司机违犯了交通规则，交警批评司机的时间很长,耽误了开会时间。同车的干部想去和民警交涉,总理严厉制止说:“这怎么行?交通规则是政府颁布的,政府总理应带头遵守。总理不遵守,就是带头破坏制度。”一直等到警察放行,总理一行才离开那里。此后,总理常常叮嘱司机,不能违反交通规则,说:“不要以为我是总理,就可以特殊,可以违章。”

宋濂的故事

宋濂是明初文学家。他小时候喜欢读书,但是家里很穷。也没钱买书,只好向人家借,每次借书,他都讲好期限,按时还书,从不违约,人们都乐意把书借给他。

一次,他借到一本书,越读越爱不释手,便决定把它抄下来。可是还书的期限快到了。他只好连夜抄书。时值隆冬腊月,滴水成冰。他母亲说:“孩子,都半夜了,这么寒冷,天亮再抄吧。人家又不是等这书看。”宋濂说:“不管人家等不等这书看,到期限就要还,这是个信用问题,也是尊重别人的表现。如果说话做事不讲信用,失信于人,怎么可能得到别人的尊重?”

又一次,宋濂要去远方向一位著名学者请教,并约好见面日期,谁知出发那天下起鹅毛雪。当宋濂挑起行李准备上路时,母亲惊讶地说:“这样的天气怎能出远门呀?再说,老师那里早已大雪封山了。你这一件旧棉袄,也抵御不住深山的严寒啊!”宋濂说:“娘,今天不出发就会错过了拜师的日子。这就失约了。失约,就是对老师不尊重啊。风雪再大,我都得上路。”

当宋濂到达老师家里时,老师称赞道:“年轻人,守信好学,将来必有出息!”

推荐阅读

1.《诚实和坦率》
2.《友爱诚信故事》
3.《调皮的小山羊》
4.《要是我不遵守规则?》
5.《上学我会守纪律》
6.《〈弟子规〉全解》
7.《颜氏家训》

▶ 五、活动方案

方案一:让我们不闯红灯

【活动目标】

1. 了解常见交通标志的含义,知道我们日常生活中应该严格遵守交通规则。

2. 在游戏活动中体验交通规则的重要性，养成自觉遵守交通规则的习惯，提高自我安全防护能力。

【活动对象】

幼儿园中、大班孩子。

【时间安排】

1. 这是一个关于交通规则的综合实践长线活动，用一学期完成。

2. 本课是长线活动的结束部分。

【活动准备】

1. 与交通规则有关的歌曲、诗歌、绘本故事等。

2. 各种各样的交通安全标志。

3. 相关知识网站：交通安全 Flash 网、交通安全儿歌网等。

【活动过程】

1. 观看动画入话题。

(1)引入主题，请幼儿观看关于交通安全事故的动画短片，让幼儿认识到交通事故的严重性。

(2)幼儿交流讨论。

师：你们在短片中看到了什么？你觉得为什么会发生车祸呢？我们怎样才能安全地过马路呢？

小结：发生车祸太可怕了。为了不让这样的事情再发生，交通管理部门设计了很多交通信号和安全标志，提醒我们要遵守交通规则、注意交通安全。今天我们就要一起参加一次安全知识大闯关，闯关成功的小朋友就可以玩情景游戏“自己去上学”。

(3)每个班的幼儿分成三组，由老师带领自由选择活动室活动，幼儿根据表现获得相应的勋章。

2. 安全知识大闯关。

活动场景一：安全标志我知道。（在教室里布置各种各样安全标志的场景，让幼儿观察了解。）

(1)游戏活动：认一认。

提问：你认识这些安全标志吗？它们有什么作用？

“红绿灯”“安全出入”“道路转弯标志”“指路标志”“禁止触摸”“禁止入内”“注意安全”“当心触电”“当心车辆”“注意安全”“当心坑洞”“紧急出口”……

(2)游戏活动：比一比。

教师让幼儿分成三组，抢答安全标志的名称。游戏结束后分出胜负，可以获得 1—3 颗勋章。

小结：认识交通标志对维护交通安全起着重要作用，小朋友们一定要记住啊。

活动场景二:安全儿歌我会诵。

(1)游戏活动:讲一讲。

教师提问:前两天我们一起学习了安全交通的儿歌,小朋友们还记得吗?我们一起来回顾一下,你学会了哪几首儿歌呢?

(2)游戏活动:演一演。

请孩子们以小组的形式表演事先学习的儿歌,哪组表演得出色,就可以获得1—3颗勋章。

小结:大家不仅要会朗诵这些儿歌,在现实生活中也要争做遵守交通法规的好孩子。

活动场景三:交通规则我遵守。

(1)游戏活动:找一找。

教师出示一些违反交通规则的图片,让幼儿说出:什么地方错了?错在哪里?应该怎么样?能正确地说出原因和纠正错误的孩子得到1颗勋章。

(2)游戏活动:答一答。

教师准备一些竞赛题目,让幼儿进行抢答。抢答成功并且答对的孩子得到1颗勋章。

①交通讯号灯有哪些颜色?都有些什么作用?

②红灯亮时行人该怎样?

③黄灯亮时还可以过马路吗?

④什么灯亮时才可以走?

⑤行车、行人应靠哪边走?

⑥过马路走什么线?

⑦走路靠左靠右?

⑧坐车时向车窗外抛物对不对?

小结:因此,我们大家都应遵守交通法规。只有这样,才能保证自己和他人的平安。

活动场景四:交通警察我来做。

(1)游戏活动:猜一猜。

师:我们已经向交警叔叔学会了一些指挥交通的本领,现在请小朋友仔细看,猜一猜这些手势是什么意思。

(2)游戏活动:秀一秀。

师:我们一起来做一做小小交通警察,来指挥交通。

指挥手势(直行手势、停止手势、左转弯手势、右转弯手势)。

3. 情景游戏“自己去上学”。

根据不同的勋章数量来选择相应的角色。

(1)角色分类:

交通警察(协警)——8 颗以上。

司机(大型车辆司机、小轿车司机、骑摩托车、骑电瓶车、骑自行车)——5 颗以上。

行人——3 颗以上。

(2)情景游戏:“自己去上学”。

幼儿根据自己的意愿选择不同道具,扮演不同角色,交警站在十字路口,进行现场指挥,在音乐伴奏下,展开游戏,提醒幼儿遵守交通规则,观看指挥手势进行行驶。

(3)小结:小朋友们,刚才大家都认真参与了游戏,游戏中你们都能遵守交通规则,老师希望你们在以后的生活中也是如此,相信平安一定会伴随你们一生。

【活动评价】

1. 老师与幼儿一起评议游戏情况。(重点放在遵守交通规则方面。)

2. 根据守纪评比表,每周自己评分,家人共同参与,做得好的得 1 颗五角星,持之以恒 3 个月。

	交通标志我会认	不闯红灯	自觉排队	不做危险事情	遵守班级规则
第一周					
第二周					
第三周					
第四周					

3. 邀请家人写评语,并提出希望。

【活动说明】

不闯红灯,安全出行不是一件小事,其背后就是“规则”的意义,生命的珍爱。因此培养幼儿的规则意识就从不闯红灯开始。本活动的内容与形式多元、开放,除了师生在学校开展游戏体验活动外,要充分利用好家长资源,积极邀请家长参与,小手拉大手,让“不闯红灯”真正延伸到日常生活中,成为一个好习惯。

方案二:我是遵纪好儿童

【活动目标】

1. 让学生懂得纪律是维护学校秩序的重要保证,人人都应该自觉遵守。

2. 结合学校以及班级实际,共同制订可行的班规,并能得到贯彻落实。

【活动对象】

小学一、二年级学生。

【活动准备】

学生准备:

1. 通过书本、电视、网络等途径收集名人遵守纪律的故事。

2. 做个小调查,问一问身边的哥哥姐姐,我们应该遵守哪些纪律和规则。

教师准备:

1. 编排课本剧:《你必须把这条鱼放掉!》。

2. 制作打印相关的评价表。

3. 多媒体课件。

【活动过程】

1. 小游戏——吃饼干。

(1)全班分成四组,每组选派一名代表进行比赛。

(2)游戏规则:把饼干放在额头上,不能用手和其他任何道具,利用各种表情把饼干送到嘴里。

(3)最先吃到饼干的一组获胜。

2. 照镜子——说纪律。

(1)刚才的游戏你们玩得开心吗?

(2)玩这个游戏的时候不能用手去接触饼干,这是游戏规则,是我们每个人都必须遵守的,只有遵守了游戏规则才能让我们玩得更愉快。

(3)那你们在平时的生活中做到遵守规则了吗? 老师这边有一组图片,请你们来判断。如果你觉得是遵守规则的,那就竖起大拇指,大声地回答"Yes",如果你觉得是不遵守规则的,那就双手打个大大的叉,大声地回答"No"。听懂了吗? (师示范动作)

图片 1

图片 2

图片 3

图片 4

图片 5

图片 6

图片 7

图片 8

图片 9

图片 10

图片 11

图片 12

(4)你们的表现真棒！老师给你们点赞！作为一个小学生，除了要遵守游戏活动的规则之外，我们还要遵守其他各项规章制度。

(5)通过课前的小调查，你们知道，怎样做才是一个遵守纪律的好孩子呢?

(6)学生谈如何遵守纪律。

预设 1:上课认真听讲，不能随便讲话。

预设 2:上厕所的时候要排队。

预设 3:不能随便扔垃圾。

(7)如果每个同学都能遵守纪律，我们就可以创造出一个井然有序的生活环境，大家就可以在这个良好的环境中愉快地学习和生活。

(8)老师把这些我们要遵守的规则编成了一首儿歌，我们一起来读一读。

遵纪歌

奏唱国歌要肃立，升降国旗要行礼。
准时到校不迟到，学习用品摆放好。
功课作业按时交，踊跃发言勤动脑。
勤奋多思有毅力，社会活动要积极。
讲究卫生不怕烦，锻炼身体要持久。
勤劳节俭争优秀，不挑吃穿不攀比。
孝敬父母尊长辈，教师教导记心里。
关心他人要做到，团结友爱不可少。
知错能改迈大步，诚实守信不马虎。
集体观念要树立，不忘责任心中记。
生命之树要珍惜，保护环境靠大家。
日积月累多学习，遵规守纪别忘记。

3. 小舞台——学自律。

(1)表演课本剧《你必须把这条鱼放掉!》。

时间：夏天的晚上10点。

地点：湖中小岛。

人物：汤姆和他的爸爸。

环境：一轮明月从湖面上升起。

汤姆：爸爸，明天我休息，我们去钓鱼吧？

爸爸：好啊，我和你去。

（汤姆拿上鱼竿和爸爸走出家门，两人然后划着船，来到小岛上。）

爸爸：今天看看你的本领，怎么样？

汤姆：（攥紧拳头，自信）该我露一手了！

（汤姆挂好鱼饵，抛下鱼线，蹲下身来，聚精会神地注视着湖面。）

汤姆：（惊喜地迅速拉动鱼竿）爸爸，你看！

爸爸：（微笑着，点着头。）

汤姆：（把鱼拖出水面，扑上去）爸爸，爸爸，我从来没看到过这么大的鲈鱼！

爸爸：（声音低沉）孩子，你必须把这条鱼放掉！

汤姆：（着急地嚷）为什么？为什么啊？爸爸！

爸爸：（用右手指着左边的手表）现在是晚上十点，离允许钓鲈鱼的时间还有两个小时。

汤姆：（偷偷地向四周看看，没有发现船，也没有钓鱼的人。）你放心吧，爸爸，这里只有我们两个人，再没有第三个人看见我们，更没有人知道我们在这个时候钓到了鲈鱼。

爸爸：（脸色严肃，斩钉截铁）不管有没有人看见，我们都应该遵守规定！

汤姆：（看了看爸爸严肃的脸，慢吞吞地把大鲈鱼放回湖中，一边摇头，一边惋惜地说）我这辈子再也不可能钓到这么大的鱼了。

幕后音：真的，从那以后，汤姆再也没有钓到过那么大的鱼。可是那晚的情景却一直铭记在他的记忆深处，爸爸坚定的话语也一直回响在他的耳边。

（2）小小辩论会：钓到这么大的鲈鱼，又没人看见，应不应该放掉？学生自由辩论。

（3）小结：这个故事告诉我们，自律是一种高尚的品德。不管有没有人看见，我们都要自觉遵守规定。

4.故事屋——树榜样。

（1）许多伟人、名人在那些看似微不足道的小事中，也因自觉遵守规章制度而让我们觉得伟大。

（2）各组派一名代表讲述“名人遵纪”故事。

故事举例：无论谁都要遵守制度。

一次，周恩来去北戴河，需要看世界地图和一些书籍。工作人员给北戴河文化馆打电话,说有位领导要看世界地图和其他一些书籍。接电话的小黄回答:“我们有规定,图书不外借,要看请自己来。”周恩来便冒雨到图书馆借书。小黄一见是周总理,心里很懊悔,总理和蔼地说:“无论谁都要遵守制度。”

5.碰碰车——明是非。

(1)同学们,你们看,连周总理这样的伟人都能够严格要求自己,遵守纪律,我相信你们肯定也能够做到。

(2)俗话说:没有规矩,不成方圆。只要是一个集体,就有纪律的存在。假如有一天,我们学校没有了纪律,也就是说,同学们可以上课迟到早退,可以践踏草坪,随地扔垃圾,同学之间相互打架……想象一下,我们的学校将会是什么样子?

预想1:老师,我们的学校肯定就和垃圾场一样了。

预想2:上课时候都是讲话的声音,我们什么知识都学不到。

…………

生1:我现在觉得有纪律真好!我以后一定会遵守纪律的。

生2:有那么多的规矩要去遵守,真烦人。

生1:如果没有规矩,你就会犯很多错误,这样别人就会讨厌你。

生2:但没有纪律我也生活得很快乐啊!

生1:快乐只是一时的,时间一长,就会陷入一片混乱之中。到时候还能安心学习、快乐生活吗?

生2:有时候我会无意中忘记怎么办?

生1:没关系,我们一起努力,互相监督,我相信习惯成自然。

生2:好的,我会向大家学习,做一名遵守纪律的好孩子。

6.实践园——付行动。

(1)纪律不但保证了我们正常的生活、学习秩序,还是安全的守护神。没有纪律,就像挣断线的风筝,不仅不会得到自由,反而会一头栽向大地。

(2)其实我们班上有很多遵章守纪的学生,你觉得谁最自觉遵守纪律?来表扬一下他吧!

(3)这些同学,个个都能够遵守学校的纪律,他们都是我们学习的榜样。

(4)现在拿出行为习惯评价表,我们来做一个“真心大考验”,你有过不遵守纪律的事吗?根据自己的实际情况画星。

(5)集体交流:你当时是怎么想的?最后的结果怎么样?你意识到这种行为是不对的吗?以后要怎样努力改正呢?

(6)根据行为习惯评价表的得星数颁发“遵纪之星”奖。

总结:古人云,勿以善小而不为,勿以恶小而为之。让我们从点滴小事做起,严格遵守学校纪律,养成良好行为习惯,共同营造一个优美和谐的学习环境。

【活动评价】

附:行为习惯评价表

序号	评价标准	学生自评	同学互评	教师评价	家长评价
1	按时上学,不迟到,不早退,不逃学,放学后及时回家。				
2	遵守课堂纪律,认真听讲,举手发言。				
3	上下楼梯靠右行,不在教室和楼道追逐打闹。				
4	同学之间相互关心,不欺负弱小。				
5	说错话或做错事要礼貌道歉。				
6	不随意翻动别人的物品。				
7	不打扰别人的工作、学习和休息。				
8	积极参加集体活动,不做有损集体荣誉的事。				
9	不随地吐痰,不乱扔果皮纸屑等废弃物。				
10	到教师办公室先敲门,经允许再进入。				
老师的话					
爸爸妈妈的话					

填表说明:根据学生实际情况画“☆”。“☆”为很少做到,“☆☆”为基本做到,“☆☆☆”为每次都做到。

【活动说明】

要让孩子养成遵守纪律的习惯,就要从身边的小事做起,持之以恒。本次活动以小游戏为切入点,活动一开始就充分调动孩子参与的积极性。再让孩子们分辨哪些是遵守纪律的行为,哪些是不遵守纪律的行为。《遵纪歌》是根据《中小学生守则》来创编的,对孩子们的行为起一个引导的作用。课本剧的表演,让学生明白,不管有没有人看见,我们都要自律。接着通过名人故事的交流,让学生知道,古今中外的名人、伟人不管取得多大的成就,拥有多大的权力,他们都严格遵守各项规定。最后,通过行为习惯评价表,让学生对自己的言行进行自评、互评、师评、家长评,了解自身存在的不足,明确今后努力的方向。其实,在我们的生活中,规则无处不在,比如课前预习规则、课堂学习规则、读写规则、游戏规则……在这个阶段正是培养、训练学生遵守规则的最佳时期,班主任、学科教师、家长共同努力,以一个个活动为契机,帮助孩子形成守遵守纪律的好习惯。

方案三:我是小小守法人

【活动目标】

1. 让学生懂得什么是违法行为,做一个知法的学生。

2. 让学生了解身边存在的违法现象,知道如何通过法律渠道解决,做一个守法的学生。

3. 提高学生的法律意识,努力以自己的实际行动维护法律,做一个护法守法的学生。

【活动对象】

小学三、四年级学生。

【活动准备】

1. 布置有关的小品节目,指导学生进行练习。

2. 教师准备相关法律资料。

【活动过程】

1. 激发情感,导出主题。

生活在和平年代,成长在美丽的南通海门,呼吸着洁净的空气,享受着温暖的阳光,世界对我们来说是那么美好,生命对我们来说是如此绚丽。那是什么护卫着我们世界的安宁?是法律!同学们,不要以为它离我们很远,其实,它时时都在你我的身边。今天,我们一起来了解一下和我们每个小学生都息息相关的法律,做一个知法守法的合格小公民!

2. 互动交流,了解法律。

(1)提问:法律是什么?(投影出示解释。)

(2)我们小学生应该遵守哪些法律?和我们未成年人息息相关的是哪两部法

律?(小组互相讨论。)

(3)在生活中,我们小学生需要遵守哪些法律呢?分小组讨论,并将想到的答案写在小黑板上。(比如遵守交通规则、文明乘车等。)

(4)教师介绍相关法律,并对相关法律知识进行普及。

3.明辨是非,知法守法。

(1)小品表演:乱打电话。

①针对小品所反映的现象进行小组讨论。

②这个小品告诉我们,急救电话可不能随便乱打,这些骚扰电话大量占用了急救电话的线路资源,使真正处于危险状态的报警求助得不到及时处理,严重地干扰了正常工作。据调查,在打来骚扰电话的记录中,有近一半的骚扰电话是中小学生打来的。我们可不能做这样的傻事呀!

③同学们,通过这个小品,你们是不是对法律有了进一步的了解?现在老师再出示几个案例,让同学们来判断,看看你们是否真的懂法律知识了。

(2)案例分析。

①出示案例。让学生判断对或错,并说出原因。

我们社区有一个叫玉娟的同学,今年11岁,父母下岗以后,家庭生活困难,因此家里人就不打算让她上学了,要让她到大伯开的饭馆打工。(学生们自由发言。)

②对于我国的法律,我们每个人不但要知法、懂法,更重要的是要守法。

(3)法律知识竞答。请“法律小博士”进行法律知识交流,随即选人回答。

①当你发现一起交通事故,而肇事车逃跑,你应该记住逃跑车的车型、颜色、号牌等特征以及逃跑的方向。(对)

②营业性舞厅等不适合未成年人活动的场所,有关主管部门和经营者应当采取措施,不得允许未成年人进入。(对)

③只有14岁的人,以大欺小抢劫同学仅十几元,肯定不会构成犯罪,被抢劫的同学告发也没用。(错)

④当“我”独自在家时,要锁好防盗门;不要给陌生人开门;入夜开灯后要拉好窗帘;如果窃贼已进屋,没有发现“我”时,要迅速躲好,伺机逃走求救。(对)

⑤法律规定我享有多少受保护的权利,同时法律就规定我要履行多少遵守法律的义务。(对)

⑥同学在公共场交谈时,千万不要将自己家地址、电话号码等一些具体情况大声说出来,更不要轻易把家里的电话号码告诉陌生人。(对)

⑦李刚经常欺负我同学并把我同学打伤,同学让我帮助解决,我才去打了李刚,这应该说是见义勇为。(错)

⑧放学路上遇到有人拦劫,尽量不要与其发生正面冲突,可以先把钱物给他们,然后报告老师、家长。(对)

4.学法用法,保护自己。

(1)我们虽然生活在一个法治逐步健全的社会,但是我们身边还有一些人不懂法,违犯了法律,侵害了他人的权益。我们小学生有时也会遇到一些违法行为,我们来看几个案例。你是否遇到过类似的事情?如果遇到了这样的事,你认为怎样处理最好?

①高年级学生向低年级学生索要财物。

②一个歹徒抢了小丽的包,小雪奋不顾身地去抓歹徒。

③一天,小梅从家里到学校上学,快到学校时,一个男青年拦住她,对她说:"小妹妹,你们班主任老师生病住院了,别的同学都去看了,你要不要去?"小梅立即紧张地问:"是我们王老师吗?"李某说:"是,是。"小梅立即点头同意。于是,李某把小梅扶上自己的车,把小梅控制起来。边走边问小梅她爸爸妈妈的电话是多少,小梅告诉他后,他马上向小梅父母打电话勒索20万元钱,说如果不按要求送钱来,就会杀了小梅。后来,小梅的父母报了警,经过警察的不懈努力,李某被公安机关抓获,小梅成功获救。经法院审理,李某以绑架罪被法院判处有期徒刑10年。

(2)学生讨论、交流。

5.以法导行,宣传法律。老师相信同学们一定能做一个知法、懂法、守法的小公民。同时,也希望同学们回去以后,用学到的"法"去提醒、教育身边的人。

【活动评价】

核心素养	评价指向	可达到的行为准则	自我检测表				
			学生自评				
			1	2	3	4	5
守法	我是小小守法人	未经别人同意,不能随便取走他人的财物。					
		不随意翻看他人的日记。					
		不带通讯工具进入校园,不沉迷于网络。					
		遇到危险时,不惊慌,想办法紧急逃生。					
		远离娱乐性的场所,如歌舞厅、酒吧、网吧。					

【活动说明】

通过这样的法律普及活动课让孩子们知道从小知法、守法是多么重要。如何成为一名遵纪守法的合格小公民,首先要懂法,学习一些法律常识,在发生突发事件时能用已知的法律知识更好地保护自己。因此作为一名小学生应该经常翻阅《未成年人保护法》《预防未成年人犯罪法》等法规,增强自己的法律意识。守法,是每个公民必备的道德品质,是现代社会对每个公民的基本要求。只要我们都能增强法律意识,知法、守法,我们的生活才会更加美好!

方案四:播种诚信,收获精彩

【活动目标】

1. 通过诚信故事理解诚信内涵,树立诚信意识,获得初步体验。
2. 通过身边的案例分析、成长展示,为学生树立诚信榜样,让学生自我评价、自我分析。
3. 通过焦点访谈了解社会诚信现状,关注社会诚信问题。
4. 通过活动,让学生能够明辨是非,懂得要诚信为人,诚信做事。

【活动对象】

小学五、六年级学生。

【活动准备】

教师准备:

1. 收集整理古今中外的诚信故事与学生分享。
2. 准备一节"诚信故事"主题阅读课。
3. 收集典型的诚信案例,提前进行细致分析。
4. 关注社会诚信的焦点问题,如:瘦肉精、三鹿奶粉等。

学生准备:

1. 练习讲一个诚信故事,以便在小组中交流。
2. 网上收集诚信案例,了解社会"信任危机"。
3. 收集瘦肉精、三鹿奶粉等社会焦点资料。

【活动过程】

课前活动:

诵读诚信小诗:

七律·诚信

立木悬金取信民,
王遵国法统先秦。
若非结义桃园拜,
何苦单骑古堡寻。
汉使流年居北海,

南雁带书上苑林。
唯夫久别妻甭望,
变石难圆未了心。

1. 故事分享:带上诚信的种子上路。

师:“仁、义、礼、智、信”是古人做人的准则,“信”这里指的是诚信,中国古代有很多脍炙人口、家喻户晓的诚信故事,现在让我们一起来听故事吧!

(1)成语典故:一诺千金。

①听成语故事“一诺千金”。

②听了这个小故事,你有什么想说的吗?

③季布的一个诺言之所以能值千金,是因为他讲诚信。(板书:诚信)

(2)身边的诚信故事。

①小组交流诚信故事,每个组员至少讲一个诚信小故事。按照 1、2、3、4 编号顺序分别讲述,每个组员讲述时间为一分钟,组长记录组员所讲的诚信故事名称。

②小组讨论选出一个最精彩的诚信故事,与全班同学分享。

2. 焦点访谈:呵护诚信的花儿绽放。

(1)阅读“三鹿奶粉”事件资料。

师:为了牟取暴利,商家们给猪肉注水,用福尔马林浸泡海鲜;屡见不鲜的假烟假酒、毒大米、劣质奶粉,摧残了多少鲜活的生命;面对那些层出不穷的骗子、防不胜防的骗术、以假乱真的产品,在善良人们无奈与无助的背后,更可怕的是整个社会诚实守信的体系受到了前所未有的严重冲击!

①小组围绕“你还了解哪些危害社会的失信行为?”“这些行为对社会造成了怎样的危害?”“我们该如何杜绝这样的失信行为发生?”展开讨论。

②小组发表见解,全班共同讨论。

师:为了牟取暴利,一些商家不惜欺骗消费者,但仍有人坚守诚信,感动中国,我们一起来看一段视频。刘东林和刘水林兄弟的故事。

(2)师生共同总结。

3. 情境表演:聆听诚信的美德回归。

(1)小品表演。

①第五小组表演他们精选的《诚信摆渡人》。

人物介绍:坐船人(学生甲扮演),这是一个功成名就、自命不凡的年轻人。老艄公(学生乙扮演),一位须眉皆白、头戴草帽、手拿烟斗、神情悠闲的长者。

坐船人:当我经过漫长的人生跋涉,走到这个渡口的时候,我可以非常自豪地说,我这一生是成功的!我身旁有七个行囊:

行囊:我是健康!我是美貌!我是机敏!我是才学!我是金钱!我是荣誉!我是诚信!

坐船人：(拍着胸脯，晃着脑袋，一副得意扬扬的神态)这些都是我经过坚持不懈的努力所得来的，他们都是我的珍宝。而现在我将带着我的七个珍宝渡过这个渡口。

(渡口只有一只小船，一位须眉皆白的老艄公正坐在船头悠闲自在地吸着烟，望着远方……)

坐船人：(走上前去，深鞠一躬)劳烦船家，摆渡过江多少钱？

老艄公：(转过头来，打量一番，目光停留在“诚信”的“行囊”上，慢慢露出笑脸)一口价，三个铜钱，包你安全到岸！

坐船人：好！一言为定。

(起初江面风平浪静，过了不久风起浪涌，小船开始上下颠簸。)

老艄公：(叹了口气)唉，船小负重，客官须丢弃一个行囊，方可安渡难关。

坐船人：(面露难色)这……哪一个不是我辛劳所得？我怎舍得丢弃？

老艄公：有弃有取，有失有得。

坐船人：唉，我该丢弃哪一个呢？好，就是它了。

(坐船人咬紧牙关，狠下心，把诚信抛进了水里。

老艄公稍一愣，面露失望之色。

过了一会儿，风平浪静。

坐船人：(面露喜色)老人家，趁着浪小，快快摇船吧！

(老艄公瞥了一眼坐船人，停了船桨，径自坐在船头。)

老艄公：唉，不摇了！

坐船人：老人家，你这是……

老艄公：要我摇船可以，不过要用你那一袋“金钱”来充当船费。

坐船人：你……(气得说不出话来，但四周水天茫茫，何处是岸？只得气急败坏地将“金钱”扔给老艄公)给你吧！

(又行了一会儿。)

老艄公：(摇头叹气)哎哟，人老身子骨不好，没力气摇船了——除非你把“健康”给我，不然……

坐船人：事到如今，我就把“健康”给你。

老艄公：(伸伸懒腰，走到坐船人身边)喂，年轻人，你好人做到底，连同那几个行囊一同给我老头儿吧！

坐船人：你……(大声嚷)当初上船时，你说三个铜钱包我到岸，可如今你却贪得无厌，一再勒索。你……你怎么如此不讲诚信？

老艄公：哈……(大笑不止)“诚信”？你不早将“诚信”抛入水中了吗？与你这等不诚信的人还讲什么诚信？快将行囊拿来，现在我可比你健壮多了！

(坐船人一愣，只得乖乖将行囊给了老艄公。)

老艄公：我可先走一步喽！

（老艄公扑通一声，跳进水里，不见踪影。坐船人暗自想起被抛弃的诚信，后悔莫及，不禁落下泪来。）

老艄公：（突然湿淋淋地爬上船来，将"诚信"抛到坐船人身边）年轻人，我给你把"诚信"捞回来了。记住，从今往后，无论何时，也不能抛弃"诚信"呀！

坐船人：（惊喜交加）你是……

老艄公：（指着自己）我就是诚信。诚信才是人生真正的摆渡人啊！

②人物访谈。

老师现在是记者，我现在想采访一下老艄公和坐船人。

A."老艄公"，你为什么不愿意摆渡坐船人？（"老艄公"回答）

B."坐船人"，你为什么把诚信抛弃，而把金钱、荣誉、地位留下？到最后为什么流下了悔恨的泪水？（"坐船人"回答）

师：诚信比金钱、荣誉更重要，无论何时我们也不能抛弃诚信！

4.成长在线：静待诚信的品性养成。

(1)创作诚信名言，赠给同窗好友。

①教师出示诚信名言。

②指导学生模仿创作。

③把名言写在提前准备好的卡纸、书签上，赠送给好朋友。

(2)拓展活动。

在自我评价的基础上，进行家长评价、老师评价以及同学间互相评价，每周评出"'诚信'之星"，并给予鼓励。

①各班根据学生在活动中的表现，每月评出若干班级"诚信天使"，在此基础上推荐一名参评校级"诚信天使"，学校将进行表彰。

②兑现"诚信支票"活动，每天做一件诚信事。如承诺每天背下一首唐诗，或是承诺今天的课堂一定要向优秀努力，一定要得到老师的表扬；又或者上课时我回答问题一定要响亮；答应别人的事一定要做到等。

"诚信支票"活动回执单（家长填写）

孩子所在的班级		孩子的姓名	
孩子兑现的支票数量		（　）张	
孩子整体表现让我觉得		很满意（　　）觉得很不错（　） 算他合格啦（　）很失望（　　）	
我最欣赏的一张支票的内容是			
让我最感动的是			
我对活动的感想和建议			

家长签字：________

【活动评价】

核心素养	定义	可达到的行为准则	自我检测表				
			学生自评				
			1	2	3	4	5
诚信	诚信就是诚实，守信用。	不说谎话，勇于承认错误，知错能改。					
		不随便拿别人的东西，借别人的东西要及时归还。					
		公私分明，公家的东西不能归私人所有。					
		拾到东西要交公，别人的东西不能归自己所有。					
		努力学习，按时认真完成老师布置的作业，不抄袭。					
		独立考试，认真答题，不作弊。					
		答应别人的事要认真按时完成，做不到的事情不要逞强答应别人。					
		要守时守约，言而有信。					
		遵守《小学生日常行为规范》，做到老师在和不在一个样，校内和校外一个样。					
		尊敬长辈，听从父母的正确教导，不欺骗父母。					

【活动说明】

诚信,是中华民族的传统美德。千百年来,它伴随着一代又一代的中国人走过沧海桑田,经历雪霜磨砺,最终沉淀为民族的精髓。“人若无信,不知其可也。”诚信是做人的基本准则和起码的道德修养。为人以诚,待人以信,不但是人的内在品质和精神要求,也应该是社会的规范。今天,诚信已经是社会生活对人的必然要求,同时也是一个人获得社会认可的前提条件。虽然家庭、学校、社会都重视孩子的诚信,但是现实情况却令人担忧。通过故事分享、焦点访谈、情境表演、成长在线等多种形式充分让学生认识诚信的重要性,和传统的说教相比学生更容易接受。

▶ 六、活动体会

好习惯养成的第一步——遵守纪律

经常有家长向我抱怨,孩子在家做作业的时候没有耐心,学习习惯一点都不好。其实我想说,人的各种习惯是互相关联的,好习惯如此,不良习惯亦如此。我发现这些平时做作业不自觉的孩子,他们的许多方面都不如其他自觉的孩子。文具随便乱放,晚上在宿舍熄灯后讲话,吃饭的时候交头接耳,叽叽喳喳,提醒多次也还是我行我素,一点纪律都没有。可想而知,在家的情况必定也十分让父母担忧。教育这样的孩子,必须从立规矩入手。通过“每日一事——守规”这样一个活动,孩子们知道在学校里遵守规则很重要,通过行为习惯评价表的自评,好多孩子都及时进行了自我反省,特别是对一些平时行为习惯较差的孩子触动尤为深刻。这儿大尢论在文明用餐,还是人课间活动中,他们都能做到遵守纪律,就算偶尔忘记了,其他小朋友也会马上提醒,说明孩子们心里已经开始有遵守规则这个概念了。

其实规则就在我们身边,如《中小学生守则》中,对我们言谈举止的明确规定和学校提出的规章制度等,都是我们学生所必须遵守的。只要我们在日常的教育教学中,潜移默化地把遵章守纪的意识传输给学生,久而久之,就能形成许多良好的习惯。

(海门市中南国际小学教师　钱春花)

文明用餐我能行

“吃饭要遵守纪律,文明用餐”这句话是钱老师的口头禅,她几乎天天挂在嘴边,可班上总有那么几个调皮鬼对老师的话左耳朵进,右耳朵出。以前排队的时候,时常有男生插到我的前面。打完了饭更是有很多人快速往回走,经常在地面上看到泼洒出来的汤汁,既给打扫的阿姨增添了麻烦,我们自己说不定也会滑一跤。吃饭的时候,虽然有高年级的大哥哥大姐姐在监督,可是还是有人趁机讲话,食堂里经常都是乱哄哄的，真担心在这样吵闹的环境里用餐会导致我不消化呀！自从钱老师组织我们开展“用餐行为日日评”之后，同学们都变得文明多了。其实文明用餐是我们每个小学生都要遵守的纪律，希望大家都能够自觉遵守，共同创造一个安静的用餐环境。

［海门市中南国际小学二(1)班　肖云子］

教会孩子遵守纪律

我的孩子是独生子女，家里的长辈们都比较宠她，凡是她想要的，我们都尽量满足她。但将来她总要步入社会，不管在哪里都会有纪律的约束。自从女儿的学校开展了《我是遵纪好儿童》这个活动以后，我发现我们家欣宜变得文明多了。一家人聚会吃饭，饭菜已经上桌，女儿说要等人齐了再开饭，她说这是吃饭的规矩。吃饭的时候也不像以前，把锅碗瓢盆敲得叮当响，吃完她还会把自己的碗筷主动送到水池里。还有，在游乐园中玩滑梯、坐碰碰车、坐飞机等都要排队等待，有些还要排很长的队买票，这时她也不吵不闹，耐心等候。靠纪律的约束可以养成女儿良好的习惯，也是对她品德培养不可缺少的一步，她的点滴进步都令我们家长备感欣慰。

（海门市中南国际小学吴欣宜家长　周静）

法律呵护孩子健康成长

随着社会不断发展，各种思潮不断涌现，一些不健康的东西也在渐渐地影响到了我们校园，我们小学生很容易受到影响，比如网吧、游戏厅等，很多孩子因此而荒废学业，甚至走向犯罪的道路。小学的孩子因为年龄特点而显得幼稚、不成熟，可能会做出一些不该做的事情，甚至因法律意识的淡薄而导致一些违法犯罪现象的发生。在校园里，有的同学爱打架或盗取别人的钱财，小小年纪，就沾上了许多恶习。经过这次活动，孩子们对相关法律知识有了一定了解，知道做什么事情是属于违法的，对他们的行为有了一定的约束，将危险扼杀在萌芽状态。因此，我们的学生都应学习有关法律知识，尽量减少甚至完全避免违法犯罪现象的发生。人，不可能自然变得优秀，是内力自我约束和外力强制作用使然。法律是神圣不可侵犯的，祝愿我们同学都能学法、知法、懂法、守法、用法，做一个守法的小公民，从而平安、健康、茁壮地成长。

（海门市中南国际小学教师　陈佳玮）

法律在我身边

在上“我是小小守法人”这堂活动课之前，对于什么是法律，我还不是特别清楚，但现在我对法律有了一定的了解，知道在我们身边处处都有法律。作为一名小学生，我们也需要遵守法律，比如遵守交通法规是多么重要，既保护了我们的人身安全,又让我们的社会大家庭变得更加文明。以后我不仅要提醒自己时时刻刻遵守交通法规,还要告诉爸爸妈妈,让他们和我一样做到知法守法。在校园里,也会有一些大同学常常欺负我们弱小,以前我都是害怕得躲着他们,但现在我知道该如何用法律保护自己,不让自己受到伤害了。法律就在我们的身边,它可以保护我们不受到伤害。

同学们,知法懂法是多么重要啊! 国有国法,家有家规。让我们一起学法,用法律武装我们的大脑,做一名优秀的小学生吧!

[海门市中南国际小学三(4)班　叶珈童]

教会幼儿不说谎

幼儿期是人格形成的关键时期,是人类道德意识、道德观念的启蒙时期。培养幼儿"诚实""守信"的生活态度和行为习惯,是幼儿园教育的重要培养目标,但说谎却是幼儿园常见的一种现象。

一天早上,孩子们喝牛奶,我像往常一样,让先吃好的孩子们排队去拿玩具玩。大家都拿了自己喜欢的玩具,坐在自己的椅子上愉快地玩了起来。这时萌萌飞快地跑到我面前着急又紧张地说:"老师、老师,浩浩把洋娃娃的衣服扯坏了。"我一看,曾经一个漂亮的洋娃娃,现在耷拉着脑袋,衣服上的纽扣也掉了几颗。乱七八糟地裹在娃娃身上。我看着浩浩说:"你为什么不爱护你的好朋友呢? 你看他现在都没有衣服穿了。"浩浩不等我说完,就大声地喊道:"不是我弄坏的,是萌萌给我的时候就是这样的。"一旁的娇娇见状也立马说道:"是浩浩扯坏的,他用牙齿咬坏的。"我生气地对浩浩说:"他们都看到是你弄坏的,还不承认,爱撒谎的小孩,老师不喜欢了。"浩浩听了委屈得哭了。我见状意识到问题并不是这么简单,缓了缓口气说:"老师喜欢诚实的孩子,是谁弄坏的,只要勇敢地承认错误,我就原谅他,他也还是好孩子。"这时我发现萌萌欲言又止,经过耐心说教,萌萌终于说出了经过:自己看到洋娃娃的一只手没有塞进袖子里,就想给他把衣服穿上。可是衣服的扣子怎么也解不开,就用力地拉了几下,衣服就坏了。想到老师会骂她,就把洋娃娃给了浩浩,并说是浩浩弄坏的。我又看娇娇,娇娇此时早已低下头说道:"浩浩坏,他每次都要和我抢玩具,我不喜欢他,所以才帮萌萌说是他弄坏洋娃娃的。"

幼儿说谎分为无意识说谎和有意识说谎两种类型,萌萌和娇娇显然是有意识说谎。洋娃娃被扯坏,萌萌为了免于被老师责罚,将已经坏掉的洋娃娃给了浩浩,并向老师说是浩浩弄坏的,而娇娇因为平时和浩浩有争端,为了让老师帮她教训浩浩,她也向老师说了谎。由萌萌娇娇的例子,我又想到了另外一件事。

新学期开始了,为了锻炼幼儿的运动能力,每天早晨孩子们都会在教室门前的水泥地上练习拍皮球。可是这天早上童童哭着告诉我:"老师,我的皮球不见了。”我听了一愣，孩子们的皮球上都写着他们自己的名字和班级，平时都没有拿错，况且，童童刚才还在开心地拍皮球，怎么说不见就不见了呢？我扫视了一周，问：“谁看见童童的皮球啦？”孩子们都摇摇头说没看见。这就怪了，我想会不会是谁一不小心拿错了。于是我让孩子们把小皮球都抱着，我一一检查。当快走到宇鹏身边时，我看到他神情紧张，将皮球悄悄地放在了身后，我走到他面前，轻声说：“你看见童童的皮球了吗？”“没……没有。”宇鹏紧张地说。“那老师能看看你的皮球么？”“我妈妈……也给我买了一个和她……一样的皮球。”宇鹏支支吾吾地说。我说：“是吗？那老师看看可以吗？”“嗯。”宇鹏将皮球递到我手中。我仔细翻看皮球，“童童”两个字映入眼帘，这不正是童童的皮球吗？我问宇鹏：“这皮球是谁的？”宇鹏却说：“皮球是妈妈买给我的，我没拿她的皮球。”经过我再三教育，宇鹏才承认：“这个皮球上有我很喜欢的喜羊羊，我的皮球上没有，所以才拿来的。”虽然我们平时都会再三强调别人的东西不能拿，宇鹏也知道别人的东西不能拿，但由于年龄小，知识经验缺乏，对行为准则的认识还不十分清楚，辨别是非的能力差，不知道哪些事该做，哪些事不该做，无法抵御他喜欢的东西对他的诱惑。所以，只要是喜欢的东西就拿。

孩子的行为多半是通过日常生活无意中习得的。如果孩子经常看到父母和老师为环境所迫，说这样那样的谎言，孩子就容易受其不健康的行为影响，学会说谎。所以，父母和老师要时时、处处、事事，注意以身作则，诚实待人，为孩子树立良好的榜样。另一方面，很多父母和老师对孩子要求过于严厉，责备过多。为了在孩子面前不失威严，常常恐吓孩子。如：再不听话，我就不要你了；你再这样，让警察把你抓去……这样做，不仅给孩子带来了精神压力，客观上也为孩子因避免责骂而说谎提供了前提。萌萌把洋娃娃破坏了，显然破掉的衣服萌萌不可能利用自己的能力修好。这个时候她首先想到的不是求助老师，而是将它交给其他幼儿，并说谎是别人弄坏了洋娃娃。萌萌的行为动机与周围紧张的环境氛围有着很大的关系。

宇鹏年龄小，分辨是非的能力差，他仅凭自己喜好就将童童的皮球拿走，我们在对这类孩子进行诚信教育时，坚持正面教育，并结合故事耐心说理、循循善诱，消除孩子的恐惧心理，从而让孩子认识自己的行为并改正错误。

幼儿诚信品质的形成，是在周围环境的影响和熏陶下形成的。发生在萌萌、娇娇和宇鹏身上的这些说谎行为，相信这不是个例，我们家园要互相配合，采取正确、有效的方法，帮助幼儿认识并纠正错误行为，从而让诚信之花开遍幼儿园的每一个角落。

（海门市蓓蕾幼儿园教师　高娜）

第三章

3月:环保——让我们不乱扔垃圾

【素养类别】社会交往
【每月一事】让我们不乱扔垃圾(3月)
【相关专题】卫生　绿色　生态

▶ 一、名词解释

【环保】环境保护的简称。指人类为解决现实的或潜在的环境问题,协调人类与环境的关系,保障经济社会的持续发展而采取的各种行动的总称。

【卫生】①能防止疾病,有益于健康。②符合卫生要求的状况。这个词最早出现于《灵枢》中,《庄子·庚桑楚》里也有"卫生"一词:"南荣曰:殊愿闻卫生之经而已矣。"

【绿色】自然界中常见的颜色。也指符合环保要求,无公害、无污染的,如绿色食品、绿色生活等。

【生态】生态就是指一切生物的生存状态,以及它们之间和它们与环境之间环环相扣的关系。南朝梁简文帝《筝赋》:"丹荑成叶,翠阴如黛。佳人采掇,动容生态。"《东周列国志》第十七回:"〔息妫〕目如秋水,脸似桃花,长短适中,举动生态,目中未见其二。"唐杜甫《晓发公安》诗:"隣鸡野哭如昨日,物色生态能几时。"明刘基《解语花·咏柳》词:"依依旎旎、嫋嫋娟娟,生态真无比。"

▶ 二、行为规范

* 慎用清洁剂,尽量用肥皂,减少水污染。
* 支持绿色照明,人人都用节能灯。
* 做"公交族",尽量乘坐公共交通工具。
* 使用再生纸,减少森林砍伐。
* 使用无氟制品,保护臭氧层。
* 让家人选用无磷洗衣粉,保护江河湖泊。

* 买环保电池，防止汞镉污染。
* 选择绿色包装，减少垃圾产生。
* 认准绿色食品标志，保障自身健康。
* 买无公害食品，维护生态环境。
* 少用一次性制品，节约地球资源。
* 自备购物袋，少用塑料袋。
* 拒食野生动物，改变不良的饮食习惯。
* 制止偷猎和买卖野生动物的行为。
* 要勤洗澡，勤换衣，勤剪指甲。
* 每天穿戴整齐、整洁。
* 早晚要刷牙，饭后要漱口。
* 三个月换一次牙刷。
* 毛巾与家人分开使用，并要经常清洗、暴晒。
* 睡前不吃零食。
* 饭前便后要洗手。
* 不能对着人打喷嚏、咳嗽。
* 不当众剪指甲、挖鼻孔、掏耳朵。
* 不随地吐痰。
* 在咳嗽、打喷嚏时应用手、纸巾捂住嘴巴和鼻子，避免病菌通过飞沫传染其他人。
* 不喝生水，少喝饮料。
* 看到有破坏环境的行为及时制止。
* 不乱扔垃圾、乱抛果皮纸屑。
* 认真做好值日工作，保持教室、校园清洁卫生。
* 了解世界地球日、节水日等环保节日。
* 能自备餐具用餐，餐后整理好桌面。
* 参加植树活动，去郊区种树，也可以在家种些植物。
* 不能随意踩踏草坪，攀折树枝，不在树木上乱刻乱画。
* 冬天给周围的植物保暖御寒。
* 可用暖壶里剩余的凉开水、残茶、淘米水浇花。
* 要少用纸巾，多用手帕，低碳生活。
* 打印材料时尽量双面打印。
* 本子上剩余的纸张收集起来装订成草稿本，也双面使用。
* 尽量使用竹制家具，因为竹子比树木长得快。
* 上厕所时选择好用大水或小水冲。

* 准备不同的垃圾袋,做到垃圾分类。
* 带一盆绿色植物装扮教室。
* 可以使用二手的玩具(部分)、衣物、书籍等,减少浪费。
* 主动打扫所居住的楼道等公共区域。
* 坚决不吃青蛙、鱼翅等有益于人类的生物。
* 使用空调等电器要环保。
* 要尽量少使用一次性牙刷、一次性塑料袋、一次性水杯等。
* 使用天然气或液化气做饭时调至中火,最省气。
* 关心地球变暖问题。
* 善于观察周围的环境变化,为环保做力所能及的事。

▶ 三、名言警句

◆ 只有服从大自然,才能战胜大自然。

◆ 大自然是善良的慈母,同时也是冷酷的屠夫。

◆ 人们常常将自己周围的环境当作一种免费的商品,任意地糟蹋而不知加以珍惜。

◆ 大地给予所有的人是物质的精华,而最后,它从人们那里得到的回赠却是这些物质的垃圾。

◆ 非但不能强制自然,还要服从自然。

◆ 我们违背大自然的结果是,我们破坏了自然景观的美、自然动态的美和天籁的美。

◆ 人生欲求安全,当有五要:一要清洁空气;二要澄清饮水;三要流通沟渠;四要扫洒房屋;五要日光充足。

◆ 唯有了解,我们才会关心;唯有关心,我们才会采取行动;唯有行动,生命才会有希望。

◆ 顺之以天理,行之以五德,应之以自然。

◆ 大自然的每一个领域都是美妙绝伦的。

◆ 没有一个清洁美好的环境,再优裕的生活条件也无意义。

◆ 自然不掺杂半丝人情。谁抵抗它,谁就被一脚踢开;谁顺从它,谁就承受其恩典。

◆ 水光山色与人亲,说不尽,无穷好。

▶ 四、参考故事

小兔欣欣改习惯

从前,森林王国里有一只可爱的小兔,叫欣欣。她原来是一只讲卫生的小兔子，但是她现在好像变了，兔妈妈好几次提醒欣欣，她都说：“我知道了，别烦我！”兔妈妈只好生气地走了。时间一点一点地过去了，小兔欣欣也渐渐地长大了，可是她的坏毛病并没改掉。兔妈妈老了，生病了，再也没法提醒她的女儿。

欣欣不喜欢走路，所以她就把一袋袋臭臭的垃圾往楼下扔，有几次还砸到了羊伯伯、猴叔叔的头上，水从垃圾袋里流出来，溅到他们的头上。

记得有一次，小兔和她的好朋友一起去郊游。在路上，欣欣拼命地吃薯片，她吃了爆米花又喝果汁，喝了果汁又吃葡萄干。一直吃到她饱了为止。可是她吃完了以后，就随手把垃圾扔到了路边的草地上。

过了几天，她家对面有了三个垃圾箱：一个是“可回收垃圾”；另一个是“不可回收垃圾”；还有一个是“有毒垃圾”。欣欣总算勤快多了。早上，欣欣拎着一大袋垃圾从家里出来。她把垃圾扔在了“可回收垃圾”的那个垃圾箱里。可是垃圾袋里的垃圾也不全都是可回收垃圾。垃圾中有电池、白菜、胡萝卜、白纸、塑料袋、易拉罐、破布……下午，回收垃圾的工人——鸭大婶来了，看见了这种情况，心想：要是再这样下去，我们这个国家的环境肯定会被污染的，怎么办呢？鸭大婶找来了羊伯伯、猴叔叔、鹿姐姐，他们一起讨论这个“犯罪的家伙”。

最后，羊伯伯知道了答案，他问鸭大婶垃圾里有什么，鸭大婶告诉他有胡萝卜、白菜。羊伯伯马上判断出来，跑到小兔家，问小兔：“你是不是做了错事？”小欣欣发觉了，脸立刻红了起来，她回答：“我没……没有！”“你为什么要骗我们呢？骗人是不好的。当然不保护环境也是不好的。你想想，我是怎么知道的，就凭你扔的垃圾的品种，我就知道了。难道你没有发现一个小小的电池也会给我们森林王国造成不可想象的后果？你一定要改正！”欣欣说：“我一定会改正这个缺点的，一定会的！”羊伯伯满意地笑了。

欣欣从此不但不往地上扔垃圾了，而且她看见垃圾还要弯腰捡起来。同学们，我们也要像欣欣那样，养成不乱丢垃圾的好习惯！

夜晚的故事

这个故事发生在光明小学的一个夜晚……

那是个没有人的夜晚，桌子悄悄地走到门前，对对面的同伴说：“嗨，你的主人对你好不好？告诉你，我的小主人对我可好了！她写字时，拿一块柔软的布铺在我身上，放学时用一块冰凉的手帕擦去我身上的污泥，她身上还有一种特殊的香味，可好闻了！每时每刻她都无微不至地关心着我。”

“我的主人是个粗心大意的男孩，以前他特爱打架，常常被叫到办公室去挨批评。可是，现在他变了，彻底地变了。他变得温柔细心，也学会关心我了。”

门听了，也若有所思地说：“是啊！自从学校搬到这里来，同学们爱干净了，讲卫生了，也不追逐打闹了，变成了校园卫士。”

大家高兴地说："养成良好的卫生习惯，爱护公共财物是多么重要啊！"

节约用纸

从前，有个小男孩，他每天要用好多纸巾。吃过东西，他用纸巾擦擦嘴，再用纸巾擦擦手，还用纸巾擦擦衣服。

这天，爸爸买回一筒纸巾。爸爸说这是"神奇牌"纸巾，跟以前的不一样哦。小男孩想看看，纸巾究竟神奇在哪里。他拉出一截，没什么神奇；他把纸巾拉到阳台上，也没什么神奇；再把纸巾拉到楼梯上，还是没什么神奇。纸巾被拉得长长的，一直拉到小区外面；再拉到市民广场，绕过一棵棵粗粗的树。小男孩跑呀跑，拉呀拉，纸巾怎么也拉不完……跑呀跑，拉呀拉，小男孩回头一看，树林不见了！他扔了纸巾，惊叫着跑回家："爸爸，爸爸，树林没有啦！"爸爸说："制造纸巾要用树木做原料。你用掉了这么多纸巾，树林当然就没有啦！"

为了让树林回到市民广场，小男孩又跑回去，一边跑，一边卷……跑呀跑，卷呀卷，纸巾全都卷了回来，市民广场的树林又回来了。小男孩真高兴呀！

小朋友们，木材是制造纸巾的原料，纸巾用得越多，耗费的树木就越多。所以我们在家的时候，应该尽可能的多用毛巾，节约纸巾。

北京麋鹿苑

这是一个真实的故事。在北京城南10千米处，有一座在清代皇家猎苑遗址南海子故地建立的小型保护区：北京麋鹿苑。它以研究、繁育在中国一度灭绝、又重返故里的我国特有动物麋鹿而蜚声中外。为使这一命运多舛、失而复得的物种能在麋鹿苑安顿下来，国家给予了高度重视，不仅从资金、科研上给以保障，而且设有"麋鹿苑派出所"，全年驻有公安干警。忠于职守的警察十几年来日复一日地环绕千亩麋鹿苑巡逻，使这里的国家一级保护动物麋鹿从未有过任何被偷猎的闪失。

可实际上，这里的麋鹿并非平安无事，每年都发生数起非正常死亡事件，死因既非枪杀，亦非投毒，而是因为环境污染和生态退化！一次次误食塑料袋使其梗塞而死，周边的沙化及垃圾更令麋鹿的生存质量每况愈下：水源匮乏、植被枯萎、湿地干涸……鹿苑墙外禁而不止的挖沙活动不仅使麋鹿苑内的地表水大量流失、草木枯黄，而且每遇刮风，那失去植被庇护的裸地便沙尘泛起，黄土漫天，直逼麋鹿苑。

10年前，这里可是风吹草低，垂柳依依，荻花瑟瑟，鸥鹭翔集，一派水乡泽国的景象，为什么有警察保安却保而不安呢？原来是另一种安全出了问题：生态安全。而在麋鹿苑发生的生态安全问题又何尝不是人类生存状态的缩影呢？

推荐阅读

1.《寂静的春天》
2.绘本《植树的男人》
3.绘本《树的声音》

五、活动方案

方案一:我们不乱扔垃圾

【活动目标】

1.懂得什么是生活垃圾,它会污染环境,不利于人们的健康。

2.知道不要乱扔垃圾,保持环境的清洁,感受清洁环境的美。

【活动对象】

幼儿园孩子。

【活动准备】

1.寻找小区内清洁和肮脏的不同环境。

2.装垃圾的塑料袋若干只。

【活动过程】

1.讨论:引出话题。

(1)你见过哪些垃圾?这些垃圾都是从哪里来的?

(2)垃圾对人们有哪些危害?引导幼儿谈自己的感受。

2.辨析:明理导行。

(1)观看图片:整洁的操场、教室等。

问:这是什么地方?你喜欢吗?为什么?(心情舒畅、给人以美的享受……)

(2)观看图片:有垃圾的操场、教室等。

问:这里都是什么?怎么会有这么多垃圾的?你看了,觉得怎么样?(看见了难受、玩得不开心……)

(3)问:我们应该怎么做呢?

幼儿讨论,发表自己的想法。(把垃圾捡起来,扔到垃圾桶里。制作不乱扔垃圾的标记,挂在各处。看见乱扔垃圾的行为及时提醒、劝阻……)

师:我们这些小主人真棒,让我们一起行动起来吧,使我们的幼儿园更加整洁,更加美丽。

3.实践:不乱扔垃圾。

(1)你家里把垃圾丢在哪里?

(2)你在马路上看见有香蕉皮之类的垃圾会怎么做?

(3)你和爸爸妈妈出去玩,要是有垃圾了怎么做?

(4)要是在轮船、公交车上有垃圾了,你是怎么处理垃圾的?

(5)一起去找找哪里有垃圾,将垃圾捡到塑料袋子里,然后扔到垃圾桶里。

(6)幼儿回活动室,洗手。教师简单评价,加深环保意识。

【活动评价】

各班设立卫生督查岗,每天选出两名衣着整洁、讲究卫生、爱护环境的小朋友担任小小卫生督查员(每天轮流),对本班幼儿、教师进行监督。发现情况,及时反馈,请幼儿共同讨论卫生督查的好处。让幼儿明白,要从自身做起,从身边的小事做起,减少垃圾的产生,并让更多的人一起参与到爱护环境的行动中来。

【活动说明】

保护环境,就从不乱扔垃圾开始。除了让孩子们亲身体验,我们还可以共同创设环保广告语:"草儿绿、花儿香、不乱扔垃圾、环境优美人健康。"开展环保主题的绘本阅读;组织亲子活动,让家长一起参与,整个家庭做到不乱扔垃圾,爱护环境。

方案二:小手拉大手,护卫齐步走

【活动目标】

1. 通过观看视频、图片,创编小短剧等方式知道讲卫生是文明行为,了解不讲卫生的危害。

2. 学会正确的洗手、刷牙等方法。

3. 通过活动,培养学生良好的个人卫生习惯。

【活动对象】

小学一、二年级学生。

【活动准备】

1. 绘本《臭臭的比尔》《星期二洗发日》《小熊不刷牙》《根本就不脏嘛》《邋遢大王历险记》。

2. 视频《喜羊羊与灰太狼》《老虎拔牙》。

【活动过程】

1. 观看视频,情境引入。

(1)播放视频《喜羊羊与灰太狼》片断,提示学生边看边想:喜羊羊和懒羊羊各是一只怎样的羊?谁的做法对?

视频内容:喜羊羊和懒羊羊上台,村长给他俩各一个苹果。懒羊羊接过来就吃,喜羊羊不怕麻烦洗干净了才吃……村长说:"懒羊羊,你要向喜羊羊学习,洗干净再吃。"懒羊羊马上反驳道:"不干不净吃了没病,水果用手擦擦就行了,不用那么麻烦。”

(2)说一说:喜羊羊和懒羊羊各是一只怎样的羊?谁的做法对?

(3)你喜欢谁呢?(喜羊羊)因为今天的喜羊羊讲卫生。所以让大家都喜欢他,都愿意和他成为朋友。那么小朋友们,你们是想让别人喜欢你,还是不喜欢你呢?

(4)每一个人都想让别人喜欢。那我们要怎么做呢?

想成为一个让别人喜欢的人,那么我们就应该从小讲卫生。

2.动画激趣,学会护牙。

(1)同学们,你们都喜欢看动画片吗?今天老师就给大家带来了精彩的动画片。欣赏动画片《老虎拔牙》。

(2)同学们看了这个动画片有什么想说的吗?

(板书:刷牙)

(3)不知道咱们班同学的牙都怎么样,请大家张开小嘴让你的同桌看一看。大家互相看一看。

(4)刚才我听见有的同学说他都有虫牙了。谁有虫牙举手看一看。

(5)龋齿又叫蛀齿、虫牙,是由于口腔不清洁,食物的残渣在牙缝中发酵,破坏牙,形成空洞,有牙痛和齿龈肿胀等症状。

(6)那么老师想找一名同学说一说,你得了虫牙有什么感觉?

生谈感受。

(7)有虫牙是一件多么痛苦的事。你们希望自己的牙齿有虫牙或让虫牙变多吗?那我们怎样才能预防蛀牙呢?

(刷牙、漱口)

(8)指名说一说你平时是怎么刷牙的。(指生演示)大家看他刷的方法对不对?学生评价。

(9)老师邀请了我班的牙医妈妈为大家介绍一种正确科学的刷牙方法。

(播放事前由牙医妈妈录制好的教学视频。)

3.快乐游戏,学会洗手。

(1)现在看一看咱们班同学的小手都干净吗?(有的干净、有的不干净)

(2)同学们,你们知道吗?(出示细菌图片)大家请看:这些花花绿绿的,样子很漂亮。但是我要告诉你们别被它们的外表所欺骗。它们都是细菌。细菌可是一个可怕的小东西。一旦让它们进入我们的身体,它们就能让我们生病,让我们痛苦,甚至让我们死亡。好可怕呀,快快关了吧。

(3)在一个人手上约有40万个细菌(图片介绍其危害),40万个这是多么大的数字呀。我们经常用双手做事,吃食物等,所以手的卫生很重要。假如手脏不洗,不但影响身体健康,和别人交往时也不文明。

(4)同学们,那么你会洗手吗?你们知道什么时候要洗手呢?老师为大家带来了一个专家，让他(体育老师)为我们讲一讲应该如何洗手。

(板书：洗手、认真)

(5)大家和老师一起来了解一下洗手的步骤。

(6)男女生各找一个，比洗手。(获胜者奖励大苹果。)(同时对没有获奖的同学给予鼓励。)

4. 看图辨析，指导行为。

(1)同学们，在我们的生活中还应该养成哪些良好的个人卫生习惯呢？老师这里有三幅图，请你和同桌商量一下，将小红花贴在好习惯的上面。

第一幅图：小虎用脏手抓馒头吃。

第二幅图：勤开窗通风。

第三幅图：随手乱丢垃圾。

(2)学生贴红花后交流。

(3)为了让我们远离细菌，下面请我们的好朋友喜羊羊向大家再介绍几个个人卫生好习惯吧。

(4)师生共跳《我爱洗澡》。

5. 情理交融，总结升华。

师总结：拥有健康多么幸福，可以到大自然中尽情地奔跑，可以在阳光下愉快地游戏，可以和父母幸福地生活在一起……希望大家从现在开始积极行动起来，从小讲卫生，快乐生活，健康成长！

【活动评价】

每天早晨仪表卫生检查；午餐前后手部口腔清洁检查；开展“我的地盘我做主”竞赛活动；开展“完美书包”日日评选活动；每月开展“我的房间”整理比赛活动。每天的“暮省”时间，进行儿童文明星评比。

A. 每天仪表整洁，我的地盘干净、整洁，书包干净，书本摆放整齐的分获一颗星。

B. 每月集齐 88 颗星星被评为“卫生使者”。每个月都评为“卫生使者”的在学期末推选为校文明儿童。

C.“我的房间”整理评比活动由家长拍照上传至班级 qq 群，大家评选。选出的学生给予奖励。

【活动说明】

当下，环境污染和生态变化仍然是人类面临的严峻挑战，环境保护仍需我们坚持不懈地努力。生活中，人们在努力获得知识和提高素质的同时，也应该培养自己的环保和创新意识。作为小学生，应该自小树立环保的理念，懂得保护环境，关爱地球。我们还可以这样做：

1. 利用晨会课、流动展板等载体进行环保宣传教育。

2. 班级中成立一支“红领巾环保小队”，开展“你丢我捡”活动。也让孩子回家告诉父母:“城市是我家,请你爱惜它!”“城市是我家,请不要随手丢垃圾。”

3. 开展“大手拉小手,家中卫生齐动手”“大手拉小手,社区卫生齐动手”“大手拉小手,保护江堤公益行”等系列活动。

方案三:绿色·儿童·生命

【活动目标】

1. 通过观察、查阅资料、交流讨论等方式,让学生进一步了解花草树木能够绿化、美化环境,有益于人们的身心健康。

2. 教育学生爱护花草树木应该落实到行动上,能做到不摘花,不折树枝,不摇晃小树,并且做好宣传。

3. 培养环保意识,并通过坚持使用环保袋、绿色出行等落实环保行动。

【活动对象】

小学三、四年级学生。

【活动准备】

1. 收集植树节的相关资料。

2. 阅读诗歌《植树》《绿色的三月》等。

3. 阅读绘本《再见小树林》《小房子》《这片草地真美丽》《多多老板和森林婆婆》《如果地球被我们吃掉了》等。

4. 争取认识校园里的所有植物。

5. 和家长一起种下一种植物,如果是盆景,带到学校一起观赏、培育。

6. 制作环保布袋、环保玩具等。

【活动过程】

1. 读绿,诗意绵绵。

师:三月春光明媚,三月万物舒展,三月我们投入大自然母亲的怀抱,尽情呼吸那一片清新绿!请同学们一起诵读儿歌《植树》《绿色的三月》。

师:最近我们学生自主阅读了好多绘本故事,能向大家介绍你最喜欢的一本绘本,并说说喜欢的原因吗?

2. 识绿,兴致勃勃。

(1)谁能把收集了解的植树节的资料与大家分享一下?

(2)我们的校园是个绿意盎然的大家庭,树木种类还真不少呢,说说你认识了哪些树木?

3. 种绿,生命依依。

师:课前,同学们与家长一起进行了种植行动。从买、种、浇水、施肥,你们一定亲力亲为,用自己的爱心去关爱花草树木,关爱生命。谁愿意介绍一下你种植的植物叫什么名字?为什么选择种植它?

4.传绿,热情满满。

(1)画一画:画一画你眼中的花草树木,或者画自己或他人爱护花草树木的情形。

(2)唱一唱《环保卫士》:小朋友大卫士,保护环境我最行,花草树木要爱惜,不能随地扔垃圾,瓜果纸屑巧分类,回收利用再一回,还要节约水和电。

5.护绿,情意浓浓。

今天,我们明白了绿色和我们的生活、我们的生命息息相关,但是爱绿、护绿需要我们持之以恒,付出长期的努力。请把我们自己制作的环保布袋和环保玩具一起来展示评比。请根据我们的评价表格对自己和家人进行严格的管理哦,请在"我是护绿小卫士"评价表上坚持记载,互相督促。

【活动评价】

(根据评价内容在对应的方框里打钩。)

评价内容:

1.我没有随意踩踏草坪,攀折树枝,没有在树木上乱刻乱画。

2.我用剩余的凉水、残茶水、淘米水等浇植物,植物生长好。

3.我坚持双面打印纸张,每张纸都用双面。

4.我没有扔掉没有写过字的纸张。

5.我准备不同的垃圾袋,分别收集废纸、塑料、包装盒、厨余垃圾等,以便垃圾回收。

6.我们全家坚持使用环保袋购物。

"我是护绿小卫士"周评价表(比比谁能够坚持的时间更长)

时间	1	2	3	4	5	6
周一						
周二						
周三						
周四						
周五						
周六						
周日						

【活动说明】

本次活动的关键词是"绿色",分为五个板块。第一板块是主题阅读,与孩子们一起收集相关诗歌、相关绘本故事，利用晨诵午读时间，建立孩子与自然之间美的认识桥梁。然后引出对垃圾分类的认识和实践活动，让孩子自主选择一种环保的生活态度。第二板块，通过认识学校的树和倾听树的心跳环节，孩子静下心来走近树的世界，萌发保护树的意识，保护绿化，减少砍伐，节约用纸。第三板块，通过了解植树节，和家长一起参与种植，学会爱护环境，进一步关爱植物，尊重生命，禁用一次性筷子等行为。第四板块，各种形式展示宣传，初步养成探求精神、全球意识、主人翁意识。第五板块通过环保布袋和环保玩具的制作、评比和使用，进一步增强环保意识，把环保这个长期而艰巨的任务变成一种自觉的习惯。

同时，还可以开展一些相关活动。如“护绿我最行”：隔一段时间把自己种植的绿色植物拿到班级来秀秀、赏赏、比比；“我是护绿小卫士”评比活动；班级举办知识竞赛：看谁对植物的了解最多；定期对“我是护绿小卫士”评价表进行反馈，并加以表扬和总结。

方案四：保护环境，建设生态新家园

【活动目标】

1. 了解身边存在的环境问题，初步掌握简单的保护环境、改善环境的基本技能。促进学生关心周围环境，亲近自然、珍惜资源、保护地球，有环保的意识和积极的行动。

2. 让学生获取亲自参与探索的积极情感体验，培养学生乐于探索的心理品质，勇于创新的精神和适应社会的能力。

3. 通过学校组织的系列活动，向社会、家长宣传环保知识，并营造“社会、家庭、学校”合力教育学生的良好氛围。

【活动对象】

小学五、六年级学生。

【活动准备】

1. 了解随着经济的发展，哪些是具有全球性影响的环境问题。

2. 分别对水、空气、土壤、生物或食物污染的原因、危害性、治理方法等展开调查和研究。

3. 重点开展水资源的调查和研究，为参观东洲水处理有限公司准备好相机、笔和笔记本等。

4. 准备好采访环保专家时所提问的问题。

【活动过程】

1. 调研反馈。

(1)学生汇报哪些是具有全球性影响的环境问题。

(2)学生分别汇报水、空气、土壤、生物或食物污染的原因、危害性、治理方法等。

(3)同学之间相互补充说明。

2.参观东洲水处理有限公司。

带领学生实地参观考察污水处理的工艺流程，听专家介绍污水处理的原理和水体污染物、污染源，历史上的水体污染事件等。

3.“保护环境，建设生态新家园”环保知识专题讲座。

邀请海门环保局专家到学校为学生讲解海门水污染的污染源。

介绍工业污水、生活污水等排放与处理。

介绍为控制和治理污染，政府所投入的资金、采取的措施、取得的成效以及节约用水的重要性和方法等。

4.环保知识专题采访活动。

(1)最近，经常出现大雾的日子，怎么区分雾和雾霾？雾和雾霾对我们人体健康会产生怎样不同的影响？

(2)伦敦用了30年的时间从“雾都”变成了一个美丽的城市，那么我们政府正在采取一些什么措施？估计多少年能治理好？

(3)作为海门这个城市的小公民，我很想了解目前我们生活的城市主要存在哪几方面的环境污染？哪个方面的污染最严重？

(4)作为一名少先队员，我希望能为家乡优美环境出一份力，您能给我们提些建议吗？

(5)我们学校东边一条日新河，这几年政府也在大力整治它，能介绍一下相关的举措和投入吗？

(6)我们在调查走访日新河周边的居民时发现，日新河的水质还不尽如人意，在以后，环保局对于改善日新河水质还有没有更好的办法？

(7)我们沿日新河进行了实地调查和研究后，总结了一份调查报告，提出了我们的建议，建议环保局对日新河水质量进行更多的检测，您认为我们的建议可行吗？您认为我们小学生在保护日新河方面还能做哪些力所能及的事？

5.环保倡议。

保护日新河，是每一个海门人应尽的责任和义务。为此，我们向全体海门人民发出如下倡议：

(1)自觉抵制随手往河道内乱丢垃圾的行为，不要再随意倾倒污水至河道内；

(2)爱护绿化，见到有破坏河边绿化的不良行为及时进行劝阻；

(3)不在日新河内钓鱼；

(4)节约用水，珍惜水资源。

活动总结：日新河是几代人的记忆，它不仅流淌在海门的大地上，更流淌在海门人的回忆之中，愿它早日恢复成那条波光粼粼、水流清清的小河。保护环境，构建生态新家园人人有责。让我们一起行动，争做一名环保小卫士。

【活动评价】

（根据评价内容在对应的方框里打钩。）

评价内容：

1. 我不吃青蛙、鱼翅等有益于人类生存的生物。
2. 我不吃反季节的蔬菜和水果。
3. 我冬季0℃以上没有开空调，夏季30℃以下没有开空调。
4. 我没有使用一次性牙刷、一次性塑料袋、一次性水杯。
5. 我做到随手关灯、关家用电器。
6. 善于观察周围的环境变化，为环保做力所能及的事。

周评价表（比比谁能够坚持的时间更长）

时间	1	2	3	4	5	6
周一						
周二						
周三						
周四						
周五						
周六						
周日						

【活动说明】

本活动的关键词是“生态”，分五个板块，历经一个月完成，但是这也是一个长线的，甚至关注每个人一生的活动。第一板块是调查、研究，与孩子们一起收集相关数据、了解全世界的环境问题。第二板块，参观东洲水处理有限公司，让学生明白污水处理的流程复杂、成本高，建立环保理念，付出环保行动。第三板块，听环保知识讲座，帮助学生进一步了解海门水污染的源头、危害性、治理方法等，进一步树立环保理念，倡导环保行动。第四板块，通过对专家进行面对面的采访活动，让学生对如何保护水资源、如何节约用水有更深入的了解，激发学生探究环保的意识。第五板块通过活动倡议让建设生态新家园人人有责的责任心落实到行动中。

同时，还可以开展一些相关的活动。如对于空气污染、食物污染、海洋污染等方面展开更深入的研究；可以开展一些环保节能的金点子评比活动；可以通过每天收听收看天气预报,对海门的空气质量进行持续监测,并向环保部门进行反馈和建议;可以对国家南水北调工程的过程、举措、效果和深远意义等进行研究。

▶ 六、活动体会

小手牵大手,护卫齐步走

小学低年级学生,具有很强的可塑性,当他们一旦养成良好的卫生习惯,便有利于自身的健康,有利于他人的健康,有利于校园文明建设,更有利于形成讲卫生的社会风尚。

但我知道,要让孩子们养成一个好习惯并不是一朝一夕的事,要经过后天反复的个人实践,旁人的不断督促、提醒才能形成。于是我翻看了相关书籍,从中寻求操作方法;浏览网络,吸取新教育人在实践中的经验。渐渐地,一个长线的计划在我的脑海中构建。

1.系列活动连连看。

(1)主题阅读——明理。

朱永新教授说:“阅读对个体的精神成长至关重要。没有阅读就不可能有个体心灵的成长,不可能有个体精神的完整发育。”于是我想,学生卫生习惯的养成就让我们从阅读开始吧。读什么呢?对于低年级的孩子来说,最好不过是绘本了。通过《星期二洗发日》《小熊不刷牙》《根本就不脏嘛》等一本本非常贴近儿童心理的书,不用说教,只要看书就行。观看动画片也是孩子们乐于接受的一种形式,《邋遢大王历险记》更是不二之选。一幅幅色彩明丽的图画、一个个富有童趣的故事,在润物细无声中,讲卫生,好习惯的道理学生已了然于心了。

解决了为什么要讲卫生的问题,接下来就是要告诉孩子们该怎样讲卫生。孩子们在幼儿园的生活中已经有了一些这方面的体验,于是,我们的活动就围绕动手实践展开。

(2)实践活动——力行。

体育老师在卫生保健课上给孩子们示范洗手的步骤,大家学得多带劲儿。

牙医妈妈来帮忙,给孩子们上综合实践课,教会大家如何正确刷牙,怎样保护恒牙。孩子们听得多认真。

每天早晨严格的仪表卫生检查,午餐前后的手部口腔清洁检查。

爸爸妈妈是学校教育的好伙伴,回家后的卫生评价就交给他们了。

经过一段时间的训练,检验成果的时候到了。

洗手帕比赛,在劳动中感受快乐。

戴红领巾比赛,在操作中体会美感。

完美书包大比拼,在实践中获得成就。

…………

研究表明，培养一个习惯需要3个月的时间，但是习惯培养的第一个月是最重要的。在这一个月中，我和孩子们一起阅读、一起学习、一起实践，相互督促，共同成长。

2.及时教育时时见。

俗话说“一个良好的开始是成功的一半”。一系列的活动过后，指甲缝黑黑的的孩子没有了，课间在地上打滚的身影不见了，桌斗里满是纸屑的现象消失了。每天看着干净整洁的学生们，大家的心也是舒畅的。

但是新的问题接踵而来。这天，对班级情况特别关注的小梅跑来向我报告：“老师，老师，我发现这几天教室后面的纸篓周围都是垃圾。还有，坐在两边靠墙的同学经常把垃圾藏在墙角。”我一听，皱了皱眉，一边让小梅组织学生把这几个卫生死角打扫干净，一边思索着，看来孩子们还没有理解卫生的真正含义。不过，这是一个好时机，我的长线计划可以向前推进了。

周五的综合活动课上，我播放了用手机拍摄的教室卫生的图片，让孩子们说说你看到了什么，有什么想法。孩子们的眼睛是雪亮的，他们七嘴八舌地指出一个个不干净的角落。有的孩子说，教室里因为有了这几处垃圾，就显得很不整洁了；有的说，特别是纸篓周围的纸屑，让坐在后排的同学都没有心情上课了。还有的说：“我们的身体整洁干净了，可是我们的教室环境还没有干净起来呢。”我趁机对孩子们说：“是呀，卫生可不是单单指我们的身体，它还包括我们生活的环境呢。”我接着问：“大家有什么好办法，改变现在的状况吗？”教室里一下子热闹起来，讨论出的办法还真不少。最后我再次告诉孩子们，卫生是个人卫生和集体卫生的总和。我们不仅要讲究个人卫生，更要关注班级卫生、校园卫生、社区卫生。

接下来的一段时间，我们通过晨会课、班队活动开展了系列活动。

为了让纸篓周围的地面干净整洁，进行了垃圾角宣传语设计比赛。

为了使教室的每一张桌椅、每一块地面都闪光，进行了“我的地盘我做主”，桌面、凳角、地面大清扫活动。

为了锻炼孩子们的动手能力，体会劳动后的成就感，“我的房间”图片展览顺利开展。利用双休日，在家整理打扫自己的房间，让爸爸妈妈拍下照片，展览时向大家分享自己的打扫经验。

为了激发孩子们关注校园卫生的热情，成立了小红帽护卫小队，走出教室，在校园的各个角落都会发现他们的身影。

为了感受公益活动的社会责任意识，和爸爸妈妈一起加入“大手拉小手，参加保护江堤”公益活动。

…………

以上活动，是与学生共处时发现问题，开展的随机性教育活动，由于低年级学生的年龄特点,我们的教育活动大多采取比赛、操作、实践方式,孩子们乐于接受,他们在比赛中进步,在评比中养成。

3. 内化践行面面观。

经过几个月的训练,我们的教室整洁有序,令人舒心。但我深深地知道,习惯的养成并不是靠几个精彩纷呈的活动、几次语重心长的说教就能实现的。班级群体的习惯教育、班级共同精神的打造更需要我们设计一些长线活动,这就像班级管理中的"背景音乐"一样,无时无刻不在影响着、濡染着、锻造着生活在其中的每一个人。面对卫生状况的反复,我制定了新的班级卫生管理机制。参与班级管理的过程,让他们找到了自己的位置,体验到当班级小主人的自豪感,这在无形中也影响着其他同学。大家都在朝着一个目标努力,那就是我要成为一个讲卫生的孩子。

经过不断实践,不断探索,最终让我们的孩子在实践中不断进步。英国教育学家斯宾塞说过,教育是未来的事业,教育的目的是为完成生活做准备。小学生正处于习惯养成的关键时期,这一阶段养成的品行习惯将伴随人的一生,并对完整人格的形成产生重要影响。在这个长线活动的过程中,我越来越感到,教育犹如一张复杂的网,我们通过一个个评课的"点",在这张网上编织出美丽的图案,虽然这是一个漫长而复杂的过程,但是只要怀揣着美好的图景,何处不是花香满径?

(海门市海南小学教师　徐英奋)

绿色·儿童·生命

嫩嫩的小脸蛋上表情纯真而又丰富,如一首首灵动的小诗,我该拿什么样的礼物来献给这些纯粹的生命呢? 我开始思考,带着对生命的敬畏,带着对纯粹的礼赞。

朱永新教授说:"教室是一根扁担,一头挑着课程,一头挑着生命。"怎样让我们班每一个孩子独具生命的完整与个性呢? 我首先想到的是课程,通过班本课程的开发与实践让班上的孩子这六年的小学生活变得丰厚,孩子们不仅拥有自然生命的成长,还能有社会生命与精神生命的成长,最终成长为一个大写的"人"。于是,我在这间温馨的教室里开始"每月一事"与课程的对话。

第一篇章:"选"绿,灵性聊天

新教育认为,课程是师生共同编织的,课程的主体是学生,课程是每个学生的生命旅程,只有从学生角度理解课程,才有可能筛选出符合学生身心规律的课程资源,才有可能研发出实现知识、生活与生命共鸣的课程。于是,我把"每月一事"三月份主题作为起点,和孩子们一起走进那神秘而独具魅力的课程。

刚开学的一个上午,下课时我收拾好书往外走,"姜老师,我家里有一盆很漂亮的植物,我想带到教室,装饰一下教室。"

"当然好啊!"

“老师，我家也有。”“老师，我也带来。”

“你们都喜欢植物？”“恩！”

“为什么？”“植物能净化空气。”“绿色植物好看。”

那天，我和孩子们的聊天都是关于植物的。从聊天中，我了解到全班的孩子都喜欢植物，但是对植物的了解却是很浅层次的。于是，孩子确定主题，我确定了方向，“绿色·儿童·生命”的课程孕育而生了。

是啊，植物是大自然最有灵气的，是上帝赐予人间的妙物，一年四季，花开花落：春暖花开，鸟语花香，生机勃勃之美；夏日炎炎，花开璀璨，生如夏花之悟；金秋送爽，丹桂飘香，硕果累累之喜；瑞雪纷飞，暗香疏影，一身傲骨之赞。孩子们爱自然，乐意亲近自然，开设一门关于大自然的课程，自然是欢喜的。

第二篇章：“读”绿，回归自然

1.儿童相见不“识绿”

人，越是熟悉的事物越容易忽略。于是，课程的第一章“树儿棵棵绿”便让孩子了解校园里的树的种类，各种树干、树叶、树枝的辨识。了解了科学知识后，孩子们观察树也认真了起来。紧接着，在“花儿月月开”章节，孩子读起了《十二月花歌》，孩子们了解了12种花的开放时间。随后的一张小调查，让孩子和家长一起，走进大自然，了解自己周围的植物。没想到，后来这份小调查孩子们都完成得挺不错的。孩子的能力真的是无限的，我们要做的只是要相信孩子。

2.绕池闲步看“物绿”

公园是个观赏植物的好地方，花团锦簇，摇曳生姿，引无数蜜蜂蝴蝶竞折腰。不管是桃花满树如祥云，还是玉兰疏影弄清风，孩子都是喜欢的。

我也愿意带着他们看路旁不起眼的小草小花，清清静静，不凑热闹，也不自卑，用自己的方式展示着自己独特的美，彰显了生命的另一种内在美。

3月底，4月初，我们海门油菜花开了，在属于它的季节，尽情地开放，孩子们欢呼着、雀跃着，为眼前的金色所震撼、所着迷，回家后写下长长的话语，有个孩子这样写道：“春天到了，走在乡间的小路上，田野到处都是一大片一大片金灿灿的油菜花。远远望去，田野里好像铺上了一层金色的地毯。一阵微风吹过，一朵朵油菜花随风摆动，好像一群群花仙子在翩翩起舞。我走近一闻，油菜花的香味扑鼻而来，真香啊！”

我想，这大概是大自然生命与生命之间最神秘的交流吧，生命最原始的相通相融吧。回归自然，回归本真，远离喧嚣，远离繁华，回归大地母亲的怀抱，静静享受纯净的温暖与生命的感动。

3.蓬头稚子学“咏绿”

每月一事的主题阅读是孩子们非常喜欢的，一个又一个安静的午后，意味深长的环保绘本轻轻扣开孩子的心扉；一个又一个美丽的清晨，伴着音乐开始我们的晨诵。以植物为媒介,让孩子在古诗词的积累与沉淀中感悟历史的言语,触摸文化的灵魂,长出独一无二的中国心。

4.也傍桑阴学"种绿"

朱永新教授说:"教室是河道,课程是水流,两者相得益彰,才会涌现教育的精彩。"

3月12日早晨一进教室,我就问孩子:"知道今天是什么节日吗?"

"植树节。"

"植树节要干嘛?""种树。""可是没地方。""不如我们种小植物吧!"

"你们有谁种过小植物吗?"

几乎所有的孩子噘着小嘴,摇晃着脑袋。

"那我们今天就完成一项特别的家庭作业——种小植物,好吗?"

"好!"

这次主题实践活动孩子们都非常投入,有个孩子在写话中这样描述:"开始种花了,妈妈教我,先把泥土放进花盆里,再把土壤用铲子翻得松软一些,然后用食指在泥土里戳了几个小洞,放好种子,用土轻轻地埋起来,最后浇点水。哈哈,我的向日葵种好了。"

有孩子用画画的方式表达了自己的好心情;也有的孩子干脆来了张合影,记录人生的第一次种小植物。之后的浇水、晒阳光、施肥,依旧认真,孩子在满心欢喜地等待着花开的时候。在这过程中,我们积累了一系列的主题反思:《选植物种》《种植物》《神奇的种子》《植物主题创意蛋比赛》《母亲节读写绘:巧借花语献母亲》等。

在课程实施过程中带领学生经历体验、合作探究,建立知识与世界、与自我的内在联系,将所有与知识的遭遇转化为智慧,从而使师生生命更加丰满。

第三篇章:"解"绿,诗意生命

随着课程的研发与实践,一年级的孩子对植物有了一些自己的认识。由"看"到"赏",由"读"到"懂"到"悟",是一个"解"的过程,过程是缓慢的,结果是开放的,生命的成长是螺旋式上升的。

期末,除了过程性评价与表彰,孩子们的课程活动展示也是五彩缤纷:孩子们可以展示一学期的读写绘;可以展示自己最得意的写话;也可以朗诵最爱的小诗……

肖川教授曾这样描述新生命教育:"用人间的情怀,润泽心田;用生命的智慧,拓展成长的空间;用丰富的学识,垫高遥望的视野。"我想这也是"绿色·儿童·生命"这门课程的初衷、追求与内在价值吧!

课程,在实践中创新;

生命,在诗意中登攀!

（海门市海南小学教师　姜春霞）

保护生态环境，建设生态家园

有一天放学，我送路队到校门外的桥头，有个学生不自觉地嘟囔了一句：好臭呀！引来旁边学生的纷纷附和，并且捂住了鼻子。原来那天刮东风，正好把学校旁的日新河的水散发的味道吹散开来。我不禁望了望桥下浑浊发黑的水质，心有所感：日新河是一条南北走向的海门市内河流，河道宽约6米，流量较大。南接长江、北连海门市内最大的横河——海门河。这条与我们学校紧紧相依的日新河，这条曾经也是很美的景观河的日新河，不正是进行环境生态教育的一个生动鲜明的事例吗？于是，“保护日新河”这一生态教育课程的开发和实践就展开了。

第一阶段：调查、走访、考察。

1. 首先是主题阅读。由每位学生从报刊杂志、电视新闻上收集海门市区，特别是日新河的有关环境现状的资料，教师提供相关网址，指导学生上网查找相关资料，及海门环保局对环境问题的解决措施。学生在资料的阅读中了解了海门市区特别是日新河的环境质量情况。也接触到了许多环保的术语，比如地表水与地下水之分、我们日常生活的饮用水源、水质的分类等等。学生初步感受到环保与自己的生活的确是息息相关、密不可分的。

2. 然后是走访调查。学生们利用双休日和课外的时间，分成几个小组，实地走访日新河现场，走访日新河边居住的家庭(不少于10户)，走访日新河边的社区以及企业(采访不少于3位社区负责人、企业员工)，了解日新河的污染情况，这是我们的调查路线：海门市日新河出江闸段——日新河南海路段。

沿着青龙化工园区的江边一路往西，到达海门的日新河出江闸段，很让我们震撼，往北一眼望去，连绵数千米，一条黑龙，浩浩荡荡直奔长江。

在离海门市行政中心不足500米处，居然就有两个直径约1米的排污口。在我们第一次走访日新河的时候，其中的一个排污口正滚滚排出暗红色的工业废水。我们自制了一张简易地图，通过此地图可以了解日新河污染的基本情况。在实地考察中，孩子们认识到治理日新河，保护日新河势在必行。

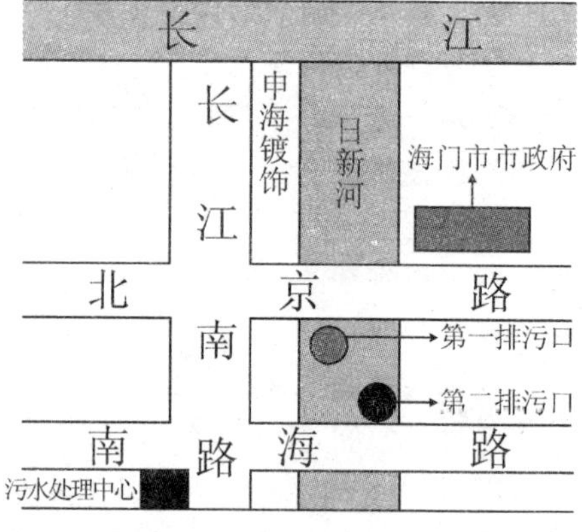

3. 组织全体同学，实地考察长江水厂，了解水的净化过程，让学生获得体验，从而在具体的环境实践活动中提升他们的环境道德素养，加强学生保护水的观念，并向社会宣传保护水资源的重要性和紧迫性。

第二阶段:聆听专家讲座、参观、访谈。

1.邀请环保局领导来校进行讲座,内容包括我市的环境现状以及海门市环保局作为我市职能部门,是如何采取切实有效的措施保护我市环境的……

2.由环保局相关专业人员带领学生对水质进行鉴定,参观环保仪器、设备,介绍其作用和使用方法。学生俨然成了小小研究员,对于水质有了更深入的直观了解。

3.参观海门市污水处理厂。通过这一参观我们了解到:海门全市有3个污水处理厂,分别为海门市第二污水处理厂、海门市达源水务有限公司、海门市灵甸水务有限公司,设计处理能力分别为8万吨/日、1万吨/日、2万吨/日。全市污水处理厂全年共产生37193.54吨污泥,其中,31150吨污泥外运至南通青山环保工程公司制砖,6043.54吨污泥送海门鑫源环保热电公司焚烧处理。

4.召开模拟听证会,与环保局领导、专家面对面交流,提出相关问题和建议,请领导、专家解答。

第三阶段:提出建议,在行动中落实。

1.向全社会发出保护日新河的倡议,由各小组长负责将调查的情况、实地考察情况、家庭走访情况统计汇总,经过分析整理,写成调查报告,在每一组讨论小结的基础上,推选2名代表写出倡议书,并将倡议书寄到《海门日报》及市长信箱。

2.倡议之后关键是看行动,我们学生积极参与了政府组织的整治日新河的行动。春天时,我们买来小树苗,在学校的日新河边栽下一棵棵树苗;戴上红臂章,加入志愿者队伍,劝阻乱倒垃圾,破坏河边绿化等不文明行为;好几次,我们请来父母当后援团,搬来各样工具,一起清理河道,不怕脏,不怕累,用小手捞起河中的污物,用实际行动保护日新河。

3.畅想未来生态新家园。

有憧憬就有希望,有希望就有动力,未来在孩子的眼中总是特别美好的。也相信,在孩子们的努力之下,在全社会上下齐心的努力之下,未来的海门一定会像他们想象中的那么美好,梦想终将会变成现实。

这一课程的开展在学生中、在社会中都产生了良好的反响,日新河面貌的改变也是有目共睹的。如今,沿日新河建设的日新路、越秀路,成了海门最美的两条路。这其中,有政府的大力投入和科学规划,也有我们孩子的小小功劳。为此,大家都感到特别骄傲和自豪。

以后,我们还将把课程更深入地走进社区,走向社会,建设生态校园、生态家园、生态社区的一系列课程正在逐步开发和实践中,环保生态这一理念也必将随之而刻入学生的生命里,留下永恒的烙印。

(海门市海南小学教师　周凌云)

第四章

4 月：公益——让我们去做志愿者

【素养类别】社会交往

【每月一事】让我们去做志愿者(4 月)

【相关专题】参与　互助　志愿

一、名词解释

【公益】社会公众的共同利益。多指卫生、救济等对公众有利的福利事业。“公益”为后起词，五四运动后方才出现，其意是“公共利益”，“公益”是它的缩写。

【参与】参加某种活动。《汉书・齐悼惠王刘肥传》：“终古使所爱奴与八子及诸御婢姦，终古或参与被席。”《晋书・唐彬传》：“朝有疑议，每参预焉。”《三国志・吴志・朱桓传》：“是时全琮为督，权又令偏将军胡综宣传诏命，参与军事。”

【互助】互相帮助。

【志愿】①志向、意愿。王羲之《与谢万书》：“老夫志愿，尽于此也。”②出于自愿。如志愿军。

二、行为规范

* 爱护小区绿化，不在小树上拉绳子晾晒衣服、被子等。
* 在大人帮助下，为小区种树苗。
* 爱护小区环境，在节假日主动打扫楼道、擦拭扶手。
* 看到楼道里贴有“牛皮癣”，主动清除。
* 关心邻里生活，不在公共区域堆放东西。
* 不做影响邻里生活的游戏。
* 积极参加社区服务活动，贡献自己的力量。
* 关心邻里，尤其是小区内的孤寡老人。
* 看到老人拎重物不方便时，主动帮助拎一把。
* 经常参加敬老活动。

* 愿意多陪家里的老人说说话。
* 关爱比自己弱小的儿童,愿意拿出自己的玩具给他们玩。
* 看到比自己幼小的孩子有异常情况时,及时向大人寻求帮助。
* 看到老人、盲人过马路需要帮助时,及时伸出援助之手。
* 积极参加助残活动,奉献爱心。
* 发现路面的窨井盖损坏时,及时向有关部门报告。
* 遇到积雪天时,积极参加扫雪活动。
* 帮助校园里的清洁工清扫落叶,方便同学活动。
* 积攒家里的废旧书报换钱,为公益基金捐款。
* 积极参加班级志愿小队,收集废纸、饮料瓶换钱,筹集班级基金。
* 清洗、整理自己的旧衣物,捐赠贫困儿童。
* 整理用过的课外书,收纳好自己的旧书包,寄给贫困山区的儿童。
* 了解一个助困项目,建立一个助困计划。
* 节省自己的零花钱,建立自己的公益基金。
* 到福利院,帮扶一个孩子,定期看望或带其到家生活一天。
* 愿意献出家里的盆栽,美化教室环境。
* 创作一幅绘画作品,参加爱护野生动植物的漫画比赛。
* 参与志愿者公益行动,维护小区公共设施。
* 有集体荣誉感,能为班级进步付出努力,不拖班级后腿。
* 邻里之间相互信任,见面主动打招呼,共同创建美好家园。
* 遇到需要帮助的人,及时伸出援助之手。
* 参加玩具、图书义卖等活动,把义卖得到的钱款赠给所需要的人。
* 积极参加学雷锋活动,利用假日去小区、公园捡拾垃圾。
* 关爱班级里的留守儿童,多与他们交流,分享快乐。
* 多与外来学生交朋友,给予他们关心和爱护。
* 协助执勤老师维护课间秩序。
* 当志愿者时能尽量明白、了解自己服务的对象。
* 志愿服务中力求尽善尽美,尽己所能。
* 志愿者应该持有互帮平等的精神。
* 志愿者之间相互尊重,团结协作。
* 能自觉弘扬“奉献、友爱、互助、进步”的志愿精神。
* 能服从工作安排和所在团队的管理,积极主动地开展工作。
* 志愿者态度亲和,面对他人,主动微笑示意。
* 尊重受助者人格,严守受助人隐私,避免影响受助者的正常生活。
* 文明服务,维护志愿者的社会形象。

* 帮扶残疾人时，坚持平等、尊重、真诚的原则。

▶ 三、名言警句

◆ 人的生命是有限的，可是，为人民服务是无限的，我要把有限的生命，投入到无限的为人民服务之中去。

◆ 应当在朋友正是困难的时候给予帮助，不可在事情已经无望之后再说闲话。

◆ 人生是花，而爱是花蜜。

◆ 人家帮我，永志不忘；我帮人家，莫记心头。

◆ 对于我来说，生命的意义在于设身处地替人着想，忧他人之忧，乐他人之乐。

◆ 爱就是充实了的生命，正如盛满了酒的酒杯。

◆ 弯下身子帮助他人站起来，这是对心灵很好的锻炼。

◆ 我们都是单翼的天使，只有相互拥抱时才能飞翔。

◆ 我们无法帮助每个人，但每个人能帮助到某些人。

◆ 种下一棵树，收获一片绿荫；献出一份爱心，托起一份希望。

◆ 为别人点一盏灯，照亮别人，也照亮了自己。

◆ 聪明人都明白这样一个道理，帮助自己的唯一方法就是帮助别人。

◆ 爱心是志愿者最好的舞台，奉献是志愿者最美的语言。

◆ 德行善举是唯一不败的投资。

◆ 当你学会了，尝试去教人；当你获得了，尝试去给予。

◆ 人是要有帮助的。荷花虽好，也要绿叶扶持。一个篱笆打三个桩，一个好汉要有三个帮。

◆ 自己活着，就是为了使别人活得更美好。

◆ 只要还有能力帮助别人，就没有权利袖手旁观。

◆ 我们靠所得来谋生，但靠给予来创造生活。

◆ 赠人玫瑰，手有余香。

◆ 像蜡烛为人照明那样，有一分热，发一分光，忠诚而踏实地为人类伟大事业贡献自己的力量。

◆ 坐而言，不如起而行。

◆ 如果我们想要更多的玫瑰花，就必须种植更多的玫瑰树。

◆ 每有患急，先人后己。

◆ 好事须相让，恶事莫相推。

◆ 你要记住，永远要愉快地多给别人，少从别人那里拿取。

◆ 世界上能为别人减轻负担的都不是庸庸碌碌之徒。

◆ 最好的满足就是给别人以满足。

◆ 老是考虑怎样去做好事的人，就没有时间去做好事。

◆ 一个人必须要么做个好人,要么仿效好人。

▶ 四、参考故事

美的启发

我家在古城一角,窗外有块空地,附近的居民竟把它当成了堆垃圾的地方。怎么办?我制了个"禁止倒垃圾"的木牌插在那里,可人们连看都不看它一眼,那里照样垃圾成堆,臭气熏天。为此,我们伤透了脑筋。

一个星期天早上,爸爸妈妈窃窃私语了好一会儿,爸爸告诉我一个好主意。我听了,乐得直拍手。于是,我们全家动员,先将垃圾铲成一堆;再从河边挑来石块,砌成一个椭圆形的花坛;再糊上水泥,并在石缝外勾出美丽的图案;又在花坛的垃圾上面堆上一尺多厚的细土,栽上各种花苗;还就近挖来了两丛翠竹,栽在花坛的东西两旁。一天工夫,这儿便呈现出另一番景象。附近的居民不但没再来这儿倒垃圾,反而纷纷把家里的珍贵花木奉献出来,为这小小的花圃增美添色。

春去秋来,这里花团锦簇,树木葱茏,竟然成了古城的一角风景。工作之余,人们常来这儿休息聊天,看书下棋。你瞧,一位小姐姐正坐在花坛边抚琴弄弦呢!窗外,飘扬着动人的琴声;窗外,洋溢着沁人心脾的清香;窗外,小鸟在枝头欢乐地歌唱……

看着窗外的美丽风景,我蓦然懂得了:只有用美,才能启发更多的人爱美。

合作力量大

一天,小鸡和小鸭在湖边散步,他们兴高采烈地走着。湖边的小树都穿上了金黄色的衣裳,旁边的小草还是那么茂盛。小河也哗啦啦地响,就像在唱歌一样。

他们走在路上有说有笑,突然一阵阵大风吹起,就像在恶作剧,把他们的帽子都吹走了。小鸡的帽子被风吹到了河里,顺着水流往前漂,小鸡急得快哭了。小鸭的帽子被风吹向了大路,他摇摆着身子去追,好不容易追上了,又一阵风,把帽子吹向了树枝。小鸭追得跌跌撞撞的,一不小心,没摘到帽子,却撞到了树,头上长了一个包,疼得嘎嘎直叫。怎么办呢?小鸭冥思苦想,突然眼睛一亮,终于想到了一个好办法。

小鸭说:"小鸡妹妹,你弹跳力比较棒,你帮我捡帽子,我会游泳我帮你捡帽子。"小鸡拍手叫好。小鸡一蹦就把小鸭的帽子捡回来了,小鸭扑通一声跳到了河里,用嘴把小鸡的帽子叼了起来,顺利地回到岸边。

小鸭和小鸡都把帽子还给对方,他俩高兴得又蹦又跳,心里在想:合作就是力量大,解决问题既要靠智慧,又要互相帮助啊!

一杯牛奶

一个出身贫苦的男孩为了积攒学费而挨家挨户地推销商品。

这天傍晚，他奔走了一整天，又累又渴又饿，可身上只剩下一毛钱。他决定向下一户人家讨一口饭吃。可是，当一位天使似的姑娘打开大门时，他却有点不知所措了。他不好意思张口要饭吃，只求姑娘给他一口水喝。

姑娘看出他的疲惫和饥饿，微笑着给了他满满一大杯牛奶。

男孩饥不择食喝完牛奶，嗫嚅地说：“我应该付您多少钱？”

姑娘仍旧微笑着对他说：“您不用付钱。妈妈经常教导我们：施以爱心，不图回报。”

泪水涌上男孩的眼眶，他轻轻地说：“那么，就请您接受我由衷的感谢吧！”

其实，男孩本来是打算退学的，如今，他仿佛看到上帝在朝他点头微笑，他觉得浑身是劲儿，那种男子汉的豪气像山洪一样暴发出来。

若干年之后，有一位来自小城镇的大妈得了一种罕见的重病。当地的医生束手无策，只好把她送到大城市去，请专家们会诊治疗。

一位有名的医生参加了会诊。当他看到病历上记载的家庭地址时，他马上直奔病房。来到病床前，他一眼就认出了这位病人就是当年送过满满一大杯牛奶给他喝的天使。他回到办公室，决心竭尽所能，回报这位“施以爱心，不图回报”的大妈。

经过艰辛的努力，手术成功了，大妈渐渐康复。这位医生要求医院把账单送到他的办公室，他付清了一切费用，并微笑着签上了自己的名字。

大妈坚持要知道她应该支付多少医药费。可是，当账单送到她的手上时，她又不敢看，因为她确信：这笔费用将会花去她所有的积蓄，或许，还不够。最后，她还是鼓起了勇气，颤抖着翻开了这沓厚厚的账单。末尾的签字引起了她的注意，她不禁轻声读了出来：

“医药费——满满一大杯牛奶。霍华德·凯利医生。”

小小志愿者

寒假，我以小小志愿者的身份出现在公园里，提醒人们要保护环境，不要践踏草坪。直到现在，我还清楚地记得我第一天当志愿者时发生的事。

那天，我正在清理公园里的垃圾，“姐姐，你在做什么呀？”我抬头一看，一个小男孩跑到我身边，疑惑地问。我笑了笑说：“小弟弟，我现在是一个志愿者，正在清理垃圾呢！”“那我也可以当一个小志愿者吗？”那个小弟弟在我身边蹲了下来问我。“只要你想当，当然可以了！”“那我也要当一个志愿者，我要当一个合格的小志愿者。姐姐，我该做些什么呢？”那个小男孩天真地看着我。“作为一个合格的志愿者,必须管好自己,不随地乱扔垃圾,不践踏草坪。我们要提醒人们哪些是该做的和不该做的事情,知道了吗?”“哦,是这样呀!姐姐,我和你一起捡垃圾吧,我也要成为一个合格的小志愿者哟!”小男孩自信地对我说。我笑了笑,就这样我们一起收拾垃圾,一起做合格的志愿者。时间过得很快,不一会儿,天就黑了。我对那个小弟弟说:“小弟弟,天色不早了,快回家吧!”“好吧,明天我还要来哦。姐姐,一定要等我来,我要做一个合格的小志愿者!”说着,便愉快地跑开了。以后的几天里,我一直要求自己,要做就做一个合格的志愿者,一定不要半途而废。

通过这次当志愿者的活动,我发现自己变了,变得不乱扔垃圾了,变得爱护环境了。

推荐阅读

1.《大熊抱抱》
2.《仅仅是个梦》
3.《三杯茶》
4.《是谁在门外》

▶ 五、活动方案

方案一:让我们去做志愿者

【活动目标】

1.通过主题活动,培养孩子爱护树木、爱护森林的意识。

2.进一步体会水与自然界的关系,懂得水的重要性,并呼吁每个人都爱护水、珍惜水资源、节约用水。

3.引导幼儿关注天气、气候,走进气象,激发爱科学、学科学的欲望。

【活动对象】

幼儿园孩子。

【活动准备】

1.精心讨论、设计活动方案,在园内进行“绿色精灵在行动”倡议的宣传。

2.各年级组探讨和选择适宜本年龄段可以有效开展的活动,各班精心准备活动所需的材料。

3.加大对家长的“环保意识”宣传力度,家园共同配合,让本次活动更加圆满地开展。

【活动过程】

1.小班:世界森林日——“我和小树做朋友”。

(1)营造氛围:在幼儿园里,创设符合主题的氛围让孩子们自由地探索与发现,并让幼儿自己回家寻找相关的资料。

(2)师生共同布置自然角。小朋友带来小小盆栽,让孩子感悟生命最初的感动,在城市中体验一片绿意。

(3)教师通过图片、影片、多媒体等多种形式让孩子们了解我国森林资源的现状及保护森林资源的重要性,孩子们用优美的歌声描绘心目中的森林。

(4)让我们做一回志愿者。走出幼儿园,我们来到映翠园、东洲公园、光华社区等地体验感知;邀请家长们一起参与设计、自制“爱心小牌”,挂到大树上,倡议大家都来保护树木,保护森林,郑重地签下自己的名字,表达“爱护森林,从我做起”的决心。

(5)活动小结。孩子们在各式各样的活动中,了解树木对人的利弊之处,知道大树是我们的好朋友,懂得爱护森林要从实际做起,从身边做起,从小事做起,才能让地球的绿永不褪色!

2.中班:世界水日——“一滴水一世界”。

(1)小小新闻发布会。“开小水,冲干净,关上龙头甩三下。一、二、三!”一大早老师带着小朋友们一起讨论“水循环”的大事件。

(2)介绍世界水日。老师向小朋友们介绍“世界水日”的由来及宗旨。

(3)从一滴水说起。通过课件、视频、录像等形式,了解缺水的严重性;利用多种方式,和孩子一起讨论“我们怎样去节约每一滴水?”

(4)节水金点子。在“节约用水,我知道”主题活动中大家讨论在幼儿园、家里是怎样节约用水的。在交流时孩子们想出了很有趣的金点子——用淘过米、洗过菜的水来浇花,既营养又节约等。

(5)节水倡议行动。亲子创意制作水循环小制作;孩子们自己设计节约用水的小标志,提醒身边的朋友们要节约用水。

(6)让我做回志愿者。组织孩子们走进社区,成为“小小宣传员”,向爷爷、奶奶、叔叔、阿姨、弟弟、妹妹宣传节约用水、保护水资源的重要性,告诉大家:节约用水,要从身边的每一件事情做起!

(7)活动总结。在世界水日,我们开展了系列活动,心中种下了爱护水、珍惜水、节约水的种子;我们还走进社区,当了一回志愿者,大胆地与大人交流,并带动爸爸妈妈一起为绿色清净的世界出一份最真挚的力量。

3.大班:世界气象日——“走进气象,呵护地球”。

(1)了解科普小知识。教师借助气象科技图片,以故事的形式向孩子们讲述天气与人们生活的关系。

(2)师生制作形象生动的“气象标志”,在动手的过程中增加对气象知识的了解。孩子们制作《晴雨表》,从中更好地认识简单的天气符号,并根据温度计的测量随时调整自己的衣服,随天气变化保护自己的身体。

(3)参观访问。走进海门市气象局,参观各种气象仪器设备,我们邀请气象员阿姨给孩子们现场介绍气象知识:了解云、雨、雪、风、冰雹、雾、霾、露、雷电等气象要素的形成原理,并知道气候变暖、土地干旱、森林防火等问题,以及防灾减灾等科普知识。

(4)天气我来报。利用每天的晨间谈话时间,开展"天气我来报"活动,督促幼儿坚持每晚收看有关的气象预报的电视节目,争当"小小气象播报员"。孩子们还踊跃申请做一名小小志愿者,利用家中自备的温度计和家长们一起早晚观测,记录居室温度并定期将记录表带入幼儿园与同伴交流。

【评价说明】

通过开展以"绿色精灵在行动"为主线的"世界森林日""世界水日""世界气象日"等主题活动,鼓励孩子们争当小小志愿者,使孩子幼小的心田里种下了公益的种子,相信通过我们携手努力,从现在做起,从身边的小事做起,积极行动起来,只要人人贡献一份爱,我们的家园会更美丽,我们的生活会更精彩!

我们还可以开展以下活动:我给小树穿新衣、楼道我们一起扫、同学我来帮你等活动,让幼儿与家长一起为身边力所能及的小事贡献一份力量。

方案二:助残行动我参与

【活动目标】

1. 引导学生认识残疾人是一个特殊的群体,感受他们生活上的种种困难,唤起学生对残疾人的同情和关爱之情。

2. 介绍有关残疾人身残志坚的感人事迹,学习他们自强、自立的精神。

3. 了解社会对残疾人的关心与帮助,教育和引导学生从我做起,力所能及地为残疾人奉献爱心。

【活动对象】

小学一、二年级学生。

【活动准备】

课前收集残疾人各类资料,制作有关多媒体课件。

【活动过程】

1. 感知——认识残疾人这一群体。

(1)谈话导入。同学们,我们每天哼着优美的歌曲,迈着轻快的脚步,高高兴兴地来到学校,快乐地学习、玩耍,大家是多么幸福啊!

可是,你们可曾想过,在我们周围还有这样一群人,他们因为先天或者后天的原因,有的看不见鲜花和美景,有的听不到歌声与欢笑,有的无法开口说话,有的肢体残缺行动不便，还有的是先天性智力残疾……他们的生活因为各种残疾而困难重重，需要得到理解和关爱。今天我们就来谈谈关爱残疾人的话题。

(2)介绍资料。据调查统计，我国现有各类残疾人共约8千万人，占全国人数的6.34%，这可是一个相当大的群体呀！今天就让我们一起走进残疾人的世界吧。

(3)播放视频：①断臂刘伟弹钢琴；②特殊教育学校孩子们的学习、生活场景片断。看了这些真实画面后，你有什么感觉？

2.体验——理解残疾人的酸甜苦辣。

残疾人的内心有着怎样的痛苦？生活又是如何艰难的？下面，就让我们通过几个模拟活动，设身处地体验一下吧。

(1)肢残体验活动。同学们试着用一只手脱下并穿上自己的衣服，另一只手不许帮忙。

(2)“聋哑”体验活动。请一位同学上台，模拟“聋哑人”，向其出示“请问，你需要帮助吗？”的卡片，要求不用语言，而用手势表达，大家猜猜这位同学手势的意思。

3.感动——学习残疾人自强精神。

许多残疾人以坚强的意志，克服自身残疾，战胜重重困难，用自强自立谱写了一篇篇感人的故事，创造了许多健全人都无法创造的“奇迹”。大家想不想认识一下他们？

(1)张海迪：她5岁时因患脊髓血管瘤，胸部以下完全失去知觉，成为永久性的瘫痪。后来她又多次因病住院，躺在病床上的她，仍然坚持学习。她把书倒放在病床上，对着镜子反复地练习读英语。经过不懈的努力，她精通十几个国家的语言，成为了著名的作家。

(2)邰丽华：春节联欢晚会上的舞蹈《千手观音》令全国亿万观众惊叹不已，很难想象表演这个节目的竟是21名聋哑舞蹈演员，前面领舞的就是邰丽华。为了达到节拍的统一，这21名舞蹈演员每天围在录音机旁，把耳朵贴在地板上，来感受音乐的节拍。

这样的事例还有很多，比如2008年北京残奥会，每个残疾运动员的背后都有一个动人的故事。面对这些感人事迹，你们想对他们说些什么？

4.行动——我为残疾人奉献爱心。

(1)社会关爱：①各地都设立了“残联”组织，以维护残疾人的合法权益；②国家规定每年五月份第三个星期日为“全国助残日”；③开办专门的特殊教育学校；④举办残疾人运动会。

(2)爱心行动：平时看到残疾人，我们应该怎么做？

小结：关心和帮助残疾人是社会良好的道德风尚，我们从小要为其努力，做到在生活上同情、关心、帮助残疾人,在精神上鼓励支持他们,成为新时代的好少年。

(3)做爱心卡:每个同学用一张小卡片把自己怎样"关爱残疾人,关爱他人"的决心写在上面。

(4)省下零花钱为残疾小朋友献上自己的一份爱心。

【活动评价】

习近平主席曾动员社会公众积极参与志愿助残活动。本活动针对小学低年级学生,通过视频、游戏等方式让孩子了解"残疾人"这一特殊群体,从而感受残疾人生活与我们的不同之处,唤醒孩子们参与到公益活动中的意识,培养孩子们帮助他人,关心弱势群体的习惯。在日常的晨会、班会中有机渗透,并及时发现孩子们的善行善举,予以表扬鼓励。

【活动说明】

这个活动的开展是为残疾群体送去一份属于我们的关心与祝福,奉献微薄之力,弘扬志愿者精神,更是为了让孩子们了解残疾人的生活感受,提高他们对社会残疾群众的关注程度,以后更广泛地参与到助残行动中去。关心帮助残疾人不仅只在这一次活动中,而应该延伸到生活中的每一天,每一个地方……帮助残疾人过得更好,我们要做的还有很多。

方案三:公益劳动快乐多

【活动目标】

1. 鼓励学生积极参加社区劳动服务,为社区建设贡献自己的力量。

2. 培养学生自主参与、互助的意识和习惯,体验助人的快乐。

【活动对象】

小学三、四年级学生。

【活动准备】

收集身边普通劳动者的事例,上网了解感动中国的好人事迹,收集有关互助名言、歌曲、小诗等。

【活动过程】

1. 创设情境,导入主题。

(1)情境分享:①看到班级清洁区内有落叶与小纸片,你会怎么做?②看到小区楼道间比较脏,你会怎么做?③楼道里遇见拿重物的老大爷,你会怎么做?等等。

(2)交流讨论:你参加过公益劳动吗?你得到过别人的帮助吗?有什么感受?

2. 榜样示范,激发情感。

(1)播放感动中国人物吴锦泉的短片和资料。

(2)讨论:看了吴锦泉爷爷的短片和资料,你有什么感想呢?

(3)小结:吴爷爷把自己辛苦劳动换来的微薄收入,捐献给需要帮助的人,为帮助别人总是慷慨解囊。他有一颗热心助人的慈善之心。

(4)分享身边的榜样。

①导语:吴锦泉爷爷是千千万万个普通劳动者中的一员,他之所以家喻户晓是因为他助人的善举感动了我们周围的人。其实,我们身边的普通劳动者也是在他们平凡的岗位上贡献着自己的力量,为他人带来了帮助。他们也一样值得尊敬。

②小组交流:身边劳动者的故事。

举例:“挺进大凉山”大型公益活动:由海门市文明办、海门市楠楠爱心协会发起的“挺进大凉山”大型公益活动,海门近两万名志愿者、多个慈善爱心团体以及近30个单位参与了此次活动,无数颗爱心汇聚成一股强大的善行正能量,16名志愿者组成公益车队,带着这股力量,千里迢迢,远赴大凉山,为大凉山孩子送去衣服、食品、学习用品。

③朗读名言:

如果一个人仅仅想到自己,那么他一生里,伤心的事情一定比快乐的事情来得多。(马明·西比利亚克)

帮助他人的同时也帮助了自己。(罗夫·瓦尔多·爱默生)

3.积极倡导,快乐行动。

(1)以小组为单位设计公益劳动广告语。

(2)写一份公益劳动倡议书。如:爱护小区环境,在节假日打扫楼道、擦拭扶手;爱护小区绿化,春天在大人帮助下,为小区种树苗……

(3)积极参加“挺进大凉山”大型公益活动。

①请参加过的同学分享感受。

②呼吁学生积极响应,贡献爱心。

(4)小结。在他人或集体需要帮助的时候应该主动伸出援助之手,给予温暖,给予关怀!

(5)“旧车换新颜”——志愿为老师擦车活动。

①活动地点:教师车棚。

②各班由班主任选派5个代表参加活动。其他同学在教室内观看电影《雷锋》。

③活动前带好打扫工具,如干的抹布(勿用湿抹布,容易生锈)。

(6)“把爱心传递”——走进敬老院志愿活动。

①活动要求:两个班商量统筹,活动前编排好节目(精选不超过8个节目),准备好礼品,(如亲手种植的盆栽、绘制的图画、卡片等小礼物),带好打扫工具或者梳子、剪指甲刀等物。

②每位志愿者准备一份自己制作的富有爱心的小礼物,可以是一张慰问卡、一条围巾、一份点心、一盆植物等,去敬老院慰问那里的孤寡老人。

③为老人做件力所能及的事。志愿者们带好抹布、扫帚等卫生工具，为老人们打扫住所，帮助老人营造和谐温馨的生活起居环境。也可以为老人捶背、洗衣、梳头、剪指甲等，做件力所能及的事。

④给老人带去欢乐。在活动之前，志愿者们自由组合，以个人或者小组为单位准备擅长的节目，和老人一起开展联谊活动。

【活动评价】

1. 班级的值日表上，每个学生都有各自的值日任务。可以对学生的日常班级劳动进行同伴评价。

2. 鼓励学生在家长的陪同下，利用双休日参加一些社区公益活动，让孩子体验到公益劳动是幸福的。

【活动说明】

本活动通过感动中国人物吴锦泉老人的生活，让学生感知劳动是光荣的，助人是幸福的。从感动中国人物到普通劳动者，很多人都在自己平凡的工作岗位上默默奉献，或是捐款资助，或是亲身参与社会公益事业。让学生自己分享一下参与学校、社区公益互助的经验及感想，感受到公益的平凡与伟大。这是学生参与社会实践、交往的一个过程，有着较大的实践意义。互帮互助，学会交往是一个长期坚持的过程，激励学生在日常学习、生活中学会互相帮助，营造良好社会风尚，并懂得互助是践行社会主义核心价值观的具体表现。

方案四：争当小小志愿者

【活动目标】

1. 通过活动体验、图片展示、课堂交流，使学生认识到自己是学校、家庭、社会中的一员，有责任去做一些力所能及的事。

2. 了解志愿者活动的积极意义，感悟志愿者的服务精神。鼓励学生加入志愿者的行列，积极参加社会公益活动。

【活动对象】

小学五、六年级学生。

【时间安排】

1. 这是一个关于志愿者的综合实践活动，穿插于平时的学习生活中。

2. 本课是长线活动的起始阶段。

【活动准备】

1. 收集与志愿者有关的歌曲、故事和诗歌。

2. 志愿者的活动图片、志愿者的标志图片。

【活动过程】

1.感知志愿行为。

(1)录像导入。在触动人心的歌曲《爱的奉献》的音乐中播放海门义工在敬老院活动的相关专题片,引出今天活动的关键词——志愿者。在声与画的结合中,带给学生视觉的冲击力,更带给学生心灵的震撼!

(2)图片拓展。利用大量的图片,如志愿者在奥运会,世博会,汶川、玉树大地震中辛勤服务的图片,让学生直观感知,进一步走进志愿者,深入了解志愿者及他们无私奉献的品质。

①提问:看了这些后,你了解志愿者吗?他们是一群怎样的人?

②认识志愿者标志:说说这些志愿者标志分别表示什么意思?(志愿者标志将乐于奉献的“爱”与不畏艰苦的“行动”结为一体,强调“有心,更有行动”;标志设计把“心、脚”进行了融合。红色的心,是志愿者的纯朴的微笑与真诚的服务的象征,而心灵下方的那一双脚,代表了切实的行动。志愿者标志引起了人们的心灵共鸣,代表着志愿者出色的服务、友善的行动,富有强烈的感染力,号召大家一起服务!)

(3)知识渗透。让学生交流、思辨:志愿者身上都有哪些闪光的东西?(教师及时提炼:志愿者有一个共同的品质:无私奉献,不图回报;“奉献、友爱、互助、进步”是志愿服务响亮的口号。)

①你还知道哪些热心为社会服务的志愿者的感人故事呢?请个别同学上台展示汇报分享。

②通过学生汇报,提炼得出志愿者的共同精神:“奉献、友爱、互助、进步”。

2.体验志愿工作。

(1)走近志愿者。模仿中央电视台《面对面》栏目,请出海门市义工联合会代表来到班会现场与学生交流。在真情互动中,激发学生对志愿者的崇敬,对志愿者的向往。

(2)角色体验。有了上一环节的铺垫,学生心中早已泛起涟漪:如果我也能当回志愿者,该是多么自豪啊!

此时,创设情境:人们期盼已久的新文峰大世界终于开业了,商场中人流如潮。面对新环境,人们肯定有许多的不熟悉。

小组展开讨论:作为志愿者,我们可以为顾客提供哪些服务?在此基础上进行情景模拟,教师参与活动,相机采访。最后在配乐诗中提升总结:

或许我们没有光芒四射的无穷力量,
或许我们渺小而微不足道,
但是我们心中有爱。
我们相信爱,
我们发现爱,
我们坚持爱,

我们就是爱的传播者。

3. 建立志愿小分队。

(1)问卷调查。各组分发统计表,根据课前收集的信息填写个人志愿加入的小分队。根据填写情况,使各分队成员相对集中。

________班志愿小分队

科普志愿小分队	环保志愿小分队	交通志愿小分队	社区服务志愿小分队

(2)部署计划。每组确定一名组长,组织讨论本分队的活动安排,给分队起一个响亮的名字。

课堂上分志愿者小队交流汇报:选一名组长,组织讨论亲身当小小志愿者的活动时间、活动地点、活动内容等。

(3)建队宣誓。拉横幅,各小队汇报分队名称及志愿口号。在世博会志愿者主题曲《世界》的歌声中让学生在“我是小小志愿者”横幅上签名。

思考:我们要志愿服务于大家,怎样才能在社会实践中让爱传递呢?

我们要做社会大家庭的小小志愿者,献出一份力。

做我们力所能及的事。

从身边的小事做起。

行动起来,做雷锋式的小主人。

只有我们越来越爱我们的社会,越来越关注和保护我们的社会,我们的社会才会真的越来越美好,让我们在服务中学习,在奉献中成长吧!

最后大屏幕显示志愿服务的标志“ ”和志愿誓词:“我是小小志愿者,我谨记志愿者精神,服务他人,回报社会!”在庄严有力的誓词中把活动引至高潮。

4. 课堂延伸。

活动结束后,组织班级志愿小分队,深入社会,开展各类志愿服务,如低碳生活的宣传、科学知识的普及、公共设施的美化活动等,在社会实践中让爱传递,让志愿服务进行到底。

【活动评价】

志愿者活动评价表

活动内容________ 班级________ 姓名________ 时间________

评价项目	评价要点	自评	小组评	家长评	师评
参与态度	1. 认真参加每一次活动。				
	2. 努力完成自己承担的任务。				
	3. 做好资料积累和处理工作。				
	4. 主动提出自己的设想。				
	5. 乐于合作,能和同学交流,尊重他人。				
获得的体验	6. 善于提问,乐于研究,勤于动手。				
	7. 关心活动进展,有一定的责任心。				
	8. 能对自己进行“反思”。				
	9. 实事求是,尊重他人想法与成果。				
	10. 不怕吃苦、勇于克服困难。				
学会学习	11. 能用多种途径获取信息。				
	12. 能运用已有知识解决问题。				
能力的发展	13. 有求知的好奇心、探索的欲望。				
	14. 独立思考,主动发现问题,提出问题,寻求解决问题的方法。				
	15. 积极实践,发挥个性特长,施展才能。				
收获与反思					

注:评价结果分为A、B、C、D四个等级。A表示好;B表示较好;C表示一般;D表示较差。

【活动说明】

作为学校,开展各种生动活泼的志愿者公益活动,对于学生的人格成长与公民的公益情怀有着积极的意义。比如:“我与小树做个伴”——制作成长心愿卡、设计护树宣传语;“让校园更洁净”——校内打扫志愿活动,清理校园卫生死角;

“为社区做保洁”——走进社区打扫志愿活动,楼层清扫,去除小广告活动。

▶ 六、活动体会

心手相牵,共享七彩阳光

1.绿精灵在行动

三月,似刚睡醒的娃娃,从头到脚都是新的。桃树、杏树、梨树赶趟儿开着花,五彩缤纷。鸟儿和着微风与流水声呼朋引伴、在繁花嫩叶中建巢安家……一切是那么美好、美妙,舍不得打扰,更需要小心呵护!

在今年的“世界森林日”“世界水日”“世界气象日”中,我园开展了一个月的“环保宣传教育月”活动。小班“我和小树交朋友”;中班“一滴水一世界”;大班“走进气象,呵护地球”。活动中,小班孩子走进社区“小森林”——映翠园给小树浇浇水;中班孩子走进社区,唱童谣宣传节水;大班孩子绘画“呵护地球”,呼吁大家从自身做起,爱护环境,保护地球。

在“向雷锋同志学习”50 周年的日子里,我园“红手印”志愿队的师生们也积极开展了“学雷锋做好事”活动。他们走进社区,拾捡垃圾、去除小广告。孩子们挽起袖子,用他们稚嫩的双手,把小区里的垃圾捡得干干净净。他们用自己的实际行为来宣传、来呼吁大家一起为创造社区美好环境尽一份力。

2.红精灵献爱心

“爱是一种无声的语言,只要轻轻一点火花,就能让世界充满温暖;爱是一种无偿的交换,只要小小一缕奉献,就能让彼此真诚相待。”

在感恩节,我园开展了“关爱大凉山,感恩你我他”爱心义卖公益活动。整个操场布置成了富有童趣的义卖会场。各个爱心超市琳琅满目的商品全部都来自于孩子们的捐献:有精美的绘本、新奇的玩具、珍贵的纪念品。虽然寒风瑟瑟,但是家长和孩子们的热情满满,孩子们互相邀请着同伴,在各个班级的爱心超市前纷纷驻足挑选,家长义工也极力推销孩子们捐赠的玩具,孩子之间也互相推荐自己捐赠的玩具并进行购买,他们把购物的钱直接投入捐款箱,进行捐助。整个活动场面热闹非凡,孩子们忙得不亦乐乎。爱心义卖之后,我园“红手印”教师团队进行了捐款,为大凉山的孩子们献上自己的一份爱心。在教师们的感染下,孩子们也将储蓄罐里的零钱捐赠了出来,献上了又一份特别的心意。

在此之前,我园还开展了“同一片阳光,同一片爱心”暨“红手印”志愿队暖冬爱心行动、“爱心节”亲子活动,通过我们的绵薄之力给贫困山区的孩子们一个温暖的冬天,同时也为本园幼儿创造了生动、有意义的教育环境。在孩子心中种下了善良、分享、关爱、助人的美好种子,丰富了他们的生活,丰盈了他们的情感,为他们的童年留下了深刻又美好的记忆。

3. 橙精灵暖人心

季羡林说:“吃饭穿衣是为了活着,活着绝不仅仅为了吃饭穿衣。”是的,我们需要雷锋,我们需要雷锋精神。

开学了,海南幼儿园“红手印”志愿队与青年文明号成员,带着一份特殊的心意来到了四甲镇圣宏村结对学生姜同学家。姜同学家只有爷爷和爸爸。在这个特殊的家庭里,因为姜同学爸爸患有精神疾病,丧失劳动力,所以年迈的爷爷是家里的经济支柱,但因为年事已高,爷爷也只能在家务农。这对于经济贫困的家庭来说无疑是雪上加霜。为了完成姜同学的微心愿,“红手印”志愿队买来了书包、各种笔、汉语词典、六年级复习资料等来看望他。知道姜同学因为生活贫困,营养跟不上,长得非常瘦弱,秦园长还带去了各种营养品和一些水果。志愿队还了解了姜同学的学习情况,以后还会帮助他完成更多的心愿。大家用实际行动传递着正能量,并告诉大家雷锋就在身边。

重阳节,志愿队小成员走进社区,走访托老院,为爷爷奶奶们表演了精彩的节目、为爷爷奶奶们送上蛋糕和自己精心准备的礼物,稚嫩的双手为爷爷奶奶们捶背、送上祝福的话语,老人们布满皱纹的脸上乐开了花。

志愿队用自己的实际行动表达对父母、爷爷奶奶的情感,也把爱的种子播撒在孩子的心田,因爱而感动,为爱而行动,学会感恩,让爱伴随着幼儿成长!

4. 蓝精灵严自律

“德之不修,学之不讲,不善不能改,是吾忧也”。作为教师,“红手印”志愿者更应“以德立身,立德树人”。

今年,志愿队通过学习许新海局长在全市教育工作会议上的讲话《立德树人,优质提升》,大家明确目标,振奋精神;通过“学模范”“诵经典”“谈感悟”等环节开展道德讲堂活动,感受着道德的力量;通过“好书(美文)推荐”,熏陶真、善、美;通过“海幼在我心中”征文,涤荡人的心灵;通过开展主题“以德修身,以爱育人”演讲,身正为范;通过“阳光温暖孩子,用爱感动你我”保育故事分享交流会,学习身边的典型……大家积极自觉做正能量的传播者、践行者和受益者,做人民满意的教师,努力为社会营造出“积小德为大德,积小善为大善”的良好风气。

5. 紫精灵奉真情

“善良不是一种科学,而是一种行为。”罗曼·罗兰如是说。是的,园内的老师志愿者致知笃行。老师们所带的班级人数较多,总有一个两个特殊的孩子。有的是生理上的缺陷,有的是心理上的失衡,有的则是家庭变故……面对这些孩子,老师们用一颗真诚的心对待,发现问题细致入微,教学过程中有的放矢,科学合理运用方式方法,耐心陪伴孩子成长。

胡艳艳老师班上有个孩子智力发育迟缓,导致大小便在身;不懂礼仪的她不是在教室打人就是随意拿取东西;到操场上自由活动更是四处游逛……面对这样的孩子,胡老师把完美教室更名为:爱心小天使,自己以身作则给予她关爱,帮助她在现有的基础上改变。面对其余家长对孩子的看法,胡老师召开家长会,呼吁班上的小朋友及家长共献爱心。令人惊喜的是,在胡老师不懈的努力下,孩子有了可喜的进步。可以向老师们问早,可以站在队伍里做操,可以记住小伙伴的名字……

龚亚菊老师班上有个双耳听力几乎为零的孩子,即使装上了人工耳蜗,也要他正面对人时才能听到。龚老师常蹲下身体,面对面和他聊天;他犯了错误,总是不厌其烦一遍一遍讲述,直到他听明白为止。

除了她们还有施争春、黄玲玲、王丰、张永美、黄英、沈炜芳、俞露等教师,她们诠释了"学习雷锋,奉献他人"志愿服务理念,她们的志愿服务不是"应景式""一阵风式"的,而是把相帮相助的理念融入生活、工作的点滴,成为一种生活方式。

不管是绿精灵还是红精灵,不管是教师还是家长,亦或是不满 8 岁的孩子,都是"红手印"志愿者,因为志愿者人人可为,志愿服务处处可为。让"红手印"成为我们共同的名字,让南通市"青年文明号"更响亮。

"用爱心点亮海门,用德行美化城市。""让志愿成为习惯,让爱心永远相伴。"让我们心手相牵,共筑七彩世界,共享七彩阳光!

(海门市海南幼儿园教师　黄英)

无限相信学生的潜力

每年 3 月是学校的"公益"月,雷打不动。活动流程早已形成常规,按部就班。可作为学校活动的策划者,面对一份已经实施三年的方案总是提不起精神。思维禁锢在一个方框里,毫无点子。

在一次大队部会议上,无意和孩子们聊起这个活动,看着他们全神贯注的样子,我便有了一个想法——把活动的策划权交给学生吧!

我把用意说明后,这几个能干的孩子爽快地答应了下来。我希望他们能根据自己所在的年级设计一两个"公益"活动。这些小干部说,可以利用晨会或班会的时间在班级里动员,毕竟人多力量大。说实话,我并没有抱很大的期望。在等待他们的同时,我自己也在对原先的计划进行修改增减。

一个星期后,我和他们如约相聚在学校会议室。会议开门见山,效果喜出望外。三天后,我们的活动就这样拉开序幕了——

主题阅读,我们摆脱了以往的纸质稿,将关于"公益"的阅读材料以网络链接的形式推广,"手心网走起"——这个主意是六(1)班同学的创意。大家可以互相转发、点赞、评论。那一阵子,手心网真热闹。

主题实践,小干部们说 3 月的节日不止是学雷锋日,还有妇女节、植树节、消费者权益日等。所以除了敬老院的传统项目保留外,还增加了很多:

低年级以“参与”为主题，开展了“谢谢我的师长（父母）”系列活动，制张卡片表心意、做件小事表孝心；开展了“我与小树做个伴”系列活动，童话林的小树苗都在发芽了，研究树木的习性写下来，再画上心愿，挂在小树的脖子上，和小树共同生长。

中年级首先观看了电影《少年雷锋》，感受雷锋叔叔服务他人的公益精神。三年级同学对校园里的卫生死角展开了进攻。他们脱下衣服，捋起袖子，再冷的水、再脏的角落，都难不倒他们。那些经常被忽略的卫生死角在大家的共同努力下，也成了一道道整洁的风景线。四年级同学走进了光明小区，在老师的安排和指导下，对小区里的环境和墙壁上的牛皮癣进行了清理，虽然手脏了，脸花了，衣服上全是灰尘，但孩子们的脸上总是洋溢着笑容，一位阿姨还向他们竖起了大拇指。

高年级同学有的走进超市，分发自己亲手制作的环保袋，号召大家保护环境，节约资源。有的走进了敬老院，带上绿色盆栽，捎上精美画册，给老人们梳梳头，剪剪指甲，陪老人们聊聊天。陪伴孤独的老人度过快乐的两个小时。还主动请愿为老师们擦车，你擦把手，我擦车身，不一会儿工夫，老师们的车都锃亮锃亮的，像新的一样……

参与、互助、志愿这些主题、这些信念，就渗透在这一次次活动中。而这些活动的设想大都来自孩子们的创意。他们用主人翁的精神参与到活动设计中，又投入到每一个精彩的活动中，诠释着“公益”的主题，这是多么奇妙啊。

主题展示与反思，除了按照常规进行班级主题队会外，我们还建议大家充分发挥网络的作用，即拍即发，即想即写，将自己的活动心得发到班级手心网中。学校层面根据分年级的行动策略，对一、二年级进行感恩卡片、心愿卡的评比；三到六年级写下活动反思或感受。另外，通过集体晨会对活动进行了总结，完成了黑板报、中高年级进行了主题手抄报评比等。在活动中表现好的同学，班主任及时发给“星星卡”，以作鼓励。

这一次次亲身经历的活动，浸透着同学们对公益活动的热爱，也使他们明白了“给”永远比“拿”愉快的道理，培养了学生乐于参加公益活动、关爱他人的好习惯。这几个活动项目已经列入我们3月公益月活动的保留项目。试想一下，一个一年级的孩子每年经历同主题不同内容的活动，经过六年的成长，必定能在他心中种下关爱他人，热爱公益的种子，不正印证了那句“相信种子，相信岁月”的话吗？

（海门师范附属小学教师　沈婧婧）

关注美丽生命，启迪健康成长

在春暖花开的3月，我们开展了“参与公益，互助之花处处开”的“每月一事”活动。我们以公益体验活动为重点，通过阅读、晨会、主题班会等多种形式积极开展各项活动,充分磨炼学生的意志,引导学生弘扬雷锋精神,用公益行动传播爱心,让我们的社会更加美好。

1.用阅读遇见心灵。

阅读,除了获取丰富的知识外,最重要的是让心灵和思想得到成长。在这个主题月中,我和孩子们一起共读了美丽的小诗《走,我们一起去植树》《雷锋叔叔你在哪里》……我们一起阅读了感人的故事《种一棵善良树》《花婆婆》《我是霸王龙》……

之所以选择阅读《我是霸王龙》,其实在于留住孩子内心的温存与善良。记得自己读这个故事的时候,我便被故事中霸王龙与小翼龙之间不可思议却深切感人的友谊深深震撼了!

"爱该给谁?"也许,从心底跳出的,大多是我们的亲人、朋友、邻居、同学……是那些和我们有着血缘关系的人、关心帮助我们的人,或者在我们的生活里有着密切联系的人。当我们再问自己:爱会给陌生人吗?甚或给予夺取自己生命的敌人吗?我想,很多人就不会轻易给出答案了。而《我是霸王龙》中的小翼龙,用行动解答了上面的问题。这只"傻乎乎"的小翼龙,真的把爱给了要吃掉自己的敌人——霸王龙。付出这样的爱是否值得?当学生深入思考此类问题,是否比单纯地传授知识更有智慧?一个教师,只有跳出知识传授的窠臼,而把更高的爱和信念传递出去,学生的人生之路才能走得踏实稳健、平和快乐。正如作者宫西达也先生所言:"绘本会传递给你令你内心很感动的东西,绘本教给孩子温存与善良,在一个物质丰富的时代,温存与善良应该是内心的基础。"

正是因为这个故事,原本很讨厌同桌林的孩子心怡变了,她说:"林虽然有时脾气不太好,不过其实他也挺善良的。"看着两个孩子没有了往日的剑拔弩张,看着两个孩子嬉笑玩耍,我高兴地笑了。这不就是阅读的力量么?

苏霍姆林斯基说"无限信仰书籍的力量",说的就是阅读对人的影响是巨大的。书籍潜移默化的影响远胜过教师枯燥的说教、粗暴的训斥。阅读,净化着孩子的心灵。

2.用活动播种智慧。

我们在生活中发现,在活动中体验,我们用文字记录下一个个看似平凡的真实故事……

春风情深意暖,花海流溢飘香。伴着春的气息,我们举行了"让校园更洁净"——校内打扫志愿活动。同学们积极投身到了义务打扫的活动中。

看,这几个同学正在教室里忙碌,他们将过道上、课桌里的垃圾集中清扫,地面整体拖一遍,窗台、墙角、黑板、讲台等偏僻处也没有放过,经过打扫的教室窗明几净,一尘不染。另一支清洁小分队深入校园,对校园里的金钥匙画廊、宣传窗进行了擦拭,遇到难以清除的污渍,他们很认真地哈口气,一点一点地擦拭着。经过同学们认真耐心打扫，玻璃明亮得能照出人影。经过近一个小时的努力，校园干净整洁、清新自然，明媚的阳光与同学们脸上的笑容洒满了整个校园。

听，孩子们说：“看着整洁的金钥匙画廊，明亮的玻璃窗，我的心里十分自豪。这次活动，既锻炼了我们的劳动能力，又让我明白了劳动的价值。”“在同学们一双双勤劳的手中，金钥匙画廊焕然一新，在我们眼前的是明净如洗的玻璃。劳动真的能创造美！”“这次活动给我最深刻的感受就是：整洁干净的环境要靠我们平时的共同努力，同学们平时不要随手乱扔垃圾，这样才能给大家一个美好的、赏心悦目的校园。”

就这样，我和孩子们在平凡的每一天，发现着、惊喜着、感动着……

3.让展示丰盈生活。

主题班会上，孩子们用一个个节目表达着对“公益”、对“互助”的理解，他们讲述着生活中的故事，娓娓道来。

看，子航同学在向大家讲述和伙伴们一起去特殊教育学校的事情。他们几个孩子在家长的支持下义卖玩具，把义卖所得全部捐献给了特殊教育学校的孩子。我看到，照片中给特殊学校孩子送去书本、礼物的学生脸上露出灿烂的笑容。那不就是“赠人玫瑰，手留余香”吗？

听，佳妮在为我们念狄金森的小诗：“如果我能让一颗心免于破碎，我就没有白活；如果我能为一个痛苦的生命带去抚慰，减轻他的伤痛和烦恼，或让一只弱小的知更鸟，回到自己的鸟巢，我就没有白活。”

孩子们沉醉的，仅仅是几张照片、几首小诗吗？不，还有更多……

4.让评价美丽生命。

短短的一个月，我们思考着、行动着，我欣喜地看着孩子们点滴的变化。“小小志愿者”“最美公益少年”……我用最美丽的名字给予孩子肯定、鼓励。看着孩子们灿烂的笑脸，我坚信：一颗温暖的种子正在孩子的心中发芽，有一天，他们就会让这个世界绽放出别样的光彩。相信岁月，相信种子！

在阳春三月里，萤火虫班的孩子一起穿越了这段不平常的日子，我们在阅读中遇见，在活动中体验，在体验中发现，在发现中感悟，在感悟中成长。就这样，孩子的生命不断地丰盈和成长。

一路走来，一路花香。“每月一事”，孩子们在时光中创造着更美好的自己。

（海门师范附属小学教师　茅燕娟）

让这个冬天不再寒冷

这个周末，“海门市冬暖行动关爱贫困山区孩子”爱心公益活动正式拉开帷幕了。

老师带领同学们一起参加。我的父母也十分热情，和我一起从家里找到了嫌小的7件衣服。活动当天,爸爸驾着车带上我,安全抵达了现场。

到了现场,首先映入眼帘的场面是人山人海、车水马龙。活动现场穿着红色马甲的志愿者叔叔和阿姨们,一直在马不停蹄地接收现场捐赠的物品。

每位捐赠者都有条不紊地排队登记、捐赠。我从人群中穿过,来到队伍中,耐心地等待着将自己的一份小爱心捐献出去。终于轮到我了,在志愿者阿姨清点之后,我在登记栏填写了自己的姓名、学校和班级等信息。之后又在主办方的爱心墙上签上了我的名字。

让我记忆犹新的是在幕墙上看见了一个个只穿一件单衣、衣服扣子敞开、露出小肚皮的小朋友。他们有的席地而坐,裤子膝盖处已快要磨破,旁边一只前端都快要磨破了的小鞋竖在那儿,一只手扣在光溜溜的脚丫上,大大的眼睛望着前方。他们与我们年龄相仿……

看到那一幕,我的眼睛湿润了。一直生活在蜜罐里的我,还不知道有一群与我同龄的孩子连最基本的温饱问题都不能解决……我对爸爸说:"我要珍惜自己所有的一切。以后有这种活动我都会积极主动参加,将我的关怀和爱传递给他们……"爸爸也答应了我,老师在一旁听了也向我点头微笑。

虽然活动落下了帷幕,但送温暖献爱心,一个看起来似乎很简单的事,却让我念念不忘。它使我明白了,我们人人都要为别人献出爱心,作出贡献,这样我们的社会才会更加和谐、美好。

[海门师范附属小学三(2)班　阎梓涵]

第五章

5 月:勤劳——让我们学会扫地

【素养类别】自我发展
【每月一事】让我们学会扫地(5 月)
【相关专题】自理　敬业　创造

一、名词解释

【勤劳】是指努力劳动,不怕辛苦。《隋书》:“此盖小事,何忍勤劳使君。”清黄宗羲《原君》:“人之勤劳。”

【自理】自己承担,自己料理。鲁迅《集外集拾遗补编·出世辞》:“其民复存大禹卓苦勤劳之风,同勾践坚确慷慨之志,力作治生,绰然足以自理。”

【敬业】专心致力于学业或工作。

【创造】想出新办法、建立新理论、做出新的成绩或东西。《宋书·礼志五》:“至于秦汉,其(指南车)制无闻,后汉张衡始复创造。”《封氏闻见记·文字》:“按此书隶,在春秋之前,但诸国或用或不用。程邈观其省易,有便于时,故修改而献,非创造也。”

二、行为规范

* 学会梳头、洗脸和刷牙。
* 学会洗手,脏了或饭前便后要及时洗干净。
* 学会穿脱衣服,保持服装整洁。
* 学会给运动鞋或皮鞋穿鞋带、系鞋带。
* 学会清洗手帕、红领巾等小件物品。
* 学会铺床和叠被,拉直床单,把被子、枕头摆放整齐。
* 学会整理文具盒,能按功能区分类摆放。
* 学会整理书包,能分类摆放书本并妥善保管。
* 能主动打扫班级的清洁区。

* 能主动给班级植物角的绿色盆栽浇水。
* 学会饲养一种小动物。
* 学会纸的折叠、剪裁、粘贴等方法,会制作简单的手工制品。
* 自己的物品摆放整齐,会收拾自己的房间。
* 能洗自己的小件衣物,父母不在家时能自己照料自己。
* 能自觉、主动、独立地完成作业,按要求准备好学习用具。
* 会合理安排时间并按时作息。
* 爱护生活环境,不制造垃圾。
* 知道爱劳动是美德,劳动光荣,懒惰可耻。
* 不乱丢果皮纸屑,保持校园内外的整洁,对身边的事物尽一份责任。
* 主动承担班级劳动任务,不怕脏,不怕累,认真负责。
* 主动承担学校的劳动任务,乐于奉献,积极主动。
* 学会干力所能及的家务活。如吃饭前主动摆放碗筷、主动打扫室内外卫生、主动帮忙洗衣服等。
* 能够参加校内外环保活动,有绿色消费意识,爱劳动,爱环保。
* 积极参加社区的服务、劳动活动。
* 每天能按时起床,自己的事情自己完成。
* 能定时清洗自己的手帕、红领巾等小物件。
* 定时整理自己的课桌,摆放好书包、文具盒和书本,保持课桌的干净整洁。
* 定时整理自己的书橱,试着将自己的书本归类整理,摆放整齐。
* 每天自觉铺床、叠被,并将被子、枕头摆放整齐。
* 能主动在晴天里将枕头、被子放到架子上晾晒,并收回至自己的房间。
* 学会烧三到五个基本的菜肴,能主动帮忙盛菜、盛饭。
* 能在饭前整齐摆放碗筷。学会清洗各种各样的蔬菜、水果。
* 能定时打扫房间,擦玻璃,整理茶几等。能主动倒垃圾。
* 能熟练用手洗衣服,漂洗干净、挤干后晾晒出去。
* 能在每天放学后,积极自觉地完成班级要求的卫生打扫,不怕累,不怕脏,认真负责。
* 在完成自己的劳动任务后,能主动帮助其他没完成任务的同学。
* 完成任务后,关好门窗、电灯,一起回家。
* 能主动承担学校的劳动任务,看到校园垃圾主动捡起来。
* 学会垃圾分类和资源回收。
* 能熟练完成折纸、拼贴、泥塑等手工制作。
* 能利用废旧物品创作精美手工制品,摆放在家中。
* 学会去菜市场买菜,买菜时能做到合理的荤素搭配。

* 种植花草，主动按时帮它浇水、施肥，让它晒太阳。
* 善于观察、发现，想办法解决生活中的一些小麻烦。
* 学会装饰自己的房间，美化墙壁，营造整洁、舒适、温馨的生活学习环境。
* 衣服上的扣子掉落能自己缝好。
* 研究问题要追根问底。
* 能合理支配自己的财物。
* 利用课余时间多多学习新知识、新技能。

▶ 三、名言警句

◆ 劳动是人类社会生活的基础，是人的生活和幸福的源泉。

◆ 人生最大的快乐，是自己的劳动得到了成果。农民劳动得到了收获，工人劳动出了产品，医生劳动治好了病，教师劳动教好了学生，其他工作也都是一样。

◆ 知识是从刻苦劳动中得来的，任何成就都是刻苦劳动的结晶。

◆ 要工作，要勤劳；劳动是最可靠的财富。

◆ 劳动是财富之父，土地是财富之母。

◆ 即使一个人天分很高，如果他不艰苦操劳，他不但不会做出伟大的事业，就是平凡的成绩也不能得到。

◆ 只有劳动才能使人变得幸福，使他的心灵变得开朗、和谐、心满意足。

◆ 懒惰像生锈一样，比操劳更能消耗身体；经常用的钥匙，总是亮闪闪的。

◆ 科学不是可以不劳而获的。——诚然，在科学上除了汗流满面是没有其他获取的方法的；热情也罢，幻想也罢，以整个身心去渴望也罢，都不能代替劳动。

◆ 人的天赋就像火花，它既可以熄灭，也可以燃烧起来，而逼使它燃烧成熊熊大火的方法只有一个，就是劳动，再劳动。因此，天才就是劳动。

◆ “将来”属于那些勤勉的人。

◆ 勤为无价宝，慎乃护身术。

◆ 使人愉快的劳动，能医治心灵的创伤。

◆ 人的幸福存在于生活之中，生活存在于劳动之中。

◆ 灵感——这是一个不喜欢拜访懒汉的客人。

◆ 劳动使人建立对自己理智力量的信心。

◆ 看呀！世界不是劳动的艺术品吗？没有劳动就没有世界。

◆ 劳动创造世界。

◆ 勤劳一日，可得一夜安眠；勤劳一生，可得幸福的永眠。

◆ 一个勤劳的农夫比一个闲坐的绅士高贵。

◆ 一切乐境，都可由劳动得来；一切苦境，都可由劳动解脱。

◆ 医治一切病痛最好的最宝贵的药品，就是劳动。

◆ 一分劳动一分收获,日积月累,从少到多,奇迹就可以创造出来。
◆ 临渊羡鱼不如退而结网。
◆ 春天不播种,夏天就不生长,秋天就不能收割,冬天就不能品尝。
◆ 我知道什么叫劳动:它是世界上一切欢乐和美好事情的源泉。
◆ 灵感,不过是"顽强地劳动而获得的奖赏"。
◆ 成功=艰苦劳动+正确的方法+少说空话。
◆ 劳动是幸福之父。

▶ 四、参考故事

懒人吃大饼

从前有一个很懒很懒的人,懒到每天就躺在床上什么也不干,也不动。妈妈拿他没办法,只好由着他去。可是有一天,妈妈要出远门,儿子怎么办呢? 他不会做饭,就算会也宁愿饿着,懒呗。可妈妈一时回不来呀。幸好妈妈有独门秘方,会做香喷喷、远近驰名的千层大饼。于是妈妈做了一个好大的饼,中间穿了个孔,用绳子吊在儿子的床头,只要他张张嘴就可以咬得到。细心的妈妈还把绳子的另一头拴在床沿上,打了个活结,只要儿子从被窝里伸出手来拉一拉,就可以让大饼降下来一点,就可以继续吃了。安排妥当的妈妈放心地出了门。几天后回家,发现躺在床上的儿子已经奄奄一息,妈妈一看,饼还在呀,怎么没吃呢? 再仔细一看,他只吃了嘴巴能够到的……

小朋友们可千万别学这个快饿死的懒人哦!

挖 泉 水

朱德元帅出生在四川仪陇一个世代佃农的家里。他从小就热爱劳动人民,乐于为乡亲们做好事。

有一年,四川大旱,朱德的家乡一连数月滴雨未下。土地龟裂了,禾苗干枯了,连饮水也发生了困难。乡亲们只好翻山越岭,跑到十几里外的地方排成长龙挑水。

这天,朱德上山去割草,发现山坡上有一片草长得特别茂盛,草底下的土很潮湿。他想下面可能有泉水,就约了几个小伙伴来挖。你一镐,我一锨,费了好大的劲,才挖出一个深坑。可水呢? 点滴也没见。有的小伙伴泄气了,噘着嘴巴说:"这里根本就没有水,咱们白干了。"

朱德却不肯罢休,他仔细观察了坑的四壁,耐心地对大家说:"如果下面没有泉水,这么干旱的天气,泥土哪能这么湿? 我们看准了的事情,就要干到底。只要朝最湿的地方挖,一定能挖出泉水来!"

在朱德的带动下，大家又热火朝天地干了起来。挖了不久，一股清泉果然从地底下汩汩地冒了出来。大家高兴得跳了起来，都说朱德有主见，有毅力，又为村民做了一件大好事。

比尔·盖茨小时候

1965年，我在华盛顿的一所学校图书馆当管理员。有一天，一位负责教9岁儿童班的老师来找我，说她班上有个学生功课完成得比其他所有孩子都快，他想再找个活干，能否在图书馆里干点什么。我说：“让他来吧。”一会儿，一个身材瘦小、沙色头发的男孩走进来了。他问道：“你们有活儿让我干吗？”我给他讲解图书分类上架法，他听后立刻心领神会。后来我又给他看一大摞过期的借阅卡，书卡上的书我起先认为已经还了，但是实际上由于书卡有误，这些书找不着了。他问我：“这是件侦探式的工作吗？”我回答说：“是。”话音刚落，他就像一名所向披靡的侦探干起来了。老师进来告诉他该休息的时候，他已经找出三本书卡有误的书。他不肯休息，坚持要把活儿先干完。老师说馆内空气不好，应该呼吸一下新鲜空气，他这才停下手头的工作。次日早晨，他来得很早。他说要干完找书的工作。下班时，他又说要当一名正式的图书馆管理员，我很痛快地答应了，因为他干起活来孜孜不倦。

几周以后，我发现办公桌上有张留言条，邀请我到这个男孩家里吃晚饭。我应邀去了并且过得很愉快。临走时，他母亲说，他们全家要搬到毗邻的社区去住，孩子也得转学。但是孩子首先挂念的就是他不能再在原学校的图书馆里工作了，谁来找那些丢失的图书呢？

孩子要走了，我与他依依惜别。起先我认为他就是一个普普通通的孩子，可是他的那份工作热情使我觉得他非同寻常。

我很想念他。可是这种思念之情持续的时间并不长，因为几天之后，没想到他又回来了。他告诉我，新去的那所学校的图书馆管理员不让学生在图书馆帮忙干活儿。他高兴地说：“妈妈又让我回原校念书了，爸爸上班路上叫我搭段车，要是他有事，我就走着来上学。”

我当时脑子里闪过一个念头：这孩子的决心和毅力如此之大，将来一定能干番事业。然而我尚没料到，他长大以后，竟成为一名信息时代的奇才、一位微型软件的巨头、一个世界的首富。他的名字就是：比尔·盖茨。

一生磨一镜

在荷兰，一个初中刚毕业的青年农民在一个小镇找到了门卫工作，他在这个岗位上一干就是60年。在这个清闲的岗位上，他没有悠闲，而是选择了打磨镜片，一磨就是60年。他是那样地专注和细致，技艺超过了专业水平，磨出的复合镜片的放大倍数比专业人士都高。借助他磨的镜片,他终于发现了当时世界还不知晓的另一个广阔的世界——微生物世界。

他获得了巴黎科学院院士的头衔,英国女王亲临小镇去看望他。他老老实实地把手中的镜片磨好,不仅成为了科学家,而且,因为专注和劳动,也确保了健康,他活了 90 岁。

这人的名字叫万・列文虎克。

苹果与万有引力

牛顿(1642—1727),英国科学家。他发现万有引力定律,建立经典力学的基本体系,在光学、热学、天文学方面都有创造性的贡献,在数学方面又是微积分的创始人之一。

300 多年前的一天晚上,一位青年坐在花园里观赏月亮。他仰望那镶着点点繁星的苍穹,思索着为什么月亮会绕着地球运转而不会掉落下来。忽然,有个东西打在了他的头上,这并不很重的一击,把他从沉思中惊醒。他低头一看,原来,是一只熟透的大苹果从树上掉落下来。他捡起苹果,又一次陷入了沉思:

为什么苹果不落向两旁,不飞向天空,而是垂直落向地面?这一定是地球有某种引力,把所有的东西都引向地球。青年眼睛一亮:苹果是这样,月亮也是如此,月亮一定是在地球引力的吸引下做高速运转。因为有引力,使它不能远离地球;因为有速度,使它不会像苹果一样掉落下来。夜渐渐地深了,青年手中拿着苹果,开心地笑了。他就是发现万有引力的英国科学家牛顿。这一年,他才 24 岁。

伞的发明

据说鲁班在乡间为百姓做活,媳妇云氏每天往返送饭,遇上雨季,常常淋雨。鲁班在沿途设计建造了一些亭子,遇上下雨,便可在亭内暂避一阵。亭子虽好,总不便多设,而且春天孩儿脸,一日变三变,夏季雷阵雨,说来就来,以致“迅雷不及掩耳”。云氏突发奇想,“要是随身有个小亭子就好了”。鲁班听了媳妇的话,茅塞顿开。这位本领高强、无所不能的中国发明大王依照亭子的样子,裁了一块布,安上活动骨架,装上把儿。于是世界上第一把“伞”就这样问世了。而据《玉屑》记载,伞是鲁班的媳妇为关心终日在外劳作的丈夫而发明的。看来,若要申请专利,还是鲁班夫妇俩人共享比较合理。这伞的发明,是他们夫妻恩爱、相互关心的产物,用一时髦的话说,这是爱的结晶。

拉　　链

拉链是 1891 年由美国芝加哥机械师贾德森最先发明的。贾德森为了解除每天系鞋带的麻烦,就发明一种可以代替鞋带的拉链。这种拉链是由一排钩子和一排扣眼构成,用一个铁制的滑片由下往上拉,就可使钩子与扣眼一个个依次扣紧。贾德森把样品送到1893年的哥伦比亚博览会上展出,得到好评,并因此取得了专利。

如今,拉链的品种不断增多,其应用不只限于日用品,而且已进入科研、医疗、军事等领域,被某些人誉为科技界的重大发明之一。

推荐阅读

1.《给孩子自由》
2.《孩子你为什么不听话》
3.《小威利做家务》
4.《超级小厨师》
5.《敬业尽责》
6.《创造力游戏》
7.《蓝色的太阳会飞的猪》

▶ 五、活动方案

方案一:让我们学会扫地

【活动目标】

1. 让孩子掌握扫地技能,能帮助他人做力所能及的事,养成爱劳动的习惯。
2. 让幼儿知道服务他人是一件很快乐的事情。
3. 体验劳动的艰辛,培养幼儿尊重他人劳动成果的良好品质。

【活动对象】

幼儿园大班学生。

【活动准备】

1. 各班收集有关劳动的图片,在主题墙上张贴,进行宣传。
2. 各班收集适合本班幼儿的关于劳动为主题的儿歌、故事、歌曲,在活动中让幼儿念一念、听一听、讲一讲、唱一唱。
3. 各班在家园栏里进行有关劳动内容的宣传,达到家园共育的教育目的。
4. 预备一些小水桶、抹布、小刷子等工具,供幼儿劳动之用。

【活动过程】

1. 晨间室内自选区域游戏。

美工区:设计我喜欢的扫帚和簸箕。

阅读区:读一读《妈妈不在家》等有关干家务的绘本图书。

角色区:分角色在娃娃家的厨房里做饭、打扫、整理。

劳动区:保育员带领部分幼儿打扫操场和幼儿园的公共区域。

2. 晨间户外活动:魔法扫帚。

(1)运魔球:幼儿每个人一把“扫帚”,每组三名幼儿,分成四组,骑上扫帚快速跨过宽度不同的“小沟”,绕过树林,将球送入盘子。

(2)运魔球比赛:设置情境,要求幼儿每人手拿一个报纸球以接力的形式将球从起点运到终点,原路返回。

扫帚变、变、变,看谁变的最有创意哦! 我骑上扫帚了,看谁的速度最快。运魔球啰,比一比哪一组运的最多。

3. 晨间诵读分享活动。

(1)出示扫帚图片,谈话导入:你看到了什么? 它是用来干什么的?

(2)你在家里扫过地吗? 请你来说说你扫地的经历,与大家一起分享一下。

(3)我这里有一把小扫帚和簸箕,谁愿意把我们的家打扫干净?(可以多个幼儿一起协作完成任务。)

(4)小结:哇,你们真是太棒了! 一起鼓鼓掌! 我们的家终于变干净了。

(5)有一个小朋友,他叫牛牛,他也想来学学我们小朋友扫地呢,他是怎么打扫自己的房间的呢? 我们一起来听一听、看一看。

(6)分段欣赏儿歌,引导幼儿用儿歌的内容回答。

牛牛先干了什么? 床底下扫到了什么? 桌子底下呢? 还有沙发下呢? 接下来怎么整理呢? 玩具放哪里? 当你看到干净、整洁的房间时,心里会怎么样?

(7)完整欣赏课件《牛牛扫地》。拿起大扫帚,牛牛来扫地。咕噜噜,床底下扫出小皮球。滴滴答,桌子底下扫出小汽车。叮叮当,沙发下扫出小钢琴。扫完地,搬簸箕,抱起玩具放进箱。地上干净了,玩具放好了,牛牛真高兴:“谢谢你,大扫帚!”

4. 校园集体活动。

领域	课题	活动目标
科学	神奇的清洁工具	认识普通的清洁用具,了解其作用,培养初步的环境清洁、保护意识。
绘本阅读	小老鼠忙碌的一天	理解故事内容,懂得在享受妈妈爱的同时,能以劳动的形式回报妈妈的爱,激发幼儿的劳动兴趣。
语言	爱劳动的小动物	用“……在干什么”的句型讲述动物的劳动行为,知道劳动很光荣。
音乐	律动:扫地舞	了解正确的扫地方法,创编扫地的舞蹈动作,体验扫地的快乐。

领域	课题	活动目标
语言	儿歌欣赏《牛牛扫地》	理解儿歌的内容，并能看图复述儿歌的内容，激发幼儿爱劳动的情感。
美术	小扫帚	学习用正折、反折的方法折扫帚，体验折纸带来的快乐。

5.综合游戏活动。

类别	游戏内容	游戏目标
区域游戏	手工区：魔法扫帚；角色区：小鬼当家；表演区：劳动最快乐；体能区：我是大力士	通过折纸的形式表现扫帚，通过角色扮演学习叠衣服、整理物品；在模仿、操作、体验中感受劳动的乐趣。
美术创意游戏	我会扫地了	通过对美术工具颜料刷的运用，初步了解扫地的技能，喜欢扫地，热爱劳动。
体育游戏	赶小猪	能够努力完成任务，培养耐心、细心、不怕困难的品质。
音乐游戏	打扫卫生	能跟着音乐模仿刷牙、洗脸、洗衣服、扫地、洗手等动作。
户外游戏	我爱劳动	在跑动时躲避他人，不发生碰撞。
生活游戏	剥花生	体验劳动，锻炼动手能力。

【活动说明】

5月是赞美劳动的季节，是歌唱劳动的季节，5月温暖的阳光普照着劳动者的身影，让无数双付出辛劳和汗水的手，在绚丽的春天里抚摸微笑，感受幸福。劳动者用勤劳的双手和智慧，编织了这个五色斑斓的世界，创造了人类的文明。大班的孩子要做到自己的事情自己做，参加劳动实践，也可以使他们具有起码的生活自理能力，还能让他们在劳动中学会尊重他人、理解他人，形成良好的劳动习惯，塑造良好的个性品质，终生受益。就让我们从扫地做起，成为热爱劳动、尊重劳动、善于劳动的人吧！结合新教育“每月一事”的主题让“我们学会扫地”，我们还可以开展以下爱劳动的活动：

1.照料自然角：观察植物的生长情况。通过劳动，培养孩子的爱心与责任心。

2.自我服务：擦自己的小椅子，将桌子摆放到自己想要玩的区域中。

3.集体服务：幼儿擦桌子，给自然角上的植物换水。扫落叶和打扫幼儿园公共区域，通过劳动，养成服务他人的习惯。

4.自主用餐：排队自己盛饭盛菜。通过劳动，培养孩子自我服务的能力。

5. 家园联系:引导幼儿在家学会做家务,请家长教给幼儿做家务的简单步骤和方法,并适量分配幼儿为家人服务的工作,让他们负责做好。请家长用照片或绘画的方式为幼儿在家创设“我是小帮手”专栏,请家长拍摄幼儿在家中帮助长辈做家务的照片或录像。

方案二:我是生活小能人

【活动目标】

1. 学会洗脸刷牙、削铅笔、整理书包、叠衣服、系鞋带等简单的自理劳动。

2. 通过讨论交流、劳动实践、比赛等,培养劳动最光荣的观念,养成自己的事情自己做的良好习惯。

【活动对象】

小学一、二年级学生。

【活动准备】

1. 由于比赛的项目比较多,可以每周让孩子着重练习两项,过一段时间后进行全班交流比赛。

2. 为了使比赛能有条不紊,活动前在大教室内安排好每一项所需要的工具、明确的位置。

3. 选好比赛的评委,可以是家长,也可以是老师或者学生。

【活动过程】

1. 问卷调查。

(1)活动前进行调查,了解孩子们对于每一项劳动的掌握程度,让部分孩子在老师的督促下,在家长的指导下能学会每一项劳动,并每天能坚持自己做好。

(2)让孩子选择自己比较强的那项自主报名参加比赛,老师协调,争取每一个孩子都有比赛的项目,从而促使每个孩子都能热爱劳动。

劳动项目	会做的人数	所占的比例
洗脸刷牙		
削铅笔		
整理书包		
系鞋带		
叠衣服		

2. 演示学习。

(1)示范引领。

同学们经过一段时间的练习，一定学会了很多的劳动吧，看看你是劳动小能人吗？请老师或者班级小能人进行演示，其他孩子认真观察。

(2)学习儿歌，记住要领。

《讲卫生》：太阳眯眯笑，我们起得早。手脸洗干净，刷牙不忘掉。饭前洗洗手，饭后不乱跑。清洁又卫生，身体长得好。

《洗脸歌》：平平整整放手心，洗洗眼，洗洗鼻，洗洗嘴，洗洗颈，最后擦擦小耳朵，小脸洗得真干净。

《刷牙》：小牙刷，手中拿，张开我的小嘴巴。上面牙齿往下刷，下面牙齿往上刷。左刷刷，右刷刷，里里外外都刷刷。早晨刷，晚上刷，刷得干净没蛀牙。刷完牙齿笑哈哈，露出牙齿白花花。

《整理书包》：小书包勤整理，大在下，小在上，硬在下，软在上，零散物品单独放。

《系鞋带》：小鞋带，手中拿，一左一右先交叉。一根弯腰钻过门，两手拉住系紧它。折成两只小耳朵，再一交叉钻下门，开出一朵蝴蝶花。

3.讨论交流。

(1)平时是怎么做的？要注意什么？平时是爸爸妈妈帮你做的还是自己做的？看后有什么值得学习的地方？有没有需要改进呢？

(2)通过讨论交流，全班统一，达成共识。

刷牙：把牙刷毛束与牙面成45度角，转动刷头，上牙从上往下刷，下牙从下往上刷，上下牙列面来回刷。早晚都要刷。

洗脸：先将小毛巾沾湿，放在手心挤掉多余水分，然后将毛巾抖开。洗眼睛时，用小毛巾的两个小角由内向外清洗。剩下的另外两个角分别清洗耳朵、耳孔。清洗毛巾再擦前额、面颊、嘴角、下颌及颈部等余下部位。

削铅笔：小刀面和铅笔形成15度的角，然后平稳从后往前推刀背面，使力要均匀，方向要稳定好，尽量保持15度角不变。

整理书包：先按书本大小有秩序放在书包大仓内，然后把要交的作业本放在书包前面的小仓内，接着放入铅笔盒，最后把茶杯、桌布等放在书包两边的小袋中。

系鞋带：先用鞋带两端打结，再把两端各形成一个“兔子耳朵”，然后两个兔子耳朵交叉，在结和兔子耳朵之间留一个开口，接着用另一只手将一只兔子的耳朵的顶端纳入开口，再从另一边将兔子耳朵拉过开口，最后拉扯两个兔子耳朵。

叠衣服：先把衣服放平整，然后把两只袖子依次放胸前，如果是有帽子的衣服，要把帽子先理平整，最后把衣服对折。

4.练习实践。

(1)每个孩子在家练习刷牙、洗脸、削铅笔等项目，由家长记录时间并检查效果。

(2)在学校，以四人小组为单位练习整理书包、系鞋带、叠外套等项目，组长负责,完成得较好的小朋友帮助不会的小朋友。

5.挑战比赛。

全班进行比赛。如:整理书包。让每个小朋友把书包内的东西拿出放桌面上,等口令开始后,看谁整理得又快又整齐。

【活动评价】

设置一张评比表,请老师、家长和同学针对平时的表现进行评价,每周评选一次"自理小标兵",在班级劳动光荣榜中展出。

我是生活小能人

班级________ 姓名________ 学号________

项目	星级评价(家长)	项目	星级评价(老师、同学)
起床穿衣		整理文具盒	
刷牙洗脸		整理书包	
洗澡		叠外套	
剪指甲		系鞋带	

1.能自主起床并快速将衣服穿戴整齐的得三颗星;能自主起床,自己穿衣但动作慢的得两颗星;能自主起床但不会穿衣服的得一颗星。

2.会自己快速把牙刷干净,把脸洗干净的得三颗星;会自己把牙刷干净,把脸洗干净,但动作比较慢的得两颗星;能在家长的指导下刷牙洗脸的得一颗星。

3.会自己洗澡的,动作比较快的得三颗星;会自己洗澡但动作比较慢的得两颗星;能在家长指导下自己洗澡的得一颗星。

4.会自己剪指甲并剪得干净的得三颗星;会自己剪指甲但不够平整的得两颗星;能在家长指导下自己剪指甲的得一颗星。

5.能快速将文具盒整理干净、文具摆放整齐的得三颗星;能将文具盒整理干净、文具摆放整齐但动作不快的得两颗星;能在同学的帮助下将文具盒整理干净、文具摆放整齐的得一颗星。

6.能快速将书包整理干净、书本摆放整齐的得三颗星;能将书包整理干净、书本摆放整齐但动作不快的得两颗星;能在同学的帮助下将书包整理干净、书本摆放整齐的得一颗星。

7.能快速将外套叠平整的得三颗星;能将外套叠平整但动作不快的得两颗星;能在同学的帮助下将外套叠平整的得一颗星。

8.能快速将鞋带系好的得三颗星;能将鞋带系好但动作不快的得两颗星;能在同学的帮助下将鞋带系好的得一颗星。

方案三：我服务，我光荣；我敬业，我幸福

【活动目标】

1. 通过落实“我是班级小主人”劳动服务细则、班干部服务细则等，培养学生爱班如家、乐于为他人服务的意识以及敬业爱岗的精神。

2. 通过开展以“我服务，我光荣；我敬业，我幸福”为主题的系列活动，感受劳动、敬业的快乐。

【活动对象】

小学三、四年级学生。

【活动准备】

1. 为了使班上孩子“人人有事做，事事都做好”，制定切实可行的“我是班级小主人”的细则。

2. 为了使学校里的志愿服务活动落实到位，在班上成立“卫生督查志愿小分队，安全督查志愿小分队、花草督查志愿小分队”，并且成员安排合理。

3. 动员任课老师和家长担任“我是劳动小能手”和征文比赛的评委。

【活动过程】

1. 欢乐总动员。

(1)利用晨会带领孩子学习关于“爱岗敬业”的名言警句、故事，感受爱岗敬业的重要性。

(2)利用晨会、品德课学习“我是班级小主人”和“学校志愿服务”的各项细则。

附1:“我是班级小主人”劳动服务细则

①承包某物品或清洁区范围者须保持该物品或清洁区的清洁:承包窗子者，应按班级规定，定期擦拭，在学校例行卫生大检查时，不得因该项不合格而扣分；扫地者，每天傍晚把地扫干净，桌椅摆放整齐；擦窗台者，每天早晨和中午都要擦一次窗台；擦黑板者，课间及时把黑板擦干净；整理图书的，每周在同学们借阅完图书后，及时把图书整理好。

②承包某物品者要保证该物品的合理使用:承包窗户者，热天负责开窗，傍晚离校时关好窗户；承包灯具者，光线暗时及时开灯，日光明时及时关灯，全班离开教室时要关灯；承包雨伞箱者，雨天及时把箱子放到教室外面，并督促同学们把雨伞按照顺序有序放好，傍晚把箱子拿回教室；承包花草者，根据花草的习性定期浇水，需要阳光的定期拿到教室外面。

③保护劳动器具不被损坏，及时加以维修，损坏严重的，查清责任者，及时赔偿或及时报给老师。

④管理范围:A. 教室门；B. 四扇窗户；C. 保管粉笔；D. 擦黑板；E. 讲台和一个

写字台；F. 卫生角及打扫用具；G. 擦瓷砖；H. 养班内的花草；I. 保管班级内运动器材；J. 班级图书柜；K. 同学桌椅自己承包。

⑤说明：A. 承包专项任务的同学必须持之以恒，对某项任务因事完成不了时须指定临时负责人或通过常务班长，重新委托他人负责；B. 对所承包的专项任务，检查发现违纪者，有权按班规给予当事者扣分；C. 对所承包的专项任务应定期提出改进意见，对旧的奖惩规定发现不合理时，向老师提出修改建议。

附 2："我是班级小主人"班干部服务细则（参考）

班委会成员名额与主要工作安排表

<table>
<tr><th colspan="2">岗位</th><th>名额</th><th>主要工作</th></tr>
<tr><td colspan="2">班长</td><td>1 名</td><td rowspan="2">开展班队活动时进行组织，配合老师的班级管理工作，老师不在教室或课间活动时，能管理好班级。负责统计每月值日班长记载本上全班同学的得分。</td></tr>
<tr><td colspan="2">副班长</td><td>1 名</td></tr>
<tr><td rowspan="5">值日班长</td><td>周一</td><td>1 名</td><td rowspan="5">每天早晨到校后负责检查学生到校情况、红领巾佩戴情况，在规定时间提醒语文、英语课代表领读。每节课上课前提醒学生及时进教室静息。放学前收纪律委员和劳动委员的记录本，将问题记录下来，做好值日班长记载的记录。</td></tr>
<tr><td>周二</td><td>1 名</td></tr>
<tr><td>周三</td><td>1 名</td></tr>
<tr><td>周四</td><td>1 名</td></tr>
<tr><td>周五</td><td>1 名</td></tr>
<tr><td rowspan="7">学习委员</td><td>语文</td><td>5 名</td><td rowspan="7">负责从组长那里收齐所属学科的作业本和相关书本，及时送到老师办公室或分给各小组组长发放好。负责每月统计各学科星数与激励卡的发放。（其中语文和英语课代表还要负责每天的晨诵。）</td></tr>
<tr><td>数学</td><td>2 名</td></tr>
<tr><td>英语</td><td>2 名</td></tr>
<tr><td>音乐</td><td>1 名</td></tr>
<tr><td>美术</td><td>1 名</td></tr>
<tr><td>品德</td><td>1 名</td></tr>
<tr><td>科学</td><td>1 名</td></tr>
<tr><td colspan="2">纪律委员</td><td>2 名</td><td>负责中午与晚上的路队，将同学们带到指定的接送点，保证行走过程中安静有序。每天及时向值日班长汇报路队情况。</td></tr>
</table>

岗位	名额	主要工作
生活委员	男、女各1名	负责提醒同学们有序排队、安静用餐，做好用餐情况记录与午餐后教室活动的管理与记录。
劳动委员	1名	负责每天提醒值日生打扫卫生，中午检查教室卫生，提醒保洁，每月对打扫记录进行星数统计。
体育委员	男、女各1名	负责每天出操整队，体育课整队，带领同学们在大课间开展合适的体育活动，带领同学们积极开展体育锻炼。
宣传委员	2名	负责每月和老师一起出好板报，及时对教室里张贴的内容进行修补、更换。
组织委员	2名	负责发放班级订阅的杂志，管理好班级图书角并做好图书借阅登记工作。

附3:学校志愿服务规则

①学校志愿服务侧重于“卫生、安全、花草督查”三个方面，中年级每个班级负责管理低年级和高年级各一个班级。

②每天早晨和中午“卫生督查志愿小分队”检查卫生，课间“安全督查志愿小分队”检查课间活动安全，“花草督查志愿小分队”每周检查规定区域两次，并在规定的时间帮助学校的园丁一起养护花草。

③每周一进行志愿服务督查情况反馈。

2.人人齐实践。

(1)把“我是班级小主人”劳动服务细则，在班级内落实到人，实现“人人有事做，事事都做好”。

(2)适时对劳动方法进行指导，提高效率。

①擦窗:可先用湿毛巾擦，再用干报纸擦，效果特别好。

②擦黑板:课间及时擦干净，每天傍晚用湿毛巾擦一次。

③桌椅摆放:白天桌椅摆放整齐，傍晚把凳子塞进课桌下面。

④书包摆放:书包一律放在座椅上，背带挂在椅背上。

(3)在班级内成立“卫生督察志愿小分队、安全督查志愿小分队、花草督查志愿小分队”，在学校内开展各项志愿服务活动。早晨和傍晚“卫生督察志愿小分队”到学校里进行检查并维护卫生，课间“安全督察志愿小分队”到同学们中间去观察，发现危险及时阻止，并带领低年级孩子有序活动。“花草督察志愿小分队”

每周检查规定区域两次,并在规定的时间帮助学校的园丁一起养护花草。

(4)学习"我是班级小主人"班干部服务细则,使每位学生明白班干部就是为同学们服务的。接着公布竞选岗位,然后开展班干部竞选活动,公平公正地选出大家满意的班干部。

(5)学校志愿督察注意以下两点:

①各项督查的目的是为了让同学们在各方面做得更好,扣分并不是目的,只是一种手段。所以,督查时发现问题先提醒,如果不改再扣分。

②安全督查时发现以下情况要提醒或扣分:追跑,说不文明的话,玩不安全的游戏,欺负同学。

3. 展示分享会。

(1)开展"我是班级小主人"和"我是优秀志愿者"征文比赛。

要求:①结合自己的为班级、为学校服务的体验,写一篇文章。②根据发生在自己身边的有关爱岗敬业的事例,把自己的感受写下来。字数在400字左右。体裁不限,可以是诗歌、散文、记叙文等。

(2)开展"我是班级小主人"和"我是优秀志愿者"演讲活动。

选择征文中的优秀文章,进行演讲,宣扬正能量,强化敬业服务意识。

【活动评价】

1. 制定班级劳动考核表,针对平时的表现进行评价,每周反馈,每月纳入"文明之星"的评比。

"我是班级小主人"劳动服务细则

项目	负责人	评价(最高五颗★)	项目	负责人	评价(最高五颗★)
擦教室门			擦瓷砖		
擦四扇窗户			养护班内的花草		
保管粉笔			保管班级内运动器材		
擦黑板			整理班级图书柜		
整理讲台和一个写字台			整理课桌椅		
卫生角及打扫用具					

◇根据每天加分扣分，每周总结一次，反馈，进行表扬与批评。

◇到月底，统计总分，反馈给家长，并纳入“文明之星”评比。

“我是班级小主人”班干部服务评价表

职务	一月考评评价(最高五颗★)	期末总分
班长		
副班长		
值日班长		
语文学习委员		
数学学习委员		
英语学习委员		
音乐学习委员		
美术学习委员		
品德学习委员		
纪律委员		
生活委员		
劳动委员		
体育委员		
宣传委员		
组织委员		

◇每个月底针对班干部敬业情况考评一次。

◇到期末，统计总分，并纳入“文明之星”评比。

学校志愿服务评价表

班级	卫生 (最高五★)	安全 (最高五★)	花草养护 (最高五★)	总分

◇根据每天加分扣分,每周总结一次,向所考核的班级反馈,提出建议。

◇每月,统计总分,评出“文明班级”。

【活动说明】

1. 现在的孩子大部分是独生子女,大多以自我为中心,团体意识、为他人服务的意识不强,所以班级中的很多劳动,孩子们不愿意认认真真完成,想当班干部的目的只是羡慕班干部的光环。因此,结合“每月一事”项目,开展了这样一个活动。

2. 活动过程中,要及时发现问题,及时调整活动策略,把每一项活动落到实处。真正培养孩子为他人服务的志愿意识、兢兢业业的敬业精神。

方案四:社会实践“小鬼当家”

【活动目标】

1. 通过角色转换,体验“当家”的感觉,了解爸爸妈妈平时操持家务的辛苦,培养学生的自理能力、动手实践能力和创新能力。

2. 让学生充分体验劳动给他们带来乐趣的同时,培养他们学会感恩,学会与人沟通,学会组织家庭成员一起做有益的家务劳动。

【活动对象】

小学五、六年级学生。

【活动准备】

1. 全班讨论,确定可实施的活动项目,可供选择的有:小小采购员、家务全体验、设计菜谱、学做家常菜、家庭收支情况调查……

2. 根据自己的兴趣爱好、特长等自由组合成活动小组。

要求:小组人员每组 6—8 人,自行推选小组负责人。负责人组织和协调活动的设计、分工和开展。组员互帮互助,共同参与活动,并能及时反馈自己的心得体会。同学们要充分发扬“小主人翁”的精神,积极请求父母协助,并努力安排好各相关家庭成员参加体验活动。

3. 所有的体验活动应尽量在家长的监护下有序地进行,电器、煤气灶等危险品的使用,应遵照安全使用规则,并在家长监护下使用。外出活动时,应征得家长同意,尽量在监护人的陪护下进行,外出活动应注意交通安全。注意外出时贵重物品的保管，特别是数码相机、DV（摄像机）等。

【活动过程】

1. 超级小厨师。

准备家里的一日三餐，设计科学的营养均衡的菜谱，了解各种食物的营养价值，体会父母平时准备三餐所费的心思。

（1）阅读——度娘搜搜：膳食搭配小知识。

①粗细搭配，粮豆混食。如米糕、绿豆小米粥、芝麻酱花卷、红薯粥。

②粮蔬、粮果搭配。常见的是米饭，如果再配上些果类，如红枣、莲子、栗子或果仁，不仅会增加主食中的维生素，还会使主食别有风味。

③荤素搭配。荤素搭配不只是口味的互补，在荤素结构上的互补性则具有更重要的意义。如青椒炒肉丝、土豆炖鸡块等。

④色泽搭配。主料与配料的色泽搭配主要有顺色搭配和异色搭配两种。顺色搭配多采用白色，如醋溜三白、茭白炒肉片等。异色搭配差异大，如木耳炒肉片。色泽协调会引人食欲，反之，如搭配不协调，会影响人的胃口。

（2）思考——给你支招。

一周食谱（供你参考）

星期 餐类	星期一	星期二	星期三	星期四	星期五	星期六	星期日
早餐	咸面包 煎蛋 牛奶 苹果	包子 豆浆 拌莴笋	鸡蛋 全麦面包 纯牛奶 海带	大米粥 油饼 海带 豆腐脑	鸡蛋羹 花卷 火腿肠 龙须菜	茶叶蛋 全麦面包 拌木耳 豆浆	玉米粥 烙饼 煎蛋 芹菜
午餐	米饭 红烧肉 土豆丝 炒花生 橙子	米饭 酱牛肉 炒豆角 青菜蛋汤	米饭 鸡腿 芹菜 紫菜蛋汤	米饭 红烧鱼 藕丁 冬瓜汤 苹果	米饭 胡萝卜 牛肉 大白菜 橙汁	米饭 基围虾 小白菜 冬瓜排骨汤 柚子	米饭 玉米鸡丁 酸辣土豆丝 麻婆豆腐 水晶梨
晚餐	鸡蛋面 火腿 菠菜 生菜 柚子	水饺 西红柿 蛋汤 杏仁	小米粥 馒头 茄子 橘子	菠菜面 黄豆芽 火腿肠 香蕉	米饭 水煮肉片 榨菜肉丝汤	米饭 清蒸草鱼 大白菜	挂面 肉末茄子 凉拌苦瓜 紫菜蛋汤

(3)操作——牛刀小试。

我家的一周食谱

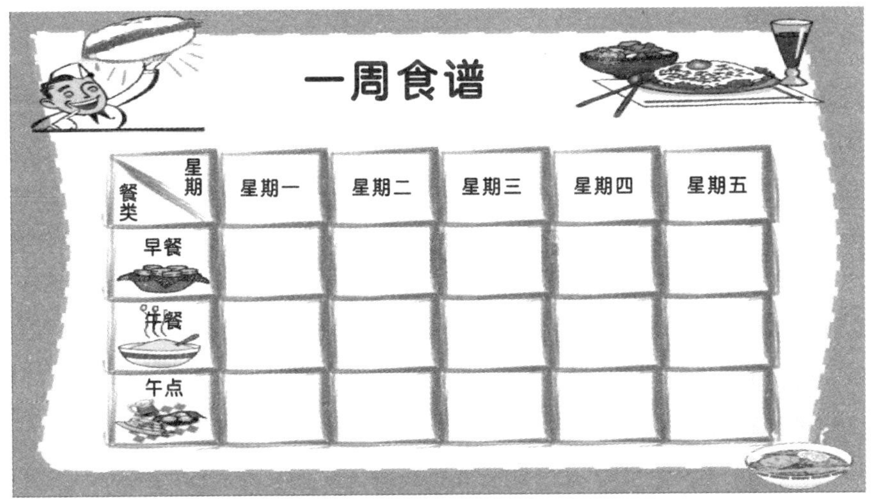

①食物的搭配能起到营养互补的作用或弥补某些缺陷或避免某些损害。

②力求搭配的食物具有共同性,能增强营养保健作用。

2.慧眼购菜师。

(1)阅读——度娘搜搜。

买菜的窍门:

土豆:没有破皮的,尽量选圆的,越圆的越好削。

猪肉:无腥臭味,按压后的凹印可迅速恢复原状,表面微干或略显湿润,不粘手者为好肉。

淡水鱼:鱼鳞紧密完整、闪光滑润不易脱落,鳃盖紧闭不易揭开,鳃色鲜红,鱼体坚实,肌肉有弹性,手感滑腻不易抓牢,放入水中即沉,腹不鼓胀,骨肉不分离,无异味。

茄子:在茄子的萼片与果实连接的地方,有一白色略带淡绿色的带状环,菜农管它叫茄子的"眼睛"。"眼睛"越大,表示茄子越嫩。

辣椒:尖辣椒辣的多,且果肉越薄,辣味越重。柿子形的圆椒多为甜椒,果肉越厚越甜脆。半辣味椒则介于两者之间。

番茄:扁圆形的果肉薄,正圆形的果肉厚。

山药:表皮光洁无异常斑点,才可放心购买。

(2)思考——给你支招。

到菜市场买菜,首先要逛一遍,了解一下当日各种蔬菜的行情。不能匆忙下手,看到就买,这样往往吃亏。逛一遍很重要,这是当日行情的调研,这是当日买菜的基础与前提。

到菜市场买菜，首先要有计划。买菜前应当有一个小计划，今天准备吃一点啥？如何搭配鱼肉、蔬菜？这样逛菜市场时，就会有的放矢，突出重点，看好必看的菜。花时少、效果好。

到菜市场买菜，要选择常买家。对菜市场里面商户的了解，日积月累，也应当知道了哪家菜新鲜、哪家价格公道、哪家分量准足、哪家老板友善。可选择一两家，作为自己购菜的基地，这样经常购买，往往较好议价，也会顾及一些情面。

到菜市场买菜，要注意门口小摊子。每个菜市场门口，都会有一些没有摊位的临时性小摊子，这种没花钱摆摊的游击队，往往菜价比较便宜，货色也比较新鲜，可以选择一些时鲜菜与大众菜的购买。

到菜市场买菜，一定要看重量议价。几乎每个菜摊主都会虚高、重量上打折。这是他们的职业习惯与常规。如果带一个拎重计最好，可以迅速辨别轻重。如果没有，不管什么摊主都要议价看重，也不管你是否真正看懂。

(3)操作——牛刀小试。

我的购菜单

预购菜名	实购菜名	预购数量	实购数量	单价	总计
合计					

3.心灵小厨师。

(1)阅读——度娘搜搜。

红烧鱼做法：

时间：30—45分钟

主料：青鱼

辅料：胡葱、老抽、生抽、白糖、生姜、味精

红烧鱼的做法步骤：①胡葱清洗干净后切断；②姜洗净切片；③青鱼段去鳞片用纸擦干；④热锅冷油；⑤加入生姜片到散发出香味；⑥把鱼小心放在姜片上面，

小火煎;⑦半分钟后翻面;⑧加入生抽和老抽;⑨加入开水到鱼的一半,大火煮;⑩一分钟后加入半勺白糖;⑪汤汁剩不多时加入胡葱,烧一会儿后加点味精就可以出锅了。

(2)思考——给你支招。

烧肉不宜过早放盐;

油锅不宜烧得过旺;

肉、骨烧煮忌加冷水;

未煮透的黄豆不宜吃;

炒鸡蛋不宜放味精;

吃茄子不宜去掉皮;

铝铁炊具不宜混合。

(3)操作——牛刀小试。

在网上查红烧肉的做法,并实践操作。

4.家务小能手。

承包家里的一些家务,包括洗衣、扫地、拖地、倒垃圾、晒被子、洗碗等一些琐碎事务,锻炼自己的生活小技能,学习统筹安排时间,体会父母持家的辛苦。

(1)开展"爸爸妈妈真辛苦"调查活动。让学生调查自己的爸爸妈妈每天工作回家后所做的事情,利用中队活动课进行交流,谈感受,从而调动学生的激情,让他们体会父母的辛苦,下决心为父母分担家务劳动。

(2)调查学生做家务劳动的情况,了解学生喜欢做的家务劳动种类,并与家长商量确定家庭劳动角色,制订好家务劳动计划。

咨询表1:

请在符合你自己情况的表格里打"√"。(可以多项选择)

	扫地	拖地	收拾房间	收衣服	叠衣服	收拾碗筷	洗碗筷	洗衣服	浇花	做饭	其他	备注
你会做的家务												
你喜欢做的家务												
你最想学做的家务												

咨询表 2：

五（ ）班学生家长：

您好！我是班主任老师，在平时和孩子的接触中，我发现他们中大多数在家中承担的家务劳动太少。家长工作繁忙，应适当让他们学做一些家务活，成为得力的小帮手。更何况，孩子迟早要长大成人，独立生活。让我们给他们创造劳动的机会，使他们了解家长的辛苦、当家的不易，使他们尽快成长起来！为此我们班开展了“争当家务劳动小能手”活动，希望得到您的支持和配合！根据您家庭的实际情况，您希望您的孩子在哪些家务上能成为您的得力助手？请在以下括号里打“√”。

扫　地（　）　拖　地（　）　收拾房间（　）
收衣服（　）　叠衣服（　）　浇　花（　）
做　饭（　）　收拾碗筷（　）　洗碗筷（　）
洗衣服（　）　帮忙买东西（　）
其　他：

(3)“家务劳动小能手，我能行!”家务劳动实践活动。(为时一个月)

让学生根据自己制订的家务劳动计划，每天在家做一些家务劳动，并把当天所做的家务记录下来，每一到两个星期让家长对在家的劳动进行评价。每两周结束时学生要进行小结，写出自己的收获。

“争当家务劳动小能手”情况记录表

项目 时间	扫地	拖地	收拾房间	收衣服	叠衣服	收拾碗筷	洗碗筷	洗衣服	浇花	做饭	其他	备注
合计												

自我评价	
小组评价	
教师评价	
家长的话	

温馨提示:在能做到的项目里画上“☆”。

(4)开展“家务劳动汇报展示”活动,邀请家长参与,通过各种形式检测学生的家务劳动技能,并结合平时在家的家务劳动表现,评出“家务劳动小能手”。

①给爸爸妈妈的爱。爸爸妈妈下班之前,给他们准备好一杯水,说一句感谢的话。写下你感谢的话:(　　　　　　　　　　　　　　　　　　　　)

②培养自己的责任意识,在家庭中当好小主人,设计策划组织一次有意义的亲子同乐活动,邀请所有爱你的亲人参加。当然,你是这次活动的主角,你要“全权负责”哦!

活动记录表

活动时间:　　　　　　　　　　　参与人员:
活动目的:
活动实施过程:

活动中最美好的回忆:

成果表现形式:
A. 手抄报(　)　B. 活动图片(　)　C. 一篇体验文章(　)

总结工作。

家务劳动活动调查表(实践活动完毕后)

尊敬的家长:

您好!感谢这一个月来您的支持和配合。这一个月的劳动实践活动将要结束了,您的孩子在家务劳动方面做得如何呢?他(她)是否能成为您的好助手呢?请您在以下的项目中用“√”选出符合您的孩子的情况的内容。谢谢您的合作!

学生姓名:	开展活动前	开展活动后
家庭理财	知道节俭,帮家长理财 （ ） 不随便花零花钱 （ ） 花钱大手大脚 （ ） 其他:	知道节俭,帮家长理财 （ ） 不随便花零花钱 （ ） 花钱大手大脚 （ ） 其他:
做 饭	会做一样饭 （ ） 会炒一种菜 （ ） 不会做饭炒菜 （ ） 挑食,嫌家长做得不好吃（ ）	会做一样饭 （ ） 会炒一种菜 （ ） 不会做饭炒菜 （ ） 挑食,嫌家长做得不好吃（ ）
洗 衣 物	能帮家长洗衣物 （ ） 自己的手绢、袜子自己洗（ ） 随意乱丢衣服,衣服很脏（ ）	能帮家长洗衣物 （ ） 自己的手绢、袜子自己洗（ ） 随意乱丢衣服,衣服很脏（ ）
收拾屋子	能帮家里收拾屋子 （ ） 能收拾自己的房间或物品（ ） 自己的物品用完不收拾 （ ）	能帮家里收拾屋子 （ ） 能收拾自己的房间或物品（ ） 自己的物品用完不收拾 （ ）
刷 碗 擦 桌 子	吃晚饭主动刷碗或擦桌子（ ） 有时刷碗或擦桌子 （ ） 不刷碗、不擦桌子 （ ）	吃晚饭主动刷碗或擦桌子（ ） 有时刷碗或擦桌子 （ ） 不刷碗、不擦桌子 （ ）
买 东 西	经常帮家长买东西 （ ） 自己能购买简单的学习用品 （ ） 能和家长一起买东西 （ ） 从来不会或不愿买东西 （ ）	经常帮家长买东西 （ ） 自己能购买简单的学习用品 （ ） 能和家长一起买东西 （ ） 从来不会或不愿买东西 （ ）

您认为孩子在做家务方面最大的进步是:

____

____

通过这次活动,对于孩子的成长,您最欣慰的是:

____

____

【活动评价】

1.结合以上活动的开展,请老师、家长和同学针对在活动中的表现进行客观的评价。评选出“最佳超级小厨师”“最佳家务小能手”“最佳理财小会计”“最佳淘宝小达人”各五名,颁发“小鬼当家”单项五星卡。同时,评选出综合表现最佳的五名同学,颁发“小鬼当家”全能五星卡。

“小鬼当家”评价表

班级:________ 姓名:________ 学号:________

项目	内容	呈现方式	家长评价	同学评价	老师评价	综合评价
超级小厨师	食谱设计	表格呈现	☆☆☆☆☆	☆☆☆☆☆	☆☆☆☆☆	☆☆☆☆☆
	购菜效率	DV 记录、表格	☆☆☆☆☆	☆☆☆☆☆	☆☆☆☆☆	☆☆☆☆☆
	拿手小菜	DV 记录、照片	☆☆☆☆☆	☆☆☆☆☆	☆☆☆☆☆	☆☆☆☆☆
家务小能手	一月家务	情况记录表	☆☆☆☆☆	☆☆☆☆☆	☆☆☆☆☆	☆☆☆☆☆
	亲子同乐	手抄报	☆☆☆☆☆	☆☆☆☆☆	☆☆☆☆☆	☆☆☆☆☆
		活动图片	☆☆☆☆☆	☆☆☆☆☆	☆☆☆☆☆	☆☆☆☆☆
		体验文章	☆☆☆☆☆	☆☆☆☆☆	☆☆☆☆☆	☆☆☆☆☆
	是否进步	家长反馈表	☆☆☆☆☆	☆☆☆☆☆	☆☆☆☆☆	☆☆☆☆☆
理财小会计	家庭统计	表格呈现	☆☆☆☆☆	☆☆☆☆☆	☆☆☆☆☆	☆☆☆☆☆
	调查比较	表格、照片	☆☆☆☆☆	☆☆☆☆☆	☆☆☆☆☆	☆☆☆☆☆
	如何开支	家庭开销计划表	☆☆☆☆☆	☆☆☆☆☆	☆☆☆☆☆	☆☆☆☆☆
		零用钱开销计划	☆☆☆☆☆	☆☆☆☆☆	☆☆☆☆☆	☆☆☆☆☆
淘宝小达人	了解习俗	表格呈现	☆☆☆☆☆	☆☆☆☆☆	☆☆☆☆☆	☆☆☆☆☆
		照片记录	☆☆☆☆☆	☆☆☆☆☆	☆☆☆☆☆	☆☆☆☆☆
	年货清单	表格呈现	☆☆☆☆☆	☆☆☆☆☆	☆☆☆☆☆	☆☆☆☆☆
	购物经历	DV 记录	☆☆☆☆☆	☆☆☆☆☆	☆☆☆☆☆	☆☆☆☆☆

“小鬼当家”活动体验

班级：________　　学号：________

____
____
____
____
____
____
____
____
____
____

“小鬼当家”单项五星卡评比要求：

★★★★★超级小厨师：

食谱设计：搭配合理、有营养、颜色搭配入眼；

购菜效率：有计划、选择食物新鲜、营养，价格适中，有 DV 记录过程；

拿手小菜：色香味俱全，有 DV 记录制作过程。

★★★★★家务小能手：

一月家务：情况记录详细，每天家务达到一定的量；

亲子同乐：完成活动内容手抄报一张，活动图片至少 3 张，体验文章 1 篇；

是否进步：家长反馈表能体现前后有较大的进步。

★★★★★理财小会计：

家庭统计：表格呈现，数据真实，附调查照片 1 张；

调查比较：表格呈现，照片能真实反映调查内容和活动场景；

如何开支：制订好家庭开销计划表，设计好零用钱开销计划，既合理又节约。

★★★★★淘宝小达人：

了解习俗：表格呈现，内容真实，附采访照片一张；

年货清单：表格呈现，内容真实，符合家庭所需，节约实用；

购物经历：DV 记录全部过程，真实。

“小鬼当家”全能五星卡评比要求：

★★★★★当家小主人：

1. 除了符合以上四项单项五星之外，还能通过角色替换，体验“当家”的感觉，了解爸爸妈妈平时当家的辛苦，完成活动体验文章一篇，内容真实，感情真挚，能以实际行动报答父母，关爱家人，体谅父母。

2. 把自己的活动过程整理成册，设计一份属于自己的“小鬼当家”实践活动手册,并向家人和同学推荐自己的成果,互相学习,取长补短,丰盈自己的实践体验。

【活动说明】

十二三岁已经是一个可以当家的年龄,建议家长在双休日、假期,一定要充分放手让孩子当家做主,让孩子走进市场、商场,实实在在地比较商品的质量、价格,要给孩子绝对的信任,活动过程中可以有提醒、指导,但绝对不可以包办。建议老师合理分组,建立健全的小组评价机制,对每一项活动都要客观、公正、及时、有效地进行活动评价,不要让活动流于形式。

▶ 六、活动体会

学做家务,体验快乐

家庭生活能力是一个人最基本的生存能力,它不仅可以培养学生的劳动观念和习惯,还可以激发学生对家庭负责的情感,常怀感恩之心,孝敬父母、感恩他人,继承中华民族优良传统。本学期,我校深入开展了“我是家务劳动小能手”系列活动:从最简单的“扫地、倒垃圾、收拾碗筷”,到“学习用洗衣机洗衣物”“学习拣菜和洗菜”“学习做菜做饭”“制作有创意的农家菜”“学习整理房间”,到“今天我当家”。

在这次活动中,我们发现学生自我服务和家务劳动的意识及能力增强了,学生的合作交往、收集处理信息、语言表达、发现问题与解决问题的能力增强了。学生通过调查与观察,不但体会了大人劳动的辛苦,同时也唤醒了他们自身的家庭责任感,使所有的学生都品尝到了劳动与成功的喜悦。

本次活动的每一项内容孩子都积极参与,力争高质量地完成。在学习过程中,为了能真正学会某一项家务,许多学生失败却不气馁,努力克服困难,一次学不会,就学两次、三次,直到学会为止。六(3)班的施展同学为了学会切黄瓜,坚持回家天天练习,终于在制作农家菜的成果展示活动中,一展身手,以熟练、均匀的刀功成为全年级最佳的“刀功手”。看着他熟练地切菜,听着均匀的刀声,同学、老师都惊讶得睁大了眼睛,张大了嘴巴,发出了啧啧赞叹声。从各项活动的反馈信息看,我们不难发现,当孩子为家里做了一件他能够做的小事时,是多么高兴和自豪!他不仅会因为受到家人的称赞而感到高兴,还会在家里找到自己的位置,肯定自己的存在价值,树立“我能行”的自信。

本次活动的内容是家务劳动,为了发挥学生的主动性,让所有的学生都参与并得到锻炼,我们选择了以家庭为学习与练习的主要场所,并聘请家长为本次活动中“学做家务劳动”的主要导师。这样做的目的,一方面是为了强化学生主动请教的意识,另一方面是为了在活动中真正发挥家长的“导师”作用。从反馈的信息来看,家长们也非常认同这次活动,都感受到自己的孩子发生了变化,不仅做到自己的事自己做,而且还会分担家务,主动做力所能及的事。家长们这样评价:

“经过这次活动，孩子知道了做每一件事都不是容易的，懂得了父母的辛劳，希望学校继续开展这样的活动。”

“以前，孩子从未主动要求做家务，通过这次活动，孩子能感受到父母的不容易。从做家务事中，增强了孩子的责任感，明白了勤劳快乐的道理，感觉这一个月，孩子真的长大了。”

“这次活动，孩子变得比以前积极了，勤快了，也懂得了珍惜别人的劳动成果，虽然有点累，但他是快乐的……”

“……孩子参与到家务劳动中，给我们带来了乐趣，做到了快乐教、快乐学、快乐生活。”

在学生初步学会了一些基本的家务劳动后，一方面为了巩固学生所学的技能，同时给学生创造一次展示自我的机会，另一方面为了让学生通过体验活动对家长平时为家庭所作的奉献有所了解，以增强学生的家庭责任感，我们特地设计了“今天我当家”的活动。孩子们通过一天的亲身体验，深深体会了做家长的不易，做家长的辛劳，对家庭油然而生起责任感。通过这次活动，学生不仅学会了一些家务劳动的技能，更体会到家长的辛劳，纷纷表示：“做一点家务就觉得累了，爸爸妈妈每天都要做那么多家务更累，我要为他们分担家务劳动，做个孝顺的孩子。”“在这次活动中，爸爸妈妈看着我做了那么多的家务活，他们很高兴，以后我要多做一些家务活，让他们常露笑脸。”……

为期一个月的主题活动就要结束了，但并不代表学生们对家里的事就可以撒手不管了。开展这个主题活动，目的就是为了让学生了解每个成员对家庭的责任和义务，培养他们生活自理的能力，明白父母劳动的艰辛，懂得对父母进行感恩，懂得珍惜……

（海门市实验小学教师　龚艳）

不做只会写字的“铅笔”

妈妈说，我在她眼里是一支“铅笔”，我觉得好奇怪，为什么说我是支“铅笔”呢？妈妈解释，因为我的手除了会写字，其他什么都不会。虽然我挺不服气的，可是妈妈好像也没有说错，因为我穿衣服要奶奶帮忙，书包要爷爷整理……可是，我不想只做妈妈眼里的“铅笔”。我该怎么改变自己在妈妈眼里的形象呢？

正好，这学期我们班开展了自理活动的训练课。在课上，我不仅学到了叠被子、系鞋带等做事情的方法，也让我明白了“自己的事情自己做”的道理。这样，我就更有信心摆脱妈妈眼里的“铅笔”形象了。

回到家，我就对全家人宣布，从现在开始，我要自己的事情自己做。得到家人一致赞同后，我说干就干，先整理自己的工具箱。这个工具箱是我所有做实验的宝贝，但是由于我以前不整理，每次做实验的时候都要花很长的时间找螺丝、电池……非常不方便。我用了学校学到的物品归类整理法,用了不同的小盒子分别装螺丝、电线、电池等。然后在盒子上贴上标签,写上里面物品的名称,方便我找到。通过这个工具箱的整理,我深刻体会到了整理物品的重要性,归位好的物品不仅找起来方便,大大提高了我的效率,还延长了工具使用的寿命。妈妈看了我整理好的工具箱,竖起大拇指为我点赞。后来,我用同样的方法,把书桌整理了一下,虽然累得满头大汗,但是看到自己的劳动成果,心里还是美美的。在以后的使用中,我要将自己用过的东西及时归位,珍惜自己的劳动成果。同样,我也要珍惜别人的劳动成果,因为每一份劳动的背后都付出了辛勤的汗水。

妈妈看到了我的改变,说我不再是一支只会写字的“铅笔”了,而是会干家务的小能手。

[海门市实验小学二(7)班　刘墨]

第六章

6月：审美——让我们学会表演

【素养类别】文化学习
【每月一事】让我们学会表演(6月)
【相关专题】感受　鉴赏　表现

一、名词解释

【审美】人所进行的一切创造和欣赏美的活动，特别是通过艺术形象把握美的活动，是构成人对现实的审美关系，满足人的精神需要的实践、心理活动。是理智与直觉、认识与创造、功利性与非功利性的统一。

【感受】①受到(影响)；接受。②接触外界事物得到的影响；体会。

【鉴赏】鉴定和欣赏(艺术品、文物等)。《晋书·王戎传》：“族弟敦有高名，戎恶之，敦每候戎，辄托疾不见，敦后果为逆乱。其鉴赏先见如此。”人们通过特定媒介(如语言之于文学，音色旋律之于音乐等)与艺术形式，逐步获得对作品的具体感受、体验、欣赏和鉴别的精神活动。

【表现】显露出来。意大利克罗齐把美看成客观情感的表现和产物，他认为直觉就是表现，成功的表现就是艺术，也就是美。

二、行为规范

* 收看适合的影视，收听适宜的广播，浏览健康的网站。
* 看电视时，音量不宜过大，避免影响他人。
* 需另选频道时，和长辈商量，不强行转台。
* 观看电影或演出要按规定时间入场，不能迟到。
* 对号入座，不能抢占他人座位。等待时，不能大声喧哗。
* 勿将食品饮料、塑料袋等带入观影厅，不在观看过程中吃东西，不随意走动。
* 要用心观赏，不要与人聊天。
* 观看结束后主动与同伴分享感受。

＊关注日常生活中的音乐，喜欢从广播、电视、磁带、CD 等中收集音乐材料，并经常聆听。

＊会唱一些富有童趣的歌曲，并从中享有乐趣。

＊了解一些简单的乐器，进行简单的音乐创造。

＊能欣赏一些优美的乐曲，交流自己的音乐感受。

＊知道一些不同历史时期、不同地域和国家的代表性儿童歌曲。

＊接触与了解戏剧、舞蹈等艺术表演形式，认识音乐在其中的作用。

＊能结合所熟悉的影视片，简单描述音乐在其中的作用。

＊会一些简单舞蹈，跳舞时要专注、投入，做到手到、眼到、步到和身到的“形神兼备”。

＊善于运用身体语言传递内心情感，表现音乐内涵。

＊在有情节的音乐表演活动中担当一个角色。

＊能够主动地参与综合性艺术表演活动，并从中享有乐趣。

＊能够对自己、他人的表演进行简单的评论。

＊能画一些有童真的绘画作品，对美术学习有兴趣。

＊了解绘画的一些基本要求，爱护作画工具，不故意损坏。

＊能选择适合于自己的工具、材料，记录与表现生活中的所见所闻、所思所感。

＊了解美术表现的多样性，能用简单的美术术语，表达自己对作品的感受。

＊了解我国和世界的一些著名画家及其代表作品。

＊结合语文、音乐等学科内容，灵活地利用素材进行创作。

＊欣赏名著改编的戏剧前可以先阅读名著，以帮助欣赏。

＊欣赏名著、戏剧后，可与同伴一起模仿其中的小片段进行表演。

＊可将自己喜欢的童话故事、寓言故事等改编成校园剧进行表演。

＊乐于担任校园电视台节目主持人，积极参与学校自办节目的录制。

＊主动参加社区或乡村表演活动，并能同他人进行活动交流。

＊庄重正规的场合（如剧院观看演出、会晤重要客人、参加开学或毕业典礼等）应当穿正装或礼服，尊重所有的礼仪，不能有半点马虎、随意。

＊观赏戏剧、音乐会、舞剧时应将手机调至静音或振动状态，尽量不接打电话，不拍照，不摄像。

＊迟到的观众一般准许入场，就近入座，待节目中场休息时再回到自己的座位。

＊观赏戏剧、音乐会、舞剧时对于精彩部分要适时、适度鼓掌，不起哄，不喝倒彩。

＊戏剧结束演员谢幕时请持续鼓掌，这是对演员表达敬意和感谢的最好办法。

＊许可条件下参观美术馆、博物馆，访问艺术工作室或艺术作坊，了解美术展

览的方式及艺术作品的制作过程。

* 看画展时要保持安静，不动手触碰展品。

* 观赏美术作品时，在不妨碍他人的情况下可以多欣赏一会儿。

* 看画展时要将食品、饮料、遮阳伞等杂物放进包里，以免不慎弄脏弄坏展品。

* 了解家乡的特产和风景名胜，感受祖国的锦绣河山。

* 了解不同地区的风俗习惯，了解世界各地的独特风光。

* 尊重不同地区的礼俗，不要对这些礼俗随意发表歧视性或让人感到不愉快的评价和议论。

* 欣赏所在地区有特色的建筑，了解其艺术形式的特点和功能。

* 热爱大自然，爱护生活环境。

* 留心生活，敏感地发现四季及周围的变化，有意识地丰富自己的见闻，并及时记录。

* 会用欣赏的眼光去观看美的景致。

* 喜爱一切美好的事物，赞美并享受它们所带来的美好。

* 策划简单的校园活动和社会活动，对所策划的主题进行讨论和分析，学写活动计划和活动总结。

* 对自己身边的、大家共同关注的问题，或电视、电影中的故事和形象，组织讨论、专题演讲。

* 举手投足之间要注意自己的仪态和素养。

* 情趣高雅，不以低级趣味为乐。

▶ 三、名言警句

◆ 如果爱是一种力量，那音乐是一种动力。

◆ 让我把欢乐注进音乐，为的是让全世界感到快乐。

◆ 音乐是一种自由的、生气勃勃的艺术，一种充满新鲜空气的艺术。

◆ 音乐应当使人类的精神爆出火花。

◆ 真正的音乐——那是心灵的语言。

◆ 舞蹈是脚步的诗歌。

◆ 美是到处都有的。对于我们的眼睛，不是缺少美，而是缺少发现。

◆ 美是善的另一种形式。

◆ 最能直接打动心灵的还是美。

◆ 美就是真，真就是美。

◆ 美具有引人向善的作用和力量。

◆ 人的一切都应是美的，外貌、衣裳、灵魂、思想。

◆ 艺术是一种享受，是一切享受中最迷人的享受。

◆ 艺术不是技艺，它是艺术家体验了的情感的传达。

◆ 艺术给我们插上翅膀,把我们带到很远很远的地方。

◆ 音乐是人生的艺术。

◆ 艺术的真正意义在于使人幸福,使人得到鼓舞和力量。

◆ 没有人在乎你跳得好不好。只要跳起来就行!伟大的舞者并不因为技术而伟大,是因为激情而伟大!

◆ 音乐可以称作是人类的万能语言,人类的感情用这种语言能够像任何心灵说话和被一切人理解。

◆ 歌唱吧,没有歌唱就没有生命,就像没有太阳就没有生命一样!

◆ 艺术使自然更完善。

◆ 你可以从外表的美来评论一朵花或一只蝴蝶,但你不能这样来评价一个人。

◆ 人不并是因为美丽才可爱,而是因为可爱才美丽。

◆ 美高于善,善胜过丑。

◆ 人应当一切都美。包括容貌、服装、心灵和思想。

◆ 美的形象是丰富多彩的,而美也是到处出现的。人类本性中就有普遍的爱美的要求。

◆ 美,是道德纯洁、精神丰富、体魄健全的强大源泉。

◆ 一切精美的东西都有其深沉的内涵。

◆ 社会的进步,就是人类对美的追求的结晶。

◆ 人的外表的优美和纯洁,应是内心的优美和纯洁的表现。

▶ 四、参考故事

爱美的小花猫

从前,有只漂亮的小花猫,名字叫贝贝。贝贝有一根长长的胡须,捉老鼠的时候,它总是帮量老鼠洞的长。如果它的胡须能伸进老鼠洞,就说明它能进去,如果伸不到,就说明进不去,因为小花猫的胡须和身体是一样宽。

有一天,小花猫贝贝遇到了小鸭子。小鸭子说:“小花猫,你的胡须多难看呀!你看我,多漂亮!”小花猫听了心里难受极了,连忙跑去理发店,对埋发师说:“师傅,我想把我的胡须剪掉。”于是,胡须被理发师一把剪掉了。小花猫走出理发店,心想:这下看你们怎么说我。这时,一只老鼠从它面前一溜就进洞了。小花猫一见,马上就追到了老鼠洞前,然后不管三七二十一就向洞口冲去。“砰!”只见它的脸被撞得一块青一块紫。老鼠没抓到,小花猫灰溜溜地回到了家。

一回家,猫妈妈看到小花猫成了这个样子,就问:“孩子,你怎么弄成这个样子?”“我把胡须剪掉了。”“天哪!你怎么把胡须给剪掉了啊?”猫妈妈尖叫起来。“我觉得胡须好丑的,就把它剪掉了。”小花猫小声地说。“孩子,你别看胡须很丑,但是它对我们猫来说作用可大了。孩子，外表好看的东西不一定有用，而外表难看的东西对你却有很大的帮助哦。”小花猫难过地点点头，哎，爱美这东西有时也害人啊！

阳光琴弦

在我家附近，有一片红树林。

每天早晨，当太阳升起的时候，阳光就穿过红树林的枝叶，一束束阳光就像一根根闪光的琴弦，像谁一碰，就会发出叮叮咚咚的声响。

红树林里的鸟儿都醒了，只有一只叫唧唧的小鸟还在睡梦中。

鸟儿的歌声也不能让他醒来。它已经习惯了在歌声中睡觉了。

“唉，我这只懒惰的唧唧啊，怎样才能让你早点起床啊！”鸟妈妈一边叹息着一边说。

这时候，只见七只红嘴鹦鹉跳上阳光琴弦：“叮咚——叮咚——叮咚！”

他们在琴弦上不停地跳来跳去，像弹奏着一曲早晨歌。

红树林里的鸟儿们都飞上阳光琴弦，用它们灵巧的爪、尖尖的喙弹奏起来了。

睡梦中的唧唧听见了，好像听见了露珠滴在花瓣上，好像听见了雨滴在房檐下摇铃；好像听见了从遥远的天边传来最动听的音乐。

它在琴声中睁开了眼睛，张开了翅膀，也飞上了阳光琴弦，加入了悦耳的合奏。

鸟妈妈说：“早晨的阳光最美丽，阳光的琴弦最动听。”

唧唧说：“我知道了，我要弹奏一支乐曲献给每一个早晨！”

从此，红树林里没有睡懒觉的小鸟了。

红树林里的晨曲飘得很远很远，一直飘进我的窗口，我就在晨曲中醒来。

彩虹的颜色

画笔的小主人想要带一支最漂亮的笔去学校，可是哪一支笔最漂亮呢？它们就为这个问题吵了起来。

“我觉得我的颜色最美。”蓝颜色的画笔说，“那是大海和天空的颜色，只要你们亲眼看到蓝色的大海和天空，就一定会同意我的话。”红颜色的画笔就不同意了，它说：“我最喜欢红色，因为它最艳丽，只要你们亲眼看到了红色的晚霞和花朵，就一定会同意我的话。”“不对！还是绿色最美。”绿色的画笔激动地反驳说：“因为绿色是小草和大树的颜色，如果你们亲眼看到了小草和大树，就一定会同意我的话。”

就这样，画笔们吵来吵去，谁也说服不了谁，因为它们谁也没有见过外面的世界。幸运的是画笔的小主人决定带它们一起去学校，画笔们心想：哎呀，这下有机会去看看外面的世界了！终于能比个高低了。

蓝色的画笔终于看到了蓝色的天空，红色的画笔终于看到了红色的花朵，绿色的画笔终于看到了绿色的小草。其他的画笔也找了和自己一样的颜色。

正当它们兴奋争论的时候，天忽然暗了下来，一阵狂风刮过，只听电闪雷鸣下起了暴风雨，于是画笔们赶紧躲了起来。不一会儿，雨停了，天边出现了一道美丽的彩虹，所有的画笔都惊讶地说："这就是传说中的彩虹么？简直太美了，而且它还是由各种各样的颜色组成的呢！"

就这样，画笔们再也不去争论谁最美这个问题了，它们还在一起画了一个美丽的彩虹桥呢！

月 光 曲

两百多年前，德国有个音乐家叫贝多芬，他谱写了许多著名的曲子。其中有一首著名的钢琴曲叫《月光曲》，传说是这样谱成的。

有一年秋天，贝多芬去各地旅行演出，来到莱茵河畔的一个小镇上。一天夜晚，他在幽静的小路上散步，听到断断续续的钢琴声从一所茅屋里传出来，弹的正是他的曲子。

贝多芬走近茅屋，琴声突然停了，屋子里有人在谈话。一个姑娘说："这首曲子多难弹啊！我只听别人弹过几遍，总是记不住该怎样弹，要是能听一听贝多芬自己是怎样弹的，那有多好啊！"一个男子说："是啊，可是音乐会的入场券太贵了，咱们又太穷。"姑娘说："哥哥，你别难过，我不过随便说说罢了。"

贝多芬听到这里，推开门，轻轻地走了进去。茅屋里点着一支蜡烛。在微弱的烛光下，男子正在做皮鞋。窗前有架旧钢琴，前面坐着个十六七岁的姑娘，脸很清秀，可是眼睛失明了。

皮鞋匠看见进来了一个陌生人，站起来问："先生，您找谁？走错门了吧？"贝多芬说："不，我是来弹一首曲子给这位姑娘听的。"

姑娘连忙站起来让座。贝多芬坐在钢琴前面，弹起盲姑娘刚才弹的那首曲子。盲姑娘听得入了神，一曲弹完，她激动地说："弹得多纯熟啊！感情多深哪！您，您就是贝多芬先生吧？"

贝多芬没有回答，他问盲姑娘："您爱听吗？我再给您弹一首吧。"

一阵风把蜡烛吹灭了。月光照进窗子来，茅屋里的一切好像披上了银纱，显得格外清幽。贝多芬望了望站在他身旁的兄妹俩，借着清幽的月光，按响了琴键。

鞋匠静静地听着。他好像面对着大海，月亮正从水天相接的地方升起来。微波粼粼的海面上，霎时间洒满了银光。月亮越升越高，穿过一缕一缕轻纱似的微云。忽然，海面上刮起了大风，卷起了巨浪。被月光照得雪亮的浪花，一个连一个朝着岸边涌过来……皮鞋匠看看妹妹，月光正照在她那恬静的脸上，照着她睁得大大的眼睛，她仿佛也看到了，看到了她从来没有看到过的景象，月光照耀下的波涛汹涌的大海。

兄妹俩被美妙的琴声陶醉了。等他们缓过神来，贝多芬早已离开了茅屋。他飞奔回客店，花了一夜工夫，把刚才弹的曲子——《月光曲》记录了下来。

全神贯注

法国大雕塑家罗丹邀请奥地利作家斯蒂芬·茨威格到他家里做客。饭后，罗丹带着这位挚友参观他的工作室。走到一座刚刚完成的塑像前，罗丹掀开搭在上面的湿布，露出一座仪态端庄的女像。茨威格不禁拍手叫好，他向罗丹祝贺，祝贺又一件杰作的诞生。罗丹仔细端详一阵，却皱着眉头，说："啊！不，还有毛病……左肩偏了点儿，脸上……对不起，请等一等。"他立刻拿起抹刀，修改起来。

茨威格怕打扰雕塑家工作，悄悄地站在一边。只见罗丹一会儿上前，一会儿后退，嘴里叽里咕噜的，好像跟谁在说悄悄话；忽然眼睛闪着异样的光，似乎在跟谁激烈地争吵。他把地板踩得吱吱响，手不停地挥动……一刻钟过去了，半小时过去了，罗丹越干越有劲，情绪更加激动了。他像喝醉了酒一样，整个世界对他来讲好像已经消失了——大约过了一个小时，罗丹才停下来，对着女像痴痴地微笑，然后轻轻地吁了口气，重新把湿布披在塑像上。

茨威格见罗丹工作完了，走上前去准备同他交谈。罗丹径自走出门去，随手拉上门准备上锁。

茨威格莫名其妙，赶忙叫住罗丹："喂！亲爱的朋友，你怎么啦？我还在屋子里呢！"罗丹这才猛然想起他的客人来，他推开门，很抱歉地对茨威格说："哎哟！你看我，简直把你忘记了。对不起，请不要见怪。"

茨威格对这件事有很深的感触。他后来回忆说："那一天下午，我在罗丹工作室里学到的，比我多年在学校里学到的还要多。因为从那时起，我知道人类的一切工作，如果值得去做，而且要做得好，就应该全神贯注。"

推荐阅读

1.《是谁唤醒了春姑娘》
2.《彩虹色的花》
3.《花婆婆》
4.《经典音乐绘本全集》
5.《LOOK》系列绘本
6.《唤醒春天——七耳兔寻找乐器之王》
7.《温迪嬷嬷讲述·绘画的故事》
8.《艺术的故事》

▶ 五、活动方案

方案一:让我们学会表演

【活动目标】

1. 通过活动,萌发幼儿对美的感受和体验,丰富其想象力和创造力。

2. 引导幼儿学会用心灵去感受和发现美,用自己的方式去表现美和创造美。

3. 引领全园师生家长共同品味艺术的魅力,分享艺术的乐趣,充分展示艺术教育的丰硕成果。

【活动对象】

全园师生家长。

【活动准备】

1. 幼儿和家长熟悉蜘蛛侠、钢铁侠、变形金刚、唐老鸭、机器猫、白雪公主等卡通形象,对化装舞会有一定的了解。

2. 花环、纱巾、彩带、化妆用品等辅助材料。

3. 制作面具的各色卡纸、荧光笔、橡皮筋、剪刀等其他美工材料。

4. 音乐、音响、儿童节礼物。

【活动过程】

1. 律动模仿:雨中舞。

(1)热身运动:小雨滴。

师:我们一起来做个小雨滴的游戏。(手指游戏)

(2)看动画:老师带来了两段动画,幼儿观看。你看到了什么?你怎么看出是大雨还是小雨呢?

(3)动画里的雨在下,可他们没有好听的声音,你们想个办法给他们配上好听的声音,出示听雨盒和塑料纸。

①分发给每个幼儿一个道具,当我们看到下小雨的动画,就让你手里的东西发出下小雨的声音,看到下大雨的动画就发出下大雨的声音。

②你是怎么发出下大雨的声音的?怎么来表示下小雨呢?

③请个别幼儿演示大雨和小雨的不同声音,让其他幼儿猜。

④教师不断更换 FLASH 画面,幼儿配合发出不同大小的声音。

(4)情景表演:下雨啦。

①我们小朋友也来做雨点宝宝,想想,下大雨的时候雨点宝宝是怎么跳的,到地面上怎么样的?播放强烈的音乐。

问:你这个雨点宝宝是怎么跳的?为什么要这样跳?请小朋友模仿他的动作。

②雨慢慢下得小了,现在雨点宝宝怎么跳舞了?

幼儿跳，教师播放柔和的音乐。

问：你是怎么跳的？为什么要这样跳？请个别幼儿示范，其他幼儿模仿。教师切换不同的音乐，幼儿用肢体语言来表现。

③雨点宝宝跳舞跳得累了，要回去休息了，和大家说再见。瞧我们多神气，看我们的动作多漂亮，像不像活泼可爱的雨点宝宝？

2. 爱睡觉的加菲猫。

(1)复习组合，激发表演情绪。

师：今天，我们这儿来了许多的客人老师，让我们一起听着音乐跳个舞来表示对他们的欢迎。

幼儿复习舞蹈组合。

(2)观察发现，探索模仿动作。

师：你们优美的舞蹈动作引来了小花猫的一位朋友，猜猜会是谁呢？(出示加菲猫)

师：你看到的加菲猫有什么特点？谁愿意用动作来模仿一下加菲猫胖乎乎的样子。

师：加菲猫为什么会这么胖呢？到底是不是这些原因呢？让我们听听音乐里是怎么说的。

师：看，到现在它还在打瞌睡呢！谁愿意来学一下它打瞌睡的样子？

(3)播放音乐、完整欣赏。

师：刚刚小朋友模仿得可真棒，老师把小朋友模范的这些动作串联了起来，看看老师是怎样来模仿这只爱睡觉的加菲猫的。

师：老师模仿得怎么样？你最喜欢老师跳的哪个动作？

(4)共同探讨、模仿加菲猫舞蹈动作。

①探讨打瞌睡、伸懒腰、打哈欠的动作要领。

师：你喜欢哪个动作？加菲猫在打瞌睡的时候，小腰有什么变化呢？谁愿意试试用提腰、松腰的方式来打瞌睡？

②跟音乐分段模仿。

(5)集体表演，体验舞蹈快乐。

①播放音乐，整体有节奏地表演。

②变换队形，有表情地表演。

③放松活动，愉快结束。

3. 趣味舞蹈：三只小熊。

(1)观看动画，引发兴趣。

师：小朋友们，今天小熊一家请我们到他们家做客，你们想不想去呀？(播放《郊游》背景音乐，带着小朋友走着欢快的垫步步伐手拉手侧步进场。)

师:咦!小朋友,你们看这是到哪儿啦?噢!这是大森林,小熊的家就住在大森林里,你们看,这儿有什么?噢!有房子,看样子这是谁的家呀?你们猜一猜,我们一起来看看这究竟是谁的家。(出现"小熊的家"字样)噢!原来真是小熊的家。那你们再猜一猜,小熊的家里会有谁呢?幼儿自由说一下。

师:依次出示小熊图片,让幼儿认识小熊一家人,并用动作模仿出来。

①边看课件边提问:这是谁呀?熊爸爸是什么样子的呢?

②哪位小朋友用动作来做给我们大家看一看呢?

③师:这又是谁呢?熊妈妈长的是什么样子啊?

④把熊妈妈的样子用动作表现出来,谁来?

⑤这最后一位是谁?熊宝宝真可爱,谁来做一做熊宝宝可爱的样子呢?

⑥真棒!我们一起来模仿一下这些动作,好不好?

小结:小朋友们编的动作可真漂亮!原来小熊的一家有三口人,小朋友跟我一起说,有谁呀?小熊一家有三口人,有熊爸爸、熊妈妈还有小熊,熊爸爸胖胖的,熊妈妈很苗条,还有小熊很可爱。

(2)欣赏音乐、理解音乐。

师:小熊的一家见到我们小朋友,可高兴了,还给我们准备了一首好听的音乐,你们想不想听?幼儿欣赏音乐。

问:有没有小朋友听懂里面唱了什么呀?这是一首韩国歌曲,它讲了三只小熊住在一间房子里,有熊爸爸、熊妈妈、小熊,熊爸爸胖胖的,熊妈妈很苗条,小熊很可爱,一天一天在长大。

师:噢!原来这么好听的音乐里,还有一个好听的故事,我们小朋友一边讲故事,一边再听一遍音乐,好不好?小朋友们听了这个音乐,你们想干什么呢?(跳舞)

生:跳舞。

小结:小朋友们刚才跳得真棒!老师听了这么好听的音乐也想跳舞,你们想看我跳舞吗?引出舞蹈《三只小熊》。

(3)欣赏模仿舞蹈动作。

①播放音乐,教师跳舞蹈,幼儿欣赏。提醒幼儿要仔细看,看看你觉得老师的哪些动作做得好的。

②幼儿欣赏后,教师提问。

师:刚才老师跳的舞中你觉得哪些动作做得好呀?展示给我们看一下。(请几名幼儿模仿)

小结:刚才几位小朋友跳的感觉真好,那你们是不是都觉得老师跳的舞蹈不错呀?想不想学一学?

(4)引导幼儿学习舞蹈。

①师边说歌词边分解动作,幼儿齐练动作。

②重点指导幼儿练习脚尖后点地的动作。

③全体幼儿随音乐,完整地表演舞蹈。

④预设情境让幼儿分组表演舞蹈。

(5)幼儿随音乐出教室。

刚才小熊一家欣赏了我们跳的舞,夸我们都是能干聪明的好孩子,我们小朋友开心吗?(开心)那我们跟小熊再见,我们回家。小熊再见!(随《郊游》音乐出教室。)

【活动评价】

小班幼儿发展水平评价表

评价内容	评价要求	评价结果		
		自我评价	教师评价	家长评价
参与态度	1.有浓厚的学习兴趣,喜欢思考,乐意发言。(优秀) 2.有学习兴趣,能发表自己的看法。(良好) 3.在老师引导下学习和举手发言。(再努力)			
艺术表现	1.动作合拍,节奏感强,乐意主动表现乐曲。(优秀) 2.能随音乐愉快地做动作,知道感应节奏。(良好) 3.在老师的提醒下做模仿动作。(再努力)			
审美感受	1.主动倾听,体验表演的快乐。(优秀) 2.知道倾听,感受音乐。(良好) 3.能在教师引导下参与活动。(再努力)			
想象创造	1.能准确把握歌曲的旋律、节奏,吐字清晰。(优秀) 2.能较准确地表演。(良好) 3.乐曲旋律和节拍把握不够准确。(再努力)			

中班幼儿发展水平评价表

评价内容	评价要求	评价结果		
		自我评价	教师评价	家长评价
参与态度	1. 有浓厚的表演兴趣,喜欢思考,积极表现;能与同伴合作。(优秀) 2. 有学习兴趣,能发表自己的看法;愿意尝试与同伴合作(良好) 3. 在老师引导下学习和举手发言;合作意识弱。(再努力)			
艺术表现	1. 学会用动作表现音乐的结构、形象等,并根据情节的变化交替变换动作。(优秀) 2. 能随情节愉快地表现,知道感应节奏。(良好) 3. 会在音乐的伴奏下模仿同伴动作。(再努力)			
审美感受	1. 学习用多种方式表现自己的感受。(优秀) 2. 知道欣赏,感受音乐。(良好) 3. 能在教师引导下或是同伴的带动下参与活动。(再努力)			
想象创造	1. 能准确把握乐曲的旋律、节奏,探索用身体动作表现歌词内容。(优秀) 2. 能较准确地表演。(良好) 3. 乐曲旋律和节拍把握不够准确。(再努力)			

大班幼儿发展水平评价表

评价内容	评价要求	评价结果		
		自我评价	教师评价	家长评价
参与态度	1.有浓厚的表演兴趣,喜欢思考,积极表现;能主动与同伴合作。(优秀) 2.有学习兴趣,能大胆发表自己的看法;愿意与同伴合作(良好) 3.在老师引导下学习和举手发言。(再努力)			
艺术表现	1.感受不同情节、不同情绪,能有表情地、创造性地表现角色的特点。(优秀) 2.能在教师的引导下感受不同的风格,能愉快地表现。(良好) 3.在教师的帮助下简单表现。(再努力)			
审美感受	1.主动欣赏,感受内在的情绪。并创造性地表达。(优秀) 2.知道欣赏,在教师的帮助下感受内在情绪并加以表现,能愉快地参与表演活动。(良好) 3.能在教师引导下或是同伴的带动下参与活动。(再努力)			
想象创造	1.在欣赏的基础上,能想象并创编出与情节相匹配的动作和表情。有协调优美的表现。(优秀) 2.在与同伴的协作中创编出协调、优美的动作和表情。(良好) 3.能跟着同伴想象并创编出简单的动作。(再努力)			

【活动说明】

其实,人的一生就是从婴幼儿时期"咿呀"的歌唱开始的,儿童本来就是音乐的精灵、表演的天使。培养幼儿学习表演的活动方式很多,可根据学校、班级的实际,开展丰富多彩、扎实有效的活动。以下行动也是不错的选择。

1."每日一舞"。每班每天晨间室内活动坚持音乐舞蹈伴随孩子,继续开展班级晨间"每日一舞"活动;年级组进行晨间"每日一舞"观摩活动,并推选一个班级参加幼儿园的"每日一舞"展演。每班每月坚持学习一个集体舞,鼓励家长和孩子一起来舞蹈,在家庭中开展"每日一舞"活动。

2.每周一赏。每班每周坚持开展舞蹈特色活动,让所有孩子都愿意快乐地跳舞。

3.庆"六一"暨家长开放半日活动。"六一"是孩子们期盼已久的节日,把快乐、欢笑、温馨、童趣带给每一个孩子是我们的共同心愿。为了让孩子们度过一个愉快而有意义的节日,我们可以组织"庆六一"亲子同乐会,进一步增进亲子感情,促进家园共育。

4."夏之歌"幼儿歌唱比赛(中班组)。以班级为单位学唱歌曲;每班编排2—3首歌曲参加中班组"夏之歌"幼儿歌唱比赛。

5."品味艺术、编织锦绣"大班毕业汇报演出活动。制订"品味艺术、编织锦绣"大班毕业汇报演出活动方案;明确各班节目内容和形式,精心编排节目;向家长、社区开放,展示表演成果。

方案二:小眼睛看四季

【活动目标】

1.发现春夏秋冬的景,感受不同季节的美。

2.学唱关于四季的歌曲,欣赏名画,了解四季的美可以用不同的形式表现。

3.尝试通过绘画、摄影的方式感受美,培养审美情趣。

【活动对象】

小学一、二年级学生。

【活动准备】

分组、学习摄影、准备名画。

【活动过程】

1.小眼睛看春天。

(1)赏校园。以小组为行动组,自由畅游校园。每小组选择三处以上校园景点,通过绘画或摄影记录下来。

(2)赏金花。集体欣赏油菜花,通过绘画或摄影记录美景。

(3)学生在小组内分享所见、所感、所想,并推选出一名小导游。

(4)在班级举行“小眼睛看春天”绘画或摄影作品展览，请小导游讲解。

(5)学唱歌曲《春天在哪里》。

(6)欣赏名画：油画《春天》，俄罗斯画家弗拉基米尔·尤京绘。

2. 小眼睛看夏天。

(1)赏荷塘或田野。集体欣赏荷塘或田野，通过绘画或摄影记录美景。

(2)赏昆虫。在校园里，或在父母的陪伴下，在自家附近花草丛中观察昆虫，倾听虫鸣，用摄影、视频或绘画的方式记录。

(3)学生在小组内分享所见、所感、所想，并推选出一名小导游。

(4)在班级举行“小眼睛看夏天”绘画或摄影作品展览，请小导游讲解。

(5)学唱歌曲《虫儿飞》。

(6)欣赏名画：中国画《大树》，中国画家傅抱石绘；油画《睡莲》，法国画家莫奈绘。

3. 小眼睛看秋天。

(1)赏果园或田野。集体欣赏果园或田野，通过绘画或摄影记录美景。

(2)赏落叶。收集落叶，仔细观察，发挥想象，拼贴成画。

(3)学生在小组内分享所见、所感、所想，并推选出一名小导游。

(4)在班级举行“小眼睛看秋天”绘画或摄影作品展览，请小导游讲解。

(5)学唱歌曲《秋风起来了》。

(6)欣赏名画：油画《向日葵》，荷兰画家梵高绘；油画《拾麦穗的女人》，法国画家布雷东绘。

4. 小眼睛看冬天。

(1)赏雪景或雪景视频。集体欣赏雪景或雪景视频，通过绘画或摄影记录美景，也可以写一段话描述雪景。

(2)赏冬衣。以小组为单位参加班级“缤纷冬衣”秀活动，展示自己最美的服装。

(3)学生在小组内分享所见、所感、所想，并推选出一名讲解员。

(4)在班级举行“小眼睛看冬天”绘画或摄影作品展览，请讲解员讲解。

(5)学唱歌曲《踏雪寻梅》《小雪花》《冬妈妈和麦苗苗》。

(6)欣赏名画：油画《喜鹊》，法国画家莫奈绘。

【活动评价】

本活动是开放式的，可以根据实际情况选择最能体现四季特点的景物欣赏，开展孩子们喜闻乐见的活动，引领儿童感受四季的美，培养审美情趣。建议充分挖掘家长资源，带孩子充分感受田野的美，培养儿童热爱大自然的感情。

1. 将最喜欢的一个季节用喜欢的方式展示分享，可以画，可以唱，也可以跳舞。

2. 评出“四季小画家”“四季小百灵”“四季舞蹈家”。

方案三:寻找家乡的美丽印记——走近蓝印花布

【活动目标】

1.通过对蓝印花布的历史起源的了解,实物、图例的欣赏,品味其艺术价值和文化价值,增强学生对蓝印花布的认识和了解。

2.尝试创作设计蓝印花布,感受其蓝白之美,体验设计创作的乐趣,培养学生的创新能力和团队合作能力。

3.参观蓝印花布艺术馆,了解蓝印花布的制作方法,尝试进行简单的扎染,感受扎染的乐趣。

4.引导学生主动开展调查研究,体验课题探究的过程与方法,初步具有发现问题,筛选、探究的能力。

【活动对象】

小学三、四年级学生。

【活动准备】

1.收集蓝印花布工艺品。

2.调查研究蓝印花布的历史渊源。

【活动过程】

1.准备阶段,注入"源头活水"。

围绕主题给学生制订活动单,让他们思考以下几个问题:

(1)你见过蓝印花布吗?在哪里见过?

(2)蓝印花布的历史渊源、产地你知道吗?

(3)蓝印花布的色彩如何?带给你什么感受?

(4)蓝印花布的纹样有什么寓意吗?

教师让学生回家后上网检索资料,也可和家人讨论,甚至接触蓝印花布实物,由此获得对于欣赏主题的感性认识和初步的理性判断。

2."雅趣"环节,步步走近花布。

环节一:"蓝印花布博物馆":

(1)创设:师生动手将教室布置成一个类似于蓝印花布的小博物馆,白墙上贴上蓝印花布的壁挂,教室一角的栏杆上挂满大块的蓝印花布(模拟晒布的现场),讲台铺上蓝印花布桌布,花瓶里插上蓝印花布制作的花朵……

(2)欣赏:学生一走进教室,都不免被这样的情境震撼和吸引,如此特别的蓝与白的世界,雅致又宁静,完全调动其感官机能。

环节二:"'蓝'从哪里来":

(1)分享:师生一起交流探讨蓝印花布的历史。在靛蓝颜料上追本溯源,这种古老的印染艺术传承到现在，汇聚了中国人民的生活智慧，普通的白棉土布和靛蓝颜料制成蓝印花布。

(2)探究：那么，这种神奇的“蓝”色又是从哪里来的呢？引发学生追根究底的好奇心，让学生通过查阅资料等方式了解古人从大自然的蓝草植物中提取靛蓝颜料的过程。

(3)感悟：让学生体会大自然是一座取之不尽，用之不竭的宝藏，给予人类的馈赠神奇而又无穷尽。

环节三：“模拟小染缸”：

(1)了解：“染色”是蓝印花布制作的重要一环，将靛蓝颜料放进染缸加水调和，然后将刮上浆的坯布放入染缸浸染。(录像)

(2)模拟：为了让学生加深印象，教师准备一个小缸，里面调好靛蓝颜料，事先在宣纸上用白色油画棒画好图案。模拟小染缸实验时，师生一起将画有图案的宣纸浸入染缸，然后提起。这时宣纸变成蓝色，而白色的花纹显现了出来，直观又简单地演示了浸染的过程。让学生参与体验，很好地理解蓝印花布印染工艺。

3.动手尝试，“美”在心间绽放。

(1)学生收集蓝印画图图案。

(2)师生共赏“蓝白之美”。

(3)学生尝试自制蓝印花布图案。

材料：修正液或白色油画棒、蓝色或白色卡纸。

(4)“蓝印花布”设计比赛。

学生拿着自己的作品，在教室里进行展览，同时要介绍自己设计图案的含义，对获奖学生给予一定奖励，调动学生参与的积极性。

4.活动延伸，“美”将永无止境。

设计一个关于“蓝印花布”的主题班会，从蓝印花布的历史、文化价值等展开，让学生再次系统了解蓝印花布。再从蓝印花布的今昔对比中引申出对蓝印花布现状的思考，激发学生对民间艺术的重视。鼓励学生去发现、研究其他民间艺术品，提高自己的鉴赏能力。

【评价说明】

苏霍姆林斯基认为：“要使艺术珍品成为少年们的精神需求，使他们努力用最感到幸福、最生气勃勃的心灵劳动——接触美的东西——爱充实自己的空余时间。”民间艺术品蕴含着一种生活方式和精神，同时，也孕育着独特的审美情趣和气质。蓝印花布的纹样图案都来自于民间，反映了百姓的喜闻乐见，寄托着他们对美满生活的向往和朴素的审美情趣。在题材和内容上，老百姓那种健康和质朴的心灵，都在民间蓝印花布上得到了形式和内容上的完美统一。简单、原始的蓝白两色，创造出一个淳朴自然、千变万化、绚丽多姿的蓝白艺术世界，蓝印花布确实真实地反映了一种深厚的文化和艺术积淀。所以,在活动中,我们要有意识地将人文的内涵和民间美术中人文的关怀,在潜移默化中带进学生的内心世界,让孩子了解什么是真正的蓝印花布,更体会到这其中的蓝白之美。当然,如"蓝印花布"之类的民间艺术品很多,我们可以根据不同地域的资源开展类似的活动,培养孩子们用自己的心灵与双手去发现美、感悟美、创造美!

附:

活动评价表

姓名		课题名称		小组名称	
自我评价	表现				
	任务及完成情况				
	收获	(从对蓝印花布的了解、欣赏、制作等方面自我评价)			
他人评价	同学评价				
	教师评价				

方案四:我的舞台我做主

【活动目标】

1. 以校园戏剧节为契机,使学生了解戏剧表演的丰富形式,学习运用身体语言表达情绪,塑造人物形象,展开故事情节,呈现剧情冲突。

2. 认识戏剧表演的相关要素(剧本编排、表演形式、服装设计、道具准备、音乐选择等),主动参与舞台秀的各项准备。

3. 提供表演舞台,鼓励学生创编、排演经典戏剧,表现人与人、人与社会、人与自然的各种问题。

4. 在表演过程中,形成规则与角色意识,激发创造力,培养交往能力、合作能力、想象能力、美的表现力,养成尊重、分享等品质,从中获得愉悦体验。

【活动对象】

小学五、六年级学生。

【活动准备】

1. 收集小学生教育戏剧优秀剧目视频。

2. 各班选择一个经典故事认真阅读与赏析。

【活动过程】

1. 了解戏剧表演。

(1)观看小学生教育戏剧优秀剧目,交流这些戏剧带给自己的收获。

(2)阅读经典剧本,赏析故事的典型意义,了解戏剧表演的相关要求。

高年级具体要求:①能运用声音、肢体做创造性表现;②能灵活运用多种样式说故事,并进行评价;③能运用日常生活中的材料,设计、制作人物造型、舞台道具,能合作创作剧本及呈现。

(3)从日常学习生活中发现素材,共同创编可供表演的故事剧本,并根据表达的主题进行修改。

2. 体验戏剧表演。

(1)人人都是小演员。

①根据剧本内容确定学生表演的角色,可以是人物,也可以是景物。

②邀请老师担任表演顾问,定时给予指导。

③反复练习所演角色的语言、动作、神态,与角色所要表达的情感融为一体。

(2)服装道具我设计。

①比较不同剧目中不同人物的着装风格,懂得服装与身份、年龄、职业有关。

②根据表演内容确定服装特色,自主搭配或设计。

③发现某些道具的特殊意义,学习制作道具的特殊方法。

④尝试制作能为剧情发展发挥作用的道具。

(3)海报宣传有创意。

①收集戏剧表演的创意海报,欣赏其传递表演内容的艺术化手法。

②根据表演内容自主设计海报,并张贴于宣传栏。

③组织评比出最有创意的海报。

(4)音乐渲染助表演。

①欣赏影视剧中的背景音乐,感受音乐对气氛渲染、情感表达的辅助作用。

②了解背景音乐的大致风格,收集并分类,选择运用。

③根据剧情确定合适的背景音乐,尝试配乐表演。

3. 展示戏剧表演。

(1)举行校园戏剧节,发动学生设计戏剧节标志,制作表演节目单。

(2)各年级向全校师生进行戏剧表演,并邀请家长观摩。

(3)设立等级奖,同时评选出最佳编剧奖、最佳表演奖、最佳音效奖、最佳服装奖、最佳宣传奖等。

4.分享表演收获。

(1)根据表演经历记录成长故事,与同学交流分享。

(2)用访谈形式邀请获奖同学讲述戏剧表演带给自己的变化。

(3)把爱好摄影的学生抓拍的表演花絮布置于学校橱窗,定格精彩瞬间。

【评价说明】

通过设计"我的舞台我做主"这一活动,给学生提供了展示自我的平台。本活动重点指导学生用戏剧表演的形式,呈现自我对美的理解与表达。戏剧表演是集音乐、美术、语言、形体等艺术于一体的综合艺术,学生在参与戏剧表演的过程中能多途径地诠释自己对美的认知,从中找到最适合自己表达对生活理解的某一方式。因而围绕一个剧目参与其中的是整个班级的学生,每个孩子都在表演中获得艺术体验,学会沟通合作,得到人格培塑。生活中各种美的表现形式十分丰富,戏剧表演只是其中之一,在教育教学过程中,我们还可以提供活动途径帮助学生表达对美的认知与感悟。如:

1."我理想的居住环境"设计活动:

(1)描述各自心中的"理想的居住环境"。

(2)介绍自己所居住的小区环境现状。

(3)采访小区建筑商,了解该小区环境设计的相关意图。

(4)采用文字描述、绘画表现、图纸设计等方式介绍心中的理想居住环境。

(4)投票选出最适宜居住的"理想的居住环境"。

2."我会做图书"设计活动:

(1)根据日常学习生活创编一个能给予同伴启迪的故事。

(2)了解图书设计的步骤。

(3)学习设计图书封面及封底。

(4)根据故事内容设计插图。

(5)开展"我喜爱的手绘书"活动,入选书目作展览。

3."庆六一"森林音乐会:

(1)森林音乐会情境创设:

美术老师带领学生在6月1日前将体育馆装扮成美丽的神秘的大森林,全体师生化身为大森林中的一员,或是天上飞的鸟儿,或是地上奔跑的小鹿,或是森林中的一株小草,亦或是天上的白云。我们将在"大森林"中歌唱、舞蹈,共同欢度佳节。

(2)以班级为单位,每班演唱两首歌曲,曲目自选,一首是书本上的,一首可以是课外的歌曲,中高年级可以演唱健康、积极向上的流行歌曲。形式活泼,可以用歌舞、器乐伴奏等。

(3)每个孩子都参加表演,队形可根据歌曲需求进行创新,演唱时要精神饱满，面带微笑，用录音伴奏，可以设置一名小指挥。

(4)各班主任邀请家长志愿者参与欢度佳节音乐会的表演。

(5)每班要求服装统一，简妆上台。

(6)各班提前 2 个节目候场，候场时和上下场要注意纪律和安全，上下台要昂首挺胸，注意舞台形象。

(7)各年级安排两个主持人(学生)，由年级主任负责指定。

▶ 六、活动体会

在缪斯女神的光辉之下

我执教六年级艺术课《爱》时进行名曲名画欣赏。教学中，这个抱着鸽子，站在彩色皮球旁的孩子，以清澈的眼神，嘴角的浅笑，把我和孩子们带入恬静、安宁的世界。如梦如幻的钢琴曲则一次又一次把我们带入充满爱意的、温馨的氛围中。这正是名曲名画带来的妙不可言的审美体验。

我对名曲名画的深入认识，就是从《爱》这一课开始的。《抱鸽子的孩子》是著名画家毕加索的油画作品。最初接触这幅画，画中那个穿着白裙的孩子，手里托着心爱的白鸽，充满希望的神情深深震撼了我。鸽子是和平的象征，而艺术和生命、生活是血肉相连的。于是，我有了一种把它介绍给孩子欣赏的冲动。

我查阅了很多资料，画作关键词是“爱”。课堂上，我带领孩子们从毕加索“蓝色时期”的画作风格、创作思想入手解读这幅画。在交流与碰撞中，孩子们说出了画作最本质的意义——关于和平、关于生命。但我总感觉这种解读还嫌单薄、苍白。反复品味画面的色彩、构图，每一个细微处都饱含着深情，融注着真善美的旋律。我的头脑中不禁叠加起李斯特的著名钢琴曲《爱之梦》，它同样散发着人性的光辉。一个大胆的想法在我心中升腾，如果把这幅名画和这首名曲的欣赏融为一体，那孩子的感悟一定会更深入。第二周的艺术课上，我再次进行了尝试。教室里流淌起的生命律动，孩子们眼里兴奋的光芒让我油然而生一种触动，这样的名曲名画欣赏正是孩子艺术精神成长的根基，是生命历程中不可或缺的宝贵的精神财富。

反观当下的艺术课堂，对知识、技能的过分关注，使艺术教学本该拥有的气质和气度，一点点剥落、丧失。由此，让学生感悟名曲名画的神奇魅力，并从中受到启蒙也就成了本课教学及之后关注的重点。于是，我们查找资料，整合资源，构建了“百首名曲”和“百幅名画”的课程体系。“双百课程”，让学生在经典艺术作品的熏染之下，生长出艺术的灵性。

2005 年，我们开始着手建设戏剧课程。三年级音乐教材中有《小乌鸦爱妈妈》一课，其中有一个内容是用几句简单的对白将这首歌曲表演出来。课堂上，我发现孩子们在表演时特别灵动、特别兴奋。我想，如果选择孩子们喜欢的故事表演出来，就能极大地激发孩子的艺术潜能，给孩子们带来美的体验、美的情趣。后来，我发现，孩子们对《木偶奇遇记》特别感兴趣，于是我就和孩子们一起创作剧本，讨论情节。我所在年级的每个孩子都参与其中，在剧中找到了自己的位置。这应该就是我们戏剧课程的雏形。之后，我动员全组老师共同开发适合儿童的戏剧课程。每个年级形成了自己固定的剧目。比如，一年级的《小蝌蚪找妈妈》、二年级的《白雪公主》、三年级的《小熊的一家》、四年级的《龟兔赛跑》、五年级的《守株待兔》、六年级的《幸运星》。戏剧社团还排练了《你好，格拉兹》《史尼奇的故事》《鼹鼠的月亮河》等剧目。在江苏省名师名校行活动中表演的原创舞台剧《宝贝呵，宝贝》，受到了大家的一致好评。

一个个为儿童量身打造的艺术课程，为他们擦亮了艺术的眼睛，打开了艺术的耳朵，解放了艺术的双手，也极大地激发了我们探索的热情。我们以生态为血脉，将音乐、美术、戏剧、舞蹈等多种艺术融会贯通，从而构建生态艺术课程。艺术课上，孩子们眼睛亮亮的，小脸儿红扑扑的，或沉醉欣赏，或自由律动。门口橱窗里，美轮美奂的学生画展，孩子们驻足流连。新年音乐会让孩子们乘上歌声的翅膀。对外展演中，东小孩子的艺术灵性总让人啧啧称赞……随着探索的深入，“生态艺术课程”渐臻佳境，她引领儿童经历了一次又一次丰厚、畅快的生命之旅：伏尔加河的灯塔下，我们的琴声欢快悠扬；璀璨闪烁的满天星下，我们的歌声婉转嘹亮；婆娑起舞的香樟树下，我们的身影优雅、浪漫……“生态艺术课程”沐浴着缪斯女神的光辉，让东小师生过上了快乐、向上、纯净的艺术生活。

（海门市东洲小学教师　陆静蕾）

爱表演的孩子最美

我家妞妞是个善良淳朴的女孩子，在家爱笑爱闹，很少哭鼻子。也许是她爸爸喜欢唱歌的缘故，从小她就沉迷于各种音乐，儿童歌曲、流行歌曲，来者不拒，只要有音乐，就喜欢随着节拍哼唱着，大字不识却哼得极有兴致。《小小智慧树》《飞行幼乐园》更是她的必看节目，跟着红果果、绿泡泡、小燕子姐姐手舞足蹈是她最快乐的时光。可一到外面就像变了个人似的，扭扭捏捏，攥着衣角，让她做什么都不肯了，为此真是费了不少脑筋，但效果甚微。终于有了那么一次机会：

那是妞妞上中班的时候，有一天从幼儿园回来，她兴奋地跟我说：“妈妈，我最近表现肯定很好，老师越来越喜欢我了！”“是吗，妞妞真棒！”我摸着她的小脑袋。“老师说让我和妈妈过几天一起表演绘本故事，全班就选了两个人哦！”“哦，那妞妞愿意参加吗？”“愿意是愿意，可我很紧张。”声音骤然小了不少，眉头都皱起来了。“不怕，还有妈妈呢，我们一起努力，好吗？”“好吧，那就试一试。”于是我们母女俩当晚就选定了一个充满亲情味的故事《猜猜我有多爱你》，我知道这对于妞妞来说是一个突破自己的大好机会，所以我比她更紧张，娘俩一起选服装、找背景音乐，揣摩兔子妈妈和宝宝的每一句语言、每一个动作、每一个神态，一天又一天，从开始的忘词、忘动作，慢慢变得有模有样。比赛的日子到了，我们早早到了多功能教室。哇，人真不少呢，握在我手心的小手已微微出汗。“没事，我们一定行！”我微笑着看着她。“妈妈，猜猜我有多爱你。”“我的手举得有多高我就有多爱你。”“妈妈，我爱你一直到月亮那里！”妞妞扑入我的怀抱，甜甜地闭上眼睛。我紧紧地抱住她，宝贝，虽然你忘了几个动作，声音还有点儿小，但我要给你一个大大的赞，对于你来说这是你人生的第一个大舞台，今天你战胜了自己，是最顶呱呱的！当我们捧着红艳艳的奖状时，我发现舞台上的妞妞是那么美！

这样的一个小表演真的让妞妞自信了，成长了许多。接下来的日子里，我们珍惜着每一次这样的机会：时装秀、亲子歌唱比赛、体育器械制作比赛……我们和老师一起成了孩子最坚实的后盾、最忠实的“粉丝”，永远用微笑给妞妞的努力和进步加油鼓劲！

如今的妞妞是我们家的开心果，也是老师们心中的小宝贝。在学校，她能主动帮助老师打扫教室，整理餐桌；课上积极举手发言；“小老师”也是做得有声有色。在年初开学典礼上，舞蹈《阿瓦人民唱新歌》获得了满堂彩。

未来，妞妞还有很长的路要走，我相信她会快乐、自信地过好每一天，在每一个舞台上展示出更精彩的自我！

（海门市锦绣幼儿园秦舞阳家长　茅婷婷）

难忘的课本剧表演

一年一度的东小艺术节到来啦！我年年都要在艺术节上表演节目，可一般都是舞蹈。

老师说今年的艺术节以课本剧表演为主，班上每个同学都要在表演中扮演一个角色。我们班准备演《狐狸和乌鸦》故事新编，大家都推选我演主角狐狸，这可把我愁坏了。舞蹈表演我有一些功底，课本剧表演可从没尝试过。狐狸是一种老奸巨猾的动物，要演好它显然困难重重。老师好像看出了我的心思，笑眯眯地说：“总有第一次的，我相信你能行！”我下定决心地使劲点点头。

排练是紧张的，它占据了我许多学习时间，早上要比其他同学早到校，晚上还要晚回家，落下的功课要补上，还要背台词。最担心的是我每次的表演都达不到老师的要求。耳边不时传来老师的提醒：“你走的姿势不对，狐狸的妖娆哪去了？”“狐狸是这样说话的吗？”“眼神，眼神！”“这里的动作呢？”当时我真想放弃不演了，让老师换人，可又不想失去这次锻炼的机会。我咬咬牙，继续一遍又一遍地练习，去寻找狐狸的感觉。经过半个月的刻苦排练，我的演技提高了很多，老师脸上的笑容越来越多，我也越来越放松。有了信心，神情和动作也就融合了，发现自己之前的努力没有白费。

课本剧比赛那天,我们全体演员兴奋地早早来到学校,换上演出服。老师帮我们每个角色化了妆,我是最狡猾的妆容。我们班的表演排在第六个,随着前面一个个班表演结束,我的心开始七上八下,紧张得直冒冷汗,脑袋一片空白,自己怎么到后场等待都忘记了,只看到老师们急促地摆放着道具。大家把手叠在一起,做了个加油的姿势,老师也不停地鼓励着我们,我调整着自己的紧张情绪。

“下一个节目《狐假虎威》!”刷的一下,灯光亮起,美丽的森林呈现在眼前,熟悉的音乐在我耳旁环绕,我深深地吸了口气,很快镇静下来,微笑着自信地走向舞台,把狐狸狡猾地利用动物对老虎的害怕来说假话演绎得淋漓尽致。台下响起热烈的掌声,我激动得眼泪都要流下来了。

真是一次难忘的课本剧表演!除了收获一等奖的好成绩,从此我也爱上了戏剧、课本剧的表演。我相信,我会乘着艺术的翅膀,飞得很远很远……

[海门市东洲小学五(3)班　汤怡文]

第七章

7 月:健身——让我们玩球去

【素养类别】自我管理
【每月一事】让我们玩球去(7 月)
【相关专题】运动　健康　坚持

一、名词解释

【健身】使身体健康。健身是一种运动,如各种徒手健美操、韵律操、形体操以及各种自抗力动作,控制身体各部分的能力,从而使身体强健。

【运动】这里的运动是指体育的基本手段。包括各种游戏、专门运动项目和锻炼方法,可分为田径、体操、球类、游泳、武术、游戏和棋艺等类。也泛指身体活动的过程。

【健康】①(人体)各器官系统发育良好、功能正常、体质健壮、精力充沛,有健全的心理和社会适应能力。②(事物)情况正常,没有缺陷。如:各种课外活动健康地开展起来。现代人的健康内容包括:躯体健康、心理健康、心灵健康、社会健康、智力健康、道德健康、环境健康等。

【坚持】坚决保持、维护或进行。坚持是意志力的完美表现,指执意不改,始终如一。《新唐书·元澹传》:“岂悟章句之士,坚持昔言,摈压不申,疑于知新,果于仍故?”元郑光祖《伊尹耕莘》第二折:“若坚持固辞,是故违君命,罪有所归也。”明何良俊《四友斋丛说·史二》:“而老爷坚持此议,倘事有不测,则灭族之祸不远。”

二、行为规范

* 坚持每天至少参加一项户外运动。
* 能根据季节变化选择运动项目和运动量。
* 饭后不做剧烈运动。
* 运动时穿质地软、重量轻的运动鞋,避免脚踝受伤。
* 会选择一天中最适合的运动时间参加运动。

* 选择合适的场地开展运动。
* 运动时选择宽松的衣服。
* 运动时身上不要佩戴金属徽章(如团徽)、别针,携带小刀和其他尖利硬质物品。
* 不做超体力负荷的运动。
* 使用运动器材时必须先检查。
* 运动前要做好准备,天气热要适当减少衣服。
* 课间运动要适当,不能过于剧烈。
* 运动结束,擦干汗水,防止身体发出异味。
* 每天认真做两次广播体操。
* 积极参与晨练与大课间活动。
* 认真做好眼保健操。
* 冬季运动时,注意保暖防冻。
* 高难度运动项目,要在完全掌握技术动作要领后再开始练习。
* 较大运动量、高负荷练习时,最好有同伴在旁保护。
* 运动中发生肌肉拉伤,出现局部疼痛、肿胀等现象时要立即停止。
* 积极参加球类俱乐部活动。
* 能早睡早起,作息有规律。
* 不在太强或太弱的光线下看书写字。
* 读写时,眼离书本距离一尺。
* 看书写字每30分钟后站起来走动一下,或看看窗外景色。
* 经常修剪指甲。
* 保护眼睛,不用手指揉搓眼球。
* 保护牙齿,做到早晚刷牙。
* 经常洗澡,保持皮肤干净。
* 看电视时,座位与电视机的距离至少两米。
* 不长时间看电视。
* 不长时间玩电脑。
* 使用计算机时与屏幕的距离不可小于30厘米。
* 流感流行期间尽量少去公共场所。
* 生病时能吃药就不打针。
* 不滥用抗生素。
* 为自己制订一份切实可行的健身计划,并每天对照执行。
* 适当完成一些家务劳动,这也是一种运动。
* 与家人一起运动,互相督促。

* 定期参加体能测试，定期去医院体检。
* 每天坚持步行上学，步行回家。
* 积极参加学校开展的各类运动会。

▶ 三、名言警句

◆ 如果你想聪明，跑步吧！

◆ 运动是一切生命的源泉。

◆ 我生平喜欢步行，运动给我带来了无穷的乐趣。

◆ 生命在于运动。

◆ 生活多美好啊，体育锻炼乐趣无穷。

◆ 只要功夫深，铁杵磨成针。

◆ 运动是健康的源泉，也是长寿的秘诀。

◆ 健康是人生第一财富。

◆ 一个人如果不经常从事运动，身体不可能健壮。

◆ 饭后百步走，活到九十九。

◆ 谁没有耐心，谁就没有智慧。

◆ 只要持之以恒，知识丰富了，终能发现其奥秘。

◆ 耐心是一切聪明才智的基础。

◆ 不要失去信心，只要坚持不懈，就终会有成果的。

◆ 有志者事竟成。

◆ 锲而不舍，金石可镂。

◆ 要从容地着手去做一件事，一旦开始，就要坚持到底。

◆ 不经一番彻骨寒，怎得梅花扑鼻香。

◆ 要在这个世界上获得成功，就必须坚持到底：至死都不能放手。

◆ 立志不坚，终不济事。

◆ 健康的身体乃是灵魂的客厅，有病的身体则是灵魂的禁闭室。

◆ 健康是最好的天赋，知足为最大的财富，信任为最佳的品德。

◆ 健康不是身体状况的问题，而是精神状况的问题。

◆ 治病先治人，治人先治心。心理不好，病治不好。心理健康，身体健康。不生百病，不用药方。

◆ 病从口入，祸从口出，无气不生病，无毒不生疮。

◆ 你有一万种功能，你可以征服世界，甚至改变人种，你没有健康，只能是空谈。

◆ 智者要事业不忘健康，愚者只顾赶路而不顾一切。

◆ 身体是智能的载体，是事业的本钱。

♦ 不要用珍宝装饰自己,而要用健康武装身体。

♦ 有规律的生活原是健康与长寿的秘诀。

▶ 四、参考故事

小笨熊学跳绳

“老师,老师,除了小笨熊还不会跳绳,我们其他人都会跳绳了。”喜欢抢说话的小鸡喳喳喳地向山羊老师报告道。

“是吗?”

“是的。”其他小动物也赶过来异口同声地证明。

“去把小笨熊找来,让他好好学,一定要学会了。”

“走,找小笨熊。”小动物们欢快地跑去找了,就好像接到皇帝的圣旨。不一会儿,小笨熊就被押着送到山羊老师跟前,“老师,小笨熊抓来了。”

“小笨熊,你怎么还不会跳绳啊? 你跳给我看看呢?”山羊老师说道。

“我不会跳。”小笨熊一脸很难为情的样子,低着头两眼紧紧地盯着自己的脚尖。好像这样脚尖上可以找到什么安慰。

“不会跳就要学啊! 人家都会跳了,你花点工夫努力学,一定会学会的。”山羊老师说道,“以后每天来跳给我看,现在在这儿跳。”

小笨熊没办法了,只好当场献丑了。只见他绳子往前一甩,甩到了脚尖处,可是他不知道脚要在绳子来到时跳动一下。连续好多次,绳子还没到脚跟前脚就跳起来了,而当绳子真正到了脚跟前脚却不动了,真的是手脚不协调。接连几天都是这样,山羊老师就下命令了:“你天天给我练跳绳,一定要给我学会了。”小笨熊觉得老师这个要求对他很难,一脸无辜地看着山羊老师。或许是进行了一番思想斗争:再跳不好,在小朋友面前就太没面子了。隔了好长时间,小笨熊嘴里勉强“哦”了一声。

隔了一个礼拜,这天小笨熊看到山羊老师,激动地说道:“老师,老师,我会跳绳了,我在家天天练习的,最多能跳到38个了。”

“真的呀! 你好棒!”山羊老师赞许道。“老师,小笨熊真的学会跳绳了。”爱说话的小鸡和其他小动物围在山羊老师身边你一句他一句叽叽喳喳地抢着向老师报告着。

“老师,不信,你就看我跳。”小笨熊说着就甩起绳子跳起来。你还别说,他还真跳得像模像样了,绳子甩过去脚会配合并跳动起来。虽说一下不能像他说的跳30多个,但一下可以跳七八个没问题了。小笨熊跳了一会儿气喘吁吁地转身问山羊老师:“老师,我跳得还好吗?”“很好,进步很大。”受到老师的夸奖,一向腼腆的小笨熊话也多了:“我在家就天天这样练习的,现在终于学会跳绳了。耶,我会跳绳喽！好开心哦！”说着兴奋地叫着跳了起来。

“你终于学会跳绳了，祝贺你呀！”山羊老师赞许地向他点着头。

隔了两天，小笨熊甩着绳子边跑边跳着来到山羊老师跟前，眉飞色舞地喊道：“老师，老师，你看我跳，我现在真的会跳好多了。”说完，他一下刷刷刷地连跳了很多个，停下来后又说：“老师，我还会这样跳了。”说着，他甩着绳子一只脚单跳起来。看着他进步这么快，山羊老师很惊讶也很赞赏：“你真是太棒了！”

“老师，老师，我知道了，凡事只要肯花工夫就一定能做好的。”小笨熊被山羊老师夸得有点难为情地用手摸着头说道，“以前我是怕别人笑话我跳的样子难看就不敢跳，后来大家都会跳了，只有我不会，我觉得更难为情了，被逼得没办法了，只要硬着头皮不考虑自己的丑样子了，天天练就学会了。学会了跳绳，我好开心啊！”

功课和体育运动均衡发展

——老罗斯福(第二十六任美国总统)的教子家书

幸运的特德：

见到你，和你在一起是最开心的事了，离开的时候常常叫我怀念不已。

你表现得很棒，我非常满意，不管是功课或者是体育运动。我当然希望你两者都能取得更好的成绩，但并不奢望你两方面都独占鳌头——如果因此使你劳累过度而损害健康的话，那就得不偿失了。

我一直相信你有能力而且会努力做好每一件事，不论是拉丁文还是数学，拳击还是橄榄球。不过，我希望你保持均衡的发展，不致偏废。我想你知道，如果不是为了一个崇高的目标，就不值得冒大风险，甚至耗尽全部的力量。

像你现在自我激励，艰苦磨炼各种本领和品质，将来在需要的时候，就能施展出来，坚决迎接各种挑战，取得最后的胜利。但我不希望你随便浪费这些优良的品质。

在接下来的日子里，我盼望你的橄榄球玩得和以前一样好，拳击和摔跤还可以争取到更好的名次，成为你们第二队的灵魂人物；课堂上则能保持在班里第二名或第三名。如果落到班级的中段水准，我会难过的。因为我希望你能在19岁之前上大学，不要延迟踏入社会的时程。

我相信你一定会尽你所有的努力达成目标，我完全相信你，因为你一直都值得信任。

昨天我们都非常高兴，我教克米特骑马，经过一番折腾，他终于上了“钻石”背上的马鞍，双脚插进了马镫上的皮套里。而爱丽丝则骑上了“雅根卡”的背。

艾塞儿为了挣够钱购买杂志，每天都努力地工作，就是锄去人行道上的杂草。

阿奇好想念你。他和尼古拉斯建立了好友谊，这会儿正和昆廷，还有他们喜爱的狗儿开心地玩呢！

爱你的父亲

“黑色羚羊”

有一个黑人小女孩出生在美国田纳西州的一个贫困的黑人家庭,她在家里的22个孩子中排行第20。因为早产,她出生时体重仅为2千克。刚学会走路她又不幸染上肺炎、猩红热,并且由于高烧不退得了小儿麻痹症,导致左腿萎缩。医生说她这辈子不可能再站起来了,所以她不得不坐在轮椅上。然而,坚强的她并没有向命运屈服,经过刻苦的训练,她不仅重新站了起来,并且逐渐显露出了在短跑项目上的天赋。

在罗马奥运会举办前夕,20岁的她刚刚成为世界上第一位在200米项目中突破23秒大关的女运动员;而这一次她又在罗马奥运会上的100米决赛,证明自己是世界上跑得最快的一名运动员。

她毫无悬念地第一个冲到终点,赢得了自己的第1枚奥运会金牌。不仅如此,这位有着两条修长美腿的姑娘,还以她优美的奔跑姿势让许多田径专家为之折服。人们惊叹道:看她跑步简直是一种美的享受。这个人,就是著名的有着“黑色羚羊”之称的前短跑女运动员——威尔玛·鲁道夫!

王义夫的坚持

翻开奥林匹克的百年长卷,亦可发现坚持的亮点,早在1984年洛杉矶奥运会上,许海峰为中国夺得了首枚奥运金牌时,24岁的王义夫就站在了领奖台上。

此后,国家队的成员更换了一批又一批,可王义夫始终坚持在赛场上,他誓要夺下一枚奥运金牌。1992年巴塞罗那奥运会,王义夫如愿以偿,夺得十米气手枪金牌。

32岁,他本应功成身退,但质疑声使他留在了赛场上——他要证明自己。终于,在经历了1996、2000年的两次失利后,王义夫圆梦雅典,用实际行动使舆论哗然。此时,他已44岁。是坚持,让他受挫折而不辍,终于成功。

推荐阅读

1.《童话故事生病了》
2.《牙细菌大作战》
3.《科妮踢足球》
4.《小小足球星》
5.《妈妈和我玩皮球》

五、活动方案

方案一:让我们玩球去

【活动目标】

1. 知道不同球的名称及种类,愿意尝试并探索各种球不同的玩法,对球类运动感兴趣。

2. 喜爱拍皮球运动,掌握基础的拍球技巧,增强体质。

3. 体验运动的快乐,形成乐观向上的积极心态;有一定的坚持性以及合作精神、群体意识及勇敢的品质。

【活动对象】

中班全体幼儿、教师与家长。

【活动准备】

1. 提供各种不同种类的球(品种、大小等)。

2. 初步了解与球相关的知识,对玩球有一定的经验。

3. 创设球类游戏情境,为幼儿提供丰富的材料。

【活动过程】

1. 晨间锻炼:一起玩球乐趣多(每周两次)。

(1)教师在操场的各个场地上布置各种球类游戏:抛接球游戏区、拍传球游戏区、投篮游戏、射门游戏等区域,供幼儿游戏,也可作为混龄游戏。

(2)幼儿在晨间户外游戏时自主选择玩球区进行拍球练习、玩球游戏。

2. 班级练习:拍球游戏欢乐多(自选内容,每天练习)。

(1)滚球练习。

①双手滚球:一对幼儿面对面蹲下,互相用手滚接球。

②单手滚球:用左手或右手向对方滚球。

(2)拍球练习。

①原地单手拍球。

②原地左右手交替拍球。

③单脚站立拍球。

④拍球转圈:用最大臂力,向上拍球,然后自转一圈再拍球,也可以连拍几个球后再转圈一周。

⑤花样拍球:单腿向左、右拍球相互交替进行,也可蹲下拍球,用手指拍球等。

(3)传球练习。

①自接自抛球:双手把球抛过头再接住球位高球,把球抛在头以下为低球。

可听教师口令抛接高球或低球。

②两人传球:甲、乙面对面站立,距离由近及远逐渐增加,互相抛接球。

③头上传球:站成一路纵队,排头幼儿双手拿球,经头顶到脑后,第二名幼儿接过球再经头顶往后传递,依次进行。

④胯下传球:站成一路纵队,把两腿分开站立,排头幼儿抱球弯腰从两腿下把球传给第二名幼儿,第二名幼儿再从两腿下后传给第三名幼儿,依次进行。

(4)运球练习。

①直线运球:在一条直线上运球走。

②左右手运球:幼儿踏在直线或环线上走,在白线的两边用左右手交替运球,球不能压线。

③曲线运球:将小椅子、积木、保龄球等任意摆成直线或几何图形,依次绕物做曲线运球。

3.家园配合:亲子玩球陪伴多。

(1)家长和孩子通过电视等媒体观看球类比赛,家长简单讲述不同球类比赛的规则。

(2)家长带孩子观看现场球类比赛,如:足球赛、篮球赛、排球赛等,感受比赛取得胜利后振奋人心的心情。

(3)家长和孩子一起去户外踢球、玩球。

4.拍球比赛:我是拍球小达人。

(1)滚球赛。

玩法:两队各6人,分别站在场地的两端。甲队一幼儿将球滚向乙队,乙队幼儿接球再滚向甲队,甲队接球再滚向乙队,如乙队没接住球,则甲对得一分,换乙队发球。最后,得分最多的队获胜。

(2)滚球击球。

玩法:用球击保龄球、圆木圆柱体、积木、酒瓶均可。离投掷线3—7米处放上述物品,把幼儿分成人数相等的几组,排在投掷线后。游戏开始,教师发出口令,每组第一名幼儿单手握球,由体后向前将球沿直线滚出,碰击物件,击倒1个,得1分。扶好物体,继续让各组第二名进行比赛,以此类推,按序进行。最后,积分最多者获胜。

(3)花样拍球表演。

玩法:每班10名幼儿参加表演,参加表演幼儿可以双手交替拍球,可以转圈拍球,或有其他花样,比一比谁拍球的样子最美、拍球的方法最多。

(4)拍球决赛。

要求:

①比赛时每组10人,计数裁判员2人为一组,以一次性拍球最多者为胜。

②必须按规定的地点拍球。

③幼儿可以单手拍球或用双手交替拍球，但不能用双手同时拍球。

(5)亲子运球比赛。

玩法：分四组，家长运球到中间点与幼儿会合，再与幼儿背对背夹住球越过障碍物抵达终点。最先完成任务的一组为胜。

【活动说明】

《幼儿园教育指导纲要(试行)》明确指出，幼儿园应该把促进幼儿的身体健康和保护幼儿的生命放在工作的首位，应培养幼儿对体育活动的兴趣。对于幼儿来说，丰富多彩的体育活动，能够提高身体的素质，加强其活动能力，提高对外界的适应能力以及自我保护的能力。结合季节和中班孩子的年龄特点，我们以“大家快来拍皮球”为主题开展活动。旨在帮助孩子掌握拍球的技能，调动孩子学习拍球的积极性和主动性，培养幼儿对体育活动的兴趣，全面提高幼儿综合素质。竞技的氛围同样会磨炼孩子们的意志，提高孩子们的集体荣誉感。

这一系列的活动开展后，孩子们对各种“球”的特征和玩法等已经有了一个基本的认知。接下去的活动中，在幼儿对拍球有了一定经验的基础上，我们鼓励幼儿能有更多花样的玩球，并提升一定的难度：如双手拍双球并交叉拍；两人同一球轮流拍并加以计数……在家中，亲子间也可以有多种形式的拍球游戏：如拍球传接、运球游戏等，并鼓励家长多和孩子一起出去进行球类运动，增进亲子关系。这样不仅锻炼了幼儿的拍球能力，又密切了同伴关系、亲子关系、师幼关系，真正让孩子在游戏中体验玩球的乐趣。

方案二：小绳子，大魅力

【活动目标】

1. 掌握跳绳技术，能利用跳绳进行各种身体练习。

2. 通过趣味游戏发展身体的协调性、弹跳力和耐力。

3. 在活动中能与他人合作、交流，学会与他人共处。培养学生合作能力以及创新意识。

【活动对象】

小学一、二年级学生。

【活动准备】

多根短绳、一根长绳。

【活动过程】

1. 趣味游戏一起玩。

(1)“小青蛙捉害虫”。在故事“小青蛙捉害虫”的情境下，同时转变“角色”，几名学生变成小青蛙,同时其余学生变成害虫。害虫在稻田里用双脚跳跃,小青蛙在稻田里也用双脚跳跃追拍小虫,被拍着者与青蛙互换角色。

(2)“横行霸道螃蟹走”。两个学生为一组,用绳把两人的膝关节绑在一起,成两人三足。练习时,两人侧对行进方向横着走,看哪组走得最快。

2.跳绳本领一起学。

(1)练习单人跳绳:

①规则:单人单摇跳绳以脚起跳,身体腾空后,绳子自双脚下沿身体旋转360度计算为一个,如未完成,则算为一次失败,跳绳过程中可以停顿。

②学生自由练习。每次以1分钟结束时的总个数记录成绩。

③榜样示范。邀请比较熟练、成绩优秀的学生进行示范表演。

(2)练习跳长绳:

①各队男、女各10人(包括摇绳2人),一队共计20人。

②摇绳队员相向站立,间隔距离不小于4.5米,以白色线为标志,摇绳队员不得踩踏或超越标志线。

③跳绳队员依次跳过且必须一人一次跳过绳,方计次数一次。(2人或以上人数同时跳过只计次数一次,不得一人连跳。)

④每队三次机会练习。

3.跳绳比赛一起乐。

(1)单人单摇跳绳比赛。学生自愿报名。每次以1分钟结束时的总个数记录比赛成绩。

(2)小组长绳挑战赛。

(3)活动总结。

4.花样跳绳一起创。

鼓励学生利用课外时间继续练习,并且在跳绳上玩出新花样。

【活动评价】

课堂评价:采用星级评比制,评价每个学生的参与程度。想一想,再涂色。

活动表现评价表			
评价指标	自我评价	同伴评价	老师评价
快乐地参与跳绳活动	☆☆☆☆☆	☆☆☆☆☆	☆☆☆☆☆
认真地完成跳绳任务	☆☆☆☆☆	☆☆☆☆☆	☆☆☆☆☆
与同伴合作完成,配合默契	☆☆☆☆☆	☆☆☆☆☆	☆☆☆☆☆
爱护器材,注意活动安全	☆☆☆☆☆	☆☆☆☆☆	☆☆☆☆☆

课外评价：要求学生每人准备一根绳子，每天大课间或放学回家后坚持练习，一个月后准备参加挑战赛。

【活动说明】

花样跳绳其乐无穷，还可以做以下游戏：

1. 绕旋跳。两人跳绳练习：一人叉开两腿蹲下，甩动绳子使跳绳在地上画弧线，另一人则不断地从甩动的绳子上跳过去。速度由慢逐渐加快，1 分钟后两人交替。

2. “四人运货”。四人一组，用四根跳绳组成“井”字形，每人抓住两根绳头，“井”字中间放一个排球。练习中四人配合不使球掉下，且最先到达目的地的队为胜。

3. 蜈蚣爬。学生分为四组，每组按纵队站好，每人一根跳绳，排头除外。后面的同学把跳绳绕住前面同学的腰，自己抓好绳的两头，全组一起向前跑动。练习时，以先到达目的地，队形又不散的队为胜。

4. “抓尾巴”。两人一组，一人把绳子绑在腰间，露出两端“尾巴”，想方设法保护好“尾巴”；另一人使劲去抓它；轮流活动。在轻松愉快的情景中，达到了一定的锻炼强度。

5. 跳“竹竿”舞。利用跳绳模仿少数民族的“竹竿”舞来进行练习，要求拉绳的同学把绳子拉直拉紧。利用跳绳的好处还有一个就是，“竹竿”不会夹伤脚。

方案三：我当小小营养师

【活动目标】

1. 了解一日三餐的合理搭配对人身体健康的重要性，加强健康营养餐的安全教育。

2. 通过实践体验，提高学生对健康营养餐的认识和自我保护能力。

【活动对象】

小学三、四年级学生。

【活动准备】

1. 收集学校平时的菜谱，了解伙伴们的用餐情况（是否能够将饭菜吃光，有没有挑食的情况）。

2. 了解校外摊贩售卖的食物是否营养卫生。（早餐：买的蛋饼、馒头、面条；油炸食品：炸鸡柳、肉串……）

3. 学会购买食品：够买食品时要进行选择和鉴别，不购买“三无”食品。

【活动过程】

1. 走进生活，重视营养健康。

不买“三无”食品。“三无”食品就是指：没有商标的食品；没有生产日期的食品；没有厂址的食品。（课件出示：什么是“三无”食品。并介绍“三无”食品大量流入市场。)

(1)仔细阅读营养标贴。不要匆匆忙忙,应花几分钟,把包装上的各种标贴,包括营养成分先看清楚。

(2)谨慎选购包装食品。认真查看包装标志,厂家厂址、电话、生产日期是否标示清楚、是否合格。

(3)别忘了查看(QS)市场准入标志。("QS"是食品质量安全市场准入证的简称,标志的主色调为蓝色,字母"Q"与"质量安全"四个中文字样为蓝色,字母"S"为白色。只有产品上贴上了QS质量安全标志,才允许进入市场销售。

小结:食品关系到我们的身体,影响着我们的成长。虽然存在许多食品安全问题,但只要把握住卫生常识、购买常识,相信我们能吃出快乐,吃出健康。

2. 互动交流,学会分辨。

(1)排演小品《都是零食惹的祸》,通过表演初步知道零食中营养不足,而且有些还对身体有害。

(2)你我辨辨辨:

①吃食品的场合:在路上、校园内外、公共场合吃(即使是身体必须摄入的营养),这样有损少先队员形象,也不利于身体健康,还影响了环境卫生。应在家里干净、卫生的地方吃,吃时不讲话。

②吃食品的卫生习惯:

勤洗手,特别是饭前便后,用除菌香皂、肥皂、洗手液洗手。不吃生、冷、不清洁食物。不吃变质剩饭菜。少吃、不吃冷饮。少吃、不吃零食。不要长期吃辛辣食品。不要随便摘野果吃,吃水果后不要急于喝饮料,特别是水。剧烈运动后不要急于吃食品喝水。不喝生水,建议喝标准的纯净水。千万不要去无照经营摊点、饭店购买食品或者就餐。尽可能在学校食堂就餐。

③哪些食品才是真正对身体有好处,又营养的食品呢?

讨论:是不是只要是大超市的食品,无论什么类别都可以买呢?

小结:不是。除了不购买"三无"食品外,还要远离油炸食品、腌制食品等垃圾食品。诸如汉堡、薯条、炸鸡、比萨、可乐等洋快餐。这些洋快餐制作主要以油炸为主,总体上讲,多是高热量、高脂肪和低膳食纤维。营养学家认为,这些食品并不是美味佳肴,是"垃圾食品"。

3. 大力宣传,营养就在我们身边。

(1)学校用餐宣传。收集文明用餐、不挑食以及一些不良现象,通过写倡议书、排练节目、面对面劝告等形式,宣传合理摄入营养。

(2)我当小小营养师。为学校、家庭设计营养菜谱。

(3)校外饮食宣传。从营养、卫生的角度进行宣传。

【活动评价】

项目	个人卫生习惯	健康饮食习惯	掌握营养知识
自己评	☆☆☆☆☆	☆☆☆☆☆	☆☆☆☆☆
同学评	☆☆☆☆☆	☆☆☆☆☆	☆☆☆☆☆
家长评	☆☆☆☆☆	☆☆☆☆☆	☆☆☆☆☆
老师评	☆☆☆☆☆	☆☆☆☆☆	☆☆☆☆☆

【活动说明】

创编健康营养童谣。自己创编童谣,小组创编,和家长一起创编。

营养餐安全童谣

餐饮安全最重要,良好习惯养成好。
饭前便后要洗手,清洁卫生要做好。
饮食把关拒“三无”,垃圾食品不进校。
排队就餐讲文明,不推不挤不抢道。
筷勺伤人要避免,就餐守纪要记牢。
餐后活动讲安全,剩饭剩菜不乱倒。
蚊蝇细菌不沾边,环境保洁很重要。
齐心共管营养餐,平安校园添新高。

方案四:只要坚持就有收获

【活动目标】

1. 让孩子明白“运动贵在坚持”的道理。
2. 培养学生在健身过程中养成持之以恒的好习惯。

【活动对象】

小学五、六年级学生。

【活动准备】

1. 了解孩子平时的运动项目。
2. 收集一些名人爱运动的故事。

【活动过程】

1. 故事分享,导入话题。

(1)看老师手中拿的是什么?对,是一根普通的跳绳,你们喜欢跳绳吗?你们平时都怎么跳啊?请咱们班的跳绳能手来给大家展示一下吧。(学生展示)

(2)真不愧是跳绳能手,能告诉大家你练了多久吗?

(3)看完了咱们班的跳绳能手，老师还想给大家介绍一位更厉害的跳绳能手，想不想认识他？

(4)讲述跳绳冠军贾锟的故事《再辛苦都不怕》。

(5)同学们，从贾锟的成功中，你明白了什么？(坚持才能取得成功。)

2. 我来判断，明白其理。

(1)贾锟作为一个普通的少年，坚持练习跳绳，让他成为了不起的跳绳能手。其实，坚持运动的好处可多了，老师就给大家罗列了这么几条：降低感冒几率33%；缓解身体自然疼痛；拥有更健康的口腔；更快乐地投入工作；提升自身语言能力；视力变得更为清晰；帮助获得深度睡眠；获得“即时”能量。

(2)特别对于我们学生来说，坚持运动更是有着很多的益处：能使身高增高，肌肉发达；能促进心肺功能，使血液循环加快；能预防疾病，增强体质；促进智力发育和大脑的灵敏；可塑造性格，增强自信。

(3)运动并不难，难的是能坚持锻炼，这样才能让你的身心都变得健康起来。那我们一起来看看这些做法是不是坚持运动的表现呢？

(4)我来判断：

①今天作业有点多，就不要去锻炼了，落了一天也没事。

②今天外面有点冷，我还是不要出去运动了。

③运动的时间可以随意选择，哪天什么时候有空就去。

④胖子才需要运动，我长得挺瘦的，就不需要天天锻炼了。

⑤我又不想参加运动会，当运动员，所以就不需要运动了。

⑥今天运动过度了，腿好酸啊，那就歇两天再去吧。

(5)同学们都不难作出判断，这些也是我们很多同学都存在的对运动的错误认识，那怎样才能坚持运动呢？我们来听听专业的健身教练给我们的建议吧。

(6)播放健身教练的视频。

3. 名人点击，榜样示范。

(1)其实很多名人伟人，他们也十分喜爱运动，在工作之余常常会挤出时间坚持锻炼。让我们走进今天的人物点击。

(2)出示小布什的运动故事。

对美国人来说，总统布什堪称他们运动及锻炼身体的楷模。布什的习惯是在健身房利用健身器材及跑步机强身，他的重量训练还包括坐姿推举、扩胸与扩背运动。因工作繁忙，布什经常利用一切可以利用的空隙跑步。曾经在访问墨西哥途中，他就在“空军1号”会议室里的一台跑步机上跑了起来。可以说，布什是走到哪里就跑到哪里，他跑步的身影在美国许多地方出现过。在总统套房里，在戴维营的林间小道上，当然，还有位于白宫顶楼的健身房内。迄今为止，他个人跑步的最好成绩是6分钟45秒跑完1英里。布什每周跑步4至5次，举重至少2次。

其中周四进行长跑，周日一般进行快跑训练，其他时间进行慢跑和器械练习。

(3)古今中外，很多名人都把坚持运动作为自己的一个重要习惯，所以他们这样告诉我们：

①锻炼身体要经常，要坚持，人和机器一样，经常运动才不能生锈。(朱德)

②身体的健康因静止不动而破坏，因运动练习而长期保持。(苏格拉底)

③运动的要义不在趣味，而在继续持久，养成习惯。(达·芬奇)

(4)设计坚持运动宣传语。

看来坚持运动真的有许多好处，多希望每一个人都能爱上运动健身，并能真正坚持下去。拿出你的笔，设计一条生动的坚持运动宣传语，让我们号召更多的人来加入健身的行列。

4. 我的计划，贵在坚持。

(1)说到这儿，也让我们动一动吧。老师这儿有几个呼啦圈，谁来试试？比比谁坚持的时间长。

学生转呼啦圈比赛。

(2)看来同学们都要在平时多加强运动锻炼呢。每个人的运动爱好都不一样。所需要的运动强度也不一样。接下来，就以小组为单位，制订一个属于自己的运动计划。出示表格：

我的运动健身计划　　姓名（　　）		
活动日期	活动项目	坚持时间

(3)希望每一位同学都能按照自己制订的运动计划去执行，最重要的就是要坚持下去。我们互相督促，看看哪些同学能先坚持一个月。如果能坚持一个学期，就评选为坚持运动的“运动小达人”。

【活动评价】

坚持运动是一个长期的过程，在这个过程中需要同学之间与家长共同督促，并适当地给孩子一些陪伴与鼓励，让孩子逐渐形成坚持锻炼的好习惯。每周交流一下自己的健身计划，一个月评比一次，最后将在班里评选出“运动小达人”。

【活动说明】

“每天运动一小时”，这是我们阳光体育中提出的健身口号，也是希望通过这样的坚持锻炼，提升孩子的身体素质。所以这个活动是一个长期的过程，建议在学校里，每个班级里可以配备一些小型方便的运动器材，如跳绳、长绳、呼啦圈、毽子等等，充分利用大课间活动时间，组织孩子进行一些集体性的体育活动。建议要与家长形成合力，让孩子在每天课余的时间进行锻炼，可以利用班级QQ群或微信群进行展示交流，最好还能在一个学期中进行一次亲子的运动展示或竞赛活动，这样既能提高孩子坚持运动的积极性，也能很好地丰富孩子的课余生活，更重要的是在运动的过程中让孩子懂得凡事坚持的道理。

▶ 六、活动体会

穿越火线，穿越梦想

新教育实验有“七”字内涵：成长，并且快乐着。

孩子们在皮球游戏中的表现正应了这一句话。滚、抛、拍、投、踢、跳……小小皮球能满足孩子所有的运动愿望！而皮球游戏更能使孩子亲密团结，获得无限成长！

大班主题活动《我是小小兵》中，有一个孩子们喜欢玩的皮球游戏“穿越火线”。这个游戏要求幼儿边护住炸药包——皮球，边匍匐前进穿越火线（橡皮筋上夹上雪花片组成皮筋网），最后将炸药包扔至“敌军的碉堡”。进入火线区内的时候，身体的任何一部分触碰火线，雪花片摇晃和掉落就被视为受伤。

游戏开始了，孩子们有的跃跃欲试，有的犹豫不决。彤彤是个运动高手，她自告奋勇地进行了尝试。只见她一手护着炸药包，一手撑住地面，两膝着地，顺利地通过了“火线”。孩子们欢呼，孩子们雀跃，并大声喊着：“彤彤顺利通过了火线！”接着，所有的孩子都进行了尝试。当然，有的孩子成功了，有的孩子失败了。我跟孩子一起寻找成功的秘诀，探讨失败的原因。昊昊边说边示范：“两眼紧紧盯住火线，就不会碰到火线了！”怡儿边行动边说：“我尽量把自己的腰弯下来，也成功啦！”一些没有成功穿越火线的孩子看见了、听见了，也调整了自己的通过姿势。他们一个接着一个，手持炸药包，两眼紧紧盯住火线，尽量降低自己的高度，让身体与地面平行，或肘膝着地，或手膝着地快速地向前爬去。悦儿和怡儿在游戏中还主动帮助队友，用语言提示队友：“腰再往下一点！”“当心手臂碰到火线！”在队友的帮助下，一向不善于运动的杰杰一手抱住炸药包，一手吃力地撑住地面，两腿交替向前进。虽然，他的速度不是很快，额头上也渗出了汗珠，但，他没有放弃，坚持向前爬行。终于,杰杰也成功地穿越了火线。十几分钟过去了,孩子们越战越勇,个个变身为威武的解放军战士,英勇地向前进。随着时间的推移,他们的速度越来越快,四肢的动作越来越协调,越来越灵敏。

为满足不同孩子的需求,我和孩子一起设置了不同高度的“火线”,趣味紧张的游戏任务进一步激发了孩子的挑战欲望,他们调动了全身能量,一次次地尝试着,尽情地创造着:有的孩子为了队友能顺利通过火线,在一旁做小指挥;有的孩子为了不压住炸药包,还尝试了仰面蹬地式前进的方法;有的孩子在游戏中学会了照顾队友,不再只顾着自己能否穿越火线,他们体会到了团队合作的重要性;有的孩子从畏首畏尾地跨出第一步,到勇敢地完成穿越火线的任务,他们完成了一次挑战,经历了一次蜕变,受益匪浅! 摘录小漩子妈妈的体会:

爱玩球是小孩子的天性,对于我家宝贝也不例外。家里大小皮球不下四五个,只不过皮球通常被她当成足球来踢。直到学校准备拍皮球比赛,在老师的悉心指导下,小家伙才真正开始学习拍皮球。

一开始她就表现出很大的兴趣,每天放学回家就有模有样地练习起来。只见她小手往皮球上一拍,嘴里数出了“1”,可惜皮球并不听话,要么原地不动,要么轻轻滚几下,反复尝试多次后,聪明的小家伙大概意识到她手拍球的力度不够。于是她小嘴一噘,小手使劲一拍,好家伙,这下球不但拍起来了,而且弹得很远,她只能尽快去追。即便如此,我还是不时给予她肯定,夸奖她一下。同时拿来另外一个球与她一起练习,让她回忆老师的教学动作,适当给予指导与帮助。一个,两个,三个……慢慢地,她发现了皮球弹跳的轨迹和节奏,小手掌能灵活掌控皮球,球进人进,球退人退,从单手拍球到边拍边走,甚至双手交替拍球,她玩得越来越开心。感谢老师们寓教于乐的教学方式,让她发现了拍皮球的乐趣,她是乐在其中,而我亦是收获惊喜连连。

(海门市实验幼儿园教师　张君君)

记于跳绳比赛之后

上周五,我们学校进行了长跳绳比赛,我们班经过全体学生的共同努力取得了年级第二名的成绩,并且得到了大大的奖状。孩子们开始感觉没有拿到第一,并不满意,后来知道进了前两名也能得到奖状,高兴得不得了。

为了迎接比赛,全班同学利用午休、课间活动进行练习,没人叫苦叫累,被绳子打疼了,不小心摔到了,没有人叫疼,更没有人退出。学生们长大了,懂得为集体争光了,知道努力付出了,这些比什么都宝贵,是无价之宝。从这个角度讲,我们班的收获是巨大的,我们已经赢了,所以我对竞赛的成绩看得就比较坦然了。

学生这么努力,我只求孩子们尽力,发挥出他们的实际水平,能体会到比赛的快乐,运动的乐趣就足矣。也许,我只能说是我们的真诚、团结感动了上天,孩子们在6个班水平都很强的情况下,取得了第2名的好成绩。看着那张红红的奖状,我忽然有了一种冲动,我想把它撕成30块,每个学生发一块。如果说那张奖状能过代表我们的收获或者荣誉的话,我们全班为什么不能够“瓜分”呢?

但是这么荒唐的想法我还是打住了。

除了高兴我也有深深的忧虑:学生的体质太差,小胖墩成灾。

我们班的学生一年级的时候就有几个小胖墩。随着年龄的增长,又有几个孩子变粗、变壮。练习跳绳的时候,胖孩子动作笨拙、吃力,累得气喘吁吁,筋疲力尽。正式比赛的时候,全班的速度也受到了一定的影响。

这样的孩子如何面对20年后的工作竞争?如何能担负起家庭的重担?拿什么实现自己的人生梦想?健康的身体和健康的心理、美好的心灵、充满智慧的大脑同样重要,也许就因为它的与生俱来,让人们忽略了它的存在,对它的重要性也不屑一顾。

所以,我们的体育教育任重道远。我庆幸我曾经遇到了两个好的体育老师,让我知道了体育的魅力和重要。我不是杞人忧天,我深知“安全”成了体育的瓶颈,所以这个问题不光是体育老师、学校的责任,也是家长、全社会的责任。

通过这次比赛,也充分地暴露了学生的不足。

比赛的班级在操场的中间跳绳,其他的班级围坐成大圈观看比赛。开始的时候纪律还可以,随着越来越多的班级比完赛,观众们已经没有观看的兴趣了,所以孩子们由几个人骚动到几个班,最后传染到了全校,比赛和观众完全独立了,各自“自娱自乐”。观众们猜拳的、拍手的、躺下的……整个塑胶操场,成了欢乐的海洋。

孩子们心中只有自己,只在乎自己的感受,已经没有耐心去关注别人了。在他们不遵守纪律的背后,绝对不是不遵守纪律这么简单,难道隐藏的不是他们的自私吗?

颁奖的时候,我们的“智多星”蔡贝故意狡猾地说:“老师,我知道你回去又要批评我们。我知道我们今天做观众表现不好。”我释然地笑了,我说:“我不批评你们。”

因为,我们班的学生今天在做观众方面已经表现得不错了,他们坚持到了全校最后几个班级才乱的。他们在这个群体环境中已经是先进者了,所以我没有必要再批评了,谁都逃脱不了“环境”这张大网。

现在的学生,自由、大方、大胆……有许多的优点,但是也有散漫、没有集体意识、不遵守纪律等不足。我只希望我的学生不要随波逐流,在这样一个开放的环境中能分清对与错,好与坏之后,选择自己的方向,前进。

希望我的一切不是空想。

(海门市育才小学教师　陈国红)

有一种力量叫坚持

如果科学家、发明家不坚持他们的研究，我们这个世界，会有这么多高科技吗？如果航天员不坚持训练，他们能上太空吗？如果没有老师坚持教书，我们会懂得知识吗？如果没有了“坚持”，我们的世界将是怎么样的？还会有我们这么幸福的生活吗？

“坚持”不只是一个词语、一个意思、一个口头禅。它还是一种力量。“坚持”的力量是不可低估的。

我是一个体型偏胖的孩子，走到哪儿，大家都会唤我一声小胖。虽然我也不喜欢这个称呼，也想过要下决心减肥，可是总是坚持不到最后。因此，我的体重还是外甥打灯笼——照舅(旧)，这回班里搞起了坚持健身的评比计划，老师还特地鼓励我一定要坚持瘦掉几斤，小组里的成员们也对我寄予厚望，跟我一起制订了专属于我的健身计划，爸爸妈妈也很支持我。

我把计划贴在家里最醒目的位置，每天都会严格按照计划去执行——早晚跑步半小时，双休日再加打羽毛球一小时，跳绳半小时。说实话，开始我的劲头也很足，可过了一周，懒劲又上来了，真想就此打退堂鼓啊！妈妈似乎看出了我的心思，她和老师一起跟我聊了聊，告诉了我肥胖的危害，坚持运动的好处。我这才深刻认识到肥胖不仅不美观，对健康也是极为不利的。这下，我便坚定了坚持锻炼的信心，每天都能自觉去执行。一个月下来，居然瘦了 5 斤，我可高兴了，大家也为我感到高兴。而且我发现自己自从坚持锻炼以来，学习上的坚持力也变强了，不再动不动就放弃了。

我相信自己一定能坚持锻炼下去。因为“坚持”是一种精神、一种态度，希望大家都能去“坚持”！

［海门市育才小学四(4)班　徐浩天］

第八章

8月:友善——让我们成为好朋友

【素养类别】社会交往

【每月一事】让我们成为好朋友(8月)

【相关专题】善良　沟通　合作

▶ 一、名词解释

【友善】朋友之间的亲近和睦,指亲密友好。《汉书·息夫躬传》:"皇后父特进孔乡侯傅晏与躬同郡,相友善。"唐元稹《上令狐相公诗启》:"稹与同门生白居易友善。"清王士禛《池北偶谈·谈艺六·考功诗》:"公与文光禄太青友善。"

【善良】心地纯洁,没有恶意。唐韩愈《争臣论》:"晋之鄙人,薰其德而善良者几千人。"宋曾巩《齐州杂诗序》:"余之疲驽,来为是州,除其奸强,而振其弛坏;去其疾苦,而抚其善良。"

【沟通】本指开沟以使两水相通,后用以泛指使两方相通连,也指疏通彼此的意见。①挖沟使两水相通。《左传·哀公九年》:"秋,吴城邗,沟通江淮。"②使彼此通连;相通。徐特立《国文教授之研究》第一章:"扬雄《方言》,服虔《通俗文》,刘熙《释名》,钱竹汀《恒言录》等,皆为沟通事物之名称而作。"

【合作】互相配合做某事或共同完成某项任务。《西清笔记·记名迹》:"国朝恽南田王石谷多合作山水,亦最佳。"清魏源《圣武记》卷七:"通力合作,且耕且战。"

▶ 二、行为规范

* 我会微笑地和别人打招呼。
* 不说让别人伤心难过的话。
* 喜欢的东西不霸占,愿意和同伴分享。
* 别人心爱的东西我不强要。
* 我会爱护同伴,不欺负弱小。

＊我想和同伴一起游戏时，能友好地提出请求。

＊会用介绍自己、交换玩具等简单技巧加入同伴游戏。

＊帮忙同学时要帮到底，不要帮到一半就跑了。

＊男生不能欺负女生，女生也不要欺负男生。

＊高兴的或有趣的事愿意与大家分享。

＊活动时我愿意接受同伴的意见和建议。

＊有问题我愿意向别人请教。

＊活动时我能与同伴分工合作，遇到困难能一起克服。

＊一起游戏时能用轮流、交换、猜拳等公平的方法解决问题。

＊与同伴发生冲突时，我能听从别人的劝解。

＊对待别人要真诚，不说谎话，不欺骗他人。

＊接受完他人服务后能将爱传递下去。

＊能帮助身心有障碍的同学。

＊慰问受了灾害或患病的同学。

＊他人说话时仔细倾听，不要随便打断他人。

＊认真回答别人的提问。

＊当别人有困难时主动去询问要不要帮忙，别人需要帮忙时应主动去帮助。

＊与别人发生矛盾时多做自我批评，向别人道歉时态度要诚恳。

＊与不同生活习惯的人在一起要尊重他人的生活习惯。

＊与人有误解时，主动解释或耐心听他人解释。

＊别人影响自己时，主动沟通，说明情况，不乱发脾气或憎恨他人。

＊对长辈有意见要有礼貌地提出，讲道理，不任性，不耍脾气，不顶撞。

＊当别人主动道歉时，向对方说“没关系”。

＊给他人提意见时，应在私底下进行，给别人留有改正的余地，不公开批评给他人难堪。

＊同学答错题时，不嘲笑、冷笑、歧视等。

＊当听到别人批评自己时不要激动，平心静气地听他把话说完。

＊允许他人有不同观点与处理事情的方式，要倾听别人的看法，不把自己的观点强加给别人。

＊宽容他人的不同之处，允许他人有自己的爱好。

＊请求别人做某事要用商量的口气。如“请打开窗户好吗？”“能让一下吗？”等。

＊对父母长辈不能直呼姓名，更不能用不礼貌的言词代称。

＊当别人首先问候自己之后，要立即予以回应，不要不理不睬。

* 服务他人时,不会因为服务对象的不同而有差别待遇。
* 在校园里发现有人受伤,不管认识不认识,都应立刻将他送到医务室或寻求协助。
* 我要做一件让世界更美好的事。
* 愿意与他人合作,争取荣誉。
* 能参与团体活动,并贡献自己的专长。
* 能听从大多数人的意见,遵从团体的决议。
* 对于自己所分配到的工作,能开心地接受,并尽力完成。
* 多付出,少计较,主动参与班级事务。
* 对于同学的付出与表现,能够表达适当的赞美与肯定。
* 当同学没有按照约定完成任务时,能婉转地给予具体的建议。
* 在团队中,能不计较个人得失,开心地共享成果。

▶ 三、名言警句

◆ 人之为善,百善而不足。

◆ 勿以恶小而为之,勿以善小而不为。

◆ 人而好善,福虽未至,祸其远矣。

◆ 己所不欲,勿施于人。

◆ 能用众力,则无敌于天下矣;能用众智,则无畏于圣人矣。

◆ 君子之于人也,当于有过中求无过,不当于无过中求有过。

◆ 君子贵人而贱己,先人而后己。

◆ 礼尚往来。往而不来,非礼也;来而不往,亦非礼也。

◆ 万夫一力,天下无敌。

◆ 天时不如地利,地利不如人和。

◆ 万人操弓,共射一招,招无不中。

◆ 二人同心,其利断金。

◆ 上下同欲者胜。

◆ 人啊,你要有善良的心、丰富的心灵、高贵的灵魂,这样你才无愧于人的称号,你才是作为真正的人在世间生活。

◆ 对残疾人的最大尊重,就是不把他当残疾人。

◆ 善良的行为有一种好处,就是使人的灵魂变得高尚了,并且使它可以做出更美好的行为。

◆ 善良的心就是太阳。

◆ 善良既是历史中稀有的珍珠,善良的人便几乎优于伟大的人。

◆ 一颗好心抵得过黄金。

◆ 做一个善良的人，为人类去谋幸福。

◆ 善良——人所固有的善良，这些东西唤起我们一种难以摧毁的希望，希望光明的人。

◆ 与人交谈一次，往往比多年闭门劳作更能启发心智。思想必定是在与人交往中产生，而在孤独中进行加工和表达。

◆ 将自己的热忱与经验融入谈话中，是打动人的速简方法，也是必然要件。如果你对自己的话不感兴趣，怎能期望他人感动？

◆ 有效的沟通取决于沟通者对话题的充分掌握，而非措词的甜美。

◆ 单个的人是软弱无力的，就像漂流的鲁滨孙一样，只有同别人在一起，他才能完成许多事业。

◆ 五人团结一只虎，十人团结一条龙，百人团结像泰山。

◆ 不管努力的目标是什么，不管他干什么，他单枪匹马总是没有力量的。合群永远是一切善良思想的人的最高需要。

▶ 四、参考故事

我有友情要出租

从前，有一只大猩猩，他常常想：“我好寂寞，我都没有朋友。”

有一天，大猩猩在大树上贴了一片叶子，上面写着：“我有友情要出租，一小时五块钱。”然后坐在树下等呀、等呀……这时候，小女孩咪咪骑着脚踏车来了。咪咪随在野外做研究的父母来到森林，她正一个人玩耍呢。看到叶子，咪咪就问：“什么叫友情出租？”

大猩猩告诉咪咪，就是给五块钱，他陪着玩一个小时。咪咪说，自己只有一块钱，可不可以便宜一点呀。大猩猩高兴极了，赶快收下一块钱，开始用沙漏计时，陪咪咪玩。

他们先玩猜拳踩脚的游戏，就是出“剪刀、石头、布”，谁输了就让对方踩一脚。大猩猩只会出“布”，咪咪就总出“剪刀”，结果大猩猩被踩了一脚又一脚，可是总算有人来和自己玩，他一点也不在乎。

第二天，咪咪又带着一块钱来租友情，还要玩踩脚的游戏。大猩猩已经琢磨出握紧拳头出“石头”了，咪咪出“剪刀”自然要输了。大猩猩高高抬起脚，咪咪吓得缩成一团，可是大猩猩踩下来一点也不疼。他们又高高兴兴地玩起来。接下来的日子，咪咪每天都来租友情，他们一起尽情玩耍，咪咪还会给大猩猩讲故事呢。有时候咪咪忙着做作业，大猩猩会安静地在一旁守候着，他们早把计时用的沙漏忘到九霄云外了。

这一天,大猩猩没有带收钱的包,也没带沙漏,只带了一包饼干,到老地方守候,可是左等右等也等不来咪咪。最后,载着咪咪的汽车过来了,咪咪说,她要搬家了,而且她也没有钱了。她留下心爱的布娃娃作为告别礼物。大猩猩一边喊着:“我还没有学会出剪刀。”一边徒然追赶着汽车。大猩猩望着饼干,想念着咪咪,百无聊赖。

后来,他又在树上贴了片叶子,上面写着:“我有友情免费出租。”可是直到今天,叶子都褪色了,大猩猩还在等待下一个好朋友……

其实,大猩猩不知道,他的周围已经有好多的朋友了,像狮子、老虎、猴子、鳄鱼等。

南瓜汤

在一幢非常古老的小白屋里住着一只鸭子、一只猫咪和一只松鼠。三个小动物每天一起做南瓜汤,其中猫负责切南瓜,鸭子负责加盐,松鼠负责搅汤,他们各司其职做出了世界上最美味、最好喝的南瓜汤。每个人都为这汤付出自己的劳动。晚上他们仨也一起睡觉。这是一床非常暖和的被子,因为被子的鸭绒是鸭子一点一点塞进去的,被单是松鼠一针一线缝起来的。他们仨幸福地生活在一起。

直到有一天,鸭子不想再倒盐,想当大厨搅汤。于是他很早起床来到锅炉边,拿着汤匙比了比,他太小,汤匙没办法很好地操作,可是鸭子真的很想搅汤。于是,他来到床边,把自己的想法告诉了松鼠和猫咪。松鼠一听,自己的工作被别人抢了,急了,“为什么你要搅汤啊? 不行!”

于是松鼠和猫咪与鸭子吵起来了,在抢汤匙的时候,鸭子没拿住,汤匙飞出去了,结果打在了猫咪的头上。猫咪可生气了。这样三个好朋友吵了一架,鸭子离家出走了! 离开了白色小木屋。猫咪和松鼠想:“鸭子中午一定会回来的。”

可是,中午过去了,鸭子还没有回来。去南瓜园里也没找到。猫咪和松鼠等啊等,还是没等回鸭子。于是他俩开始自己煮汤。可是他们不知道放多少盐,结果汤太咸了。

没有了鸭子,他们再也没有做出美味的南瓜汤。就这样,猫咪和松鼠决定去找鸭子。他们来到大森林里,找啊找,遇到了许多没见过的动物。森林很茂密,很可怕。走啊走,还来到了一处断崖,他们想鸭子是不是掉下去死了。于是就来到断崖下找,可是还是没有找到。他们只好悻悻地回家去了。

到了家门口,他们听到木屋里传来了哭声。他们都很奇怪,结果推门一看,“呀,鸭子回来了。”这回可高兴了,心想又可以做美味的南瓜汤了,他们仨快乐地拥抱在一起。

难得一颗善良的心

宰相患了一种怪病，多少个宫廷御医都治不好，他整天跃跃欲试，甚至产生了刺杀皇帝的念头。一个老道看透了他的病：“你的心已经变成了野心。换心吧，不然好不了。”

宰相请来了心脏外科专家，成功地为他换了一颗心脏。可是没过两年，他又得了怪病，只要看到了同僚就气得浑身发抖，恨不得把所有的同僚统统杀掉。这时老道又来了，对他说：“你的心变成了嫉妒心。”

专家又给他换了一颗心脏，宰相恢复了健康。可是过了不久，他又病了，一天到晚害怕有人来刺杀他。眼看宰相病入膏肓，老道又来了：“你这个心又变成了疑心。”

专家又给他换了一颗心。好了不几天，他又得了怪病，这一次与以往不同，不仅给谁办事都揩油，索要钱物，而且见了漂亮女人就追。不仅如此，他看了人家有车，自己就想有飞机……老道说：“现在，这颗心充满了贪念、欲望、虚荣心……赶紧换吧，再不换就不可救药了。”

“你能不能给我换一颗好心？”宰相恳求着。专家说：“好心成本太高，需要很长时间才能培养出来，你能等得了吗？”宰相咬咬牙，从嘴里挤出了一个字：“能。”

好心终于培养出来了，宰相再也没犯过病。人们不知道好心究竟是什么样的，宰相通过高科技手段化验得出结果：原来好心就是一颗诚实善良的心。

真正的善良不是刻意的

春秋时期，晋国有一个势焰熏天的大臣赵简子，他就喜欢在过年时让老百姓替他捉斑鸠送到他府中，让他放生。

大年初一这天，老百姓能够破例地纷纷涌进赵简子的府第，他们都是来向赵简子进献斑鸠，好让赵简子放生的。赵简子非常高兴，对他们一个个都发给很优厚的赏赐。初一这天，从早到晚进献斑鸠的人络绎不绝。

赵简子的门客在一旁站了很久，问他为什么要这样做，赵简子回答说：“大年初一放生，表示我对生灵的爱护，有仁慈之心嘛！”门客接着说：“您对生灵有如此的仁慈之心，这是难得的。不知大人您想到过没有：如果全国的老百姓知道大人您要拿斑鸠去放生，从而对斑鸠争先恐后地你追我捕，其结果被打死打伤的斑鸠一定是很多很多啊！您如果真的要放生，想救斑鸠一命，不如下道命令，禁止捕捉。像现在，您奖励老百姓捕捉这许多的斑鸠送给您，您再放生，那么大人您对斑鸠的仁慈确实还不能抵偿您对它们人为地造成的灾祸哩！”

听了门客的一席话,赵简子沉默了一会儿,说:“确实如此呀!”

推销梳子的故事

有一个单位招聘业务员,由于公司待遇很好,所以很多人面试。经理为了考验大家就出了一个题目:让他们用一天的时间去推销梳子,向和尚推销。很多人都说这不可能的,和尚是没有头发的,怎么可能向他们推销?于是很多人就放弃了这个机会。但是有三个人愿意试试。第三天,他们回来了。

第一个人卖了1把梳子,他对经理说:“我看到一个小和尚,头上生了很多虱子,很痒,在那里用手抓。我就骗他说挠头用梳子挠,于是我就卖出了一把。”

第二个人卖了10把梳子。他对经理说:“我找到庙里的主持,对他说如果上山礼佛的人的头发被山风吹乱了,就表示对佛祖不尊敬,是一种罪过。假如在每个佛像前摆一把梳子,游客来了梳完头再拜佛就更好!于是我卖了10把梳子。”

第三个人卖了3000把梳子!他对经理说:“我到了最大的寺庙里,直接跟方丈讲,你想不想增加收入?方丈说想。我就告诉他,在寺庙最繁华的地方贴上标语,捐钱有礼物拿。什么礼物呢,一把功德梳。这个梳子有个特点,一定要在人多的地方梳头,这样就能梳去晦气梳来运气。于是很多人捐钱后就梳头,又使很多人去捐钱,一下子就卖出去了3000把。”

天堂和地狱

有人和上帝讨论天堂和地狱的问题。上帝对他说:“来吧!我让你看看什么是地狱。”

他们走进一个房间。一群人围着一大锅肉汤,但每个人看上去一脸饿相,瘦骨嶙峋。他们每个人都有一只可以够到锅里的汤勺,但汤勺的柄比他们的手臂还长,自己没法把汤送进嘴里。有肉汤却喝不到肚子,只能望“汤”兴叹,无可奈何。

“来吧!我再让你看看天堂。”上帝把这个人领到另一个房间。这里的一切和刚才那个房间没什么不同,一锅汤、一群人、一样的长柄汤勺,但大家都身壮体胖,正在快乐地歌唱着幸福。

“为什么?”这个人不解地问,“为什么地狱的人喝不到肉汤,而天堂的人却能喝到?”

上帝微笑着说:“很简单,在这儿,他们都会喂别人。”

推荐阅读

1.《石头汤》

2.《彩虹色的花》

3.《友善的小狮子》

4.《爱心树》

5.《你好》

6.《月亮的味道》

7.《蚂蚁和西瓜》

五、活动方案

方案一:让我们成为好朋友

【活动目标】

1.在活动中让孩子学会主动使用礼貌用语。

2.能和同伴友好地玩,不争夺、独占玩具。

3.在游戏中感受伙伴带来的快乐,体验“合作”的重要性。

【活动对象】

幼儿园小、中、大班学生。

【活动准备】

1.玩具、绘本。

2.《天线宝宝》碟片,人手一个彩色眼罩。

【活动过程】

1.甜甜的招呼。

(1)师生问好,鼓励幼儿有礼貌地和客人们集体打招呼。

(2)鼓励幼儿大胆地单独向客人们介绍自己,并送上小星星以示奖励。

(3)播放动画片《天线宝宝》,引导幼儿说说天线宝宝们是怎样和朋友打招呼的。

(4)听音乐尝试与同伴打招呼,共同探索多种打招呼的方式。

2.游戏:蒙眼行走。

(1)出示彩色眼罩,这是什么?猜猜它可以做什么?如果把它蒙在眼睛上会有什么样的感觉?

(2)帮幼儿戴上眼罩,体验蒙住眼睛后的一些紧张心理。

(3)听音乐与同伴共同体验蒙眼合作游戏的乐趣。

都戴上眼罩,来和朋友玩游戏“甜甜的招呼”。当听着音乐蒙眼找到一个新朋友时,自己拉开眼罩,和他来一个“甜甜的招呼”。然后又蒙上眼罩,继续找新朋友。找到四个朋友后一起玩。

3. 好朋友一起玩。

以四人为小组,自主游戏。可以去阅读区、玩具区、操作区等快乐活动,体验伙伴间的沟通合作。

4. 活动延伸。

(1)活动过后,带领幼儿去幼儿园各活动室,与其他班级老师、小朋友打招呼。

(2.)提醒幼儿来园时与老师同伴问好。

(3)外出做客时要孩子主动与他人问好。

(4)家长根据评价表观察孩子表现,并及时记录以鼓励。

【活动评价】

“甜甜的招呼”活动评价单(家长填写)

孩子所在班级		孩子姓名	
行动坚持度	每天( ) 经常( ) 偶尔( )		
总体表现	满意( ) 还不错( ) 勉强合格( )		
最欣赏的行动			
最令我感动的行动			
我想对孩子说			

方案二:小小的善,暖暖的爱

【活动目标】

1. 体验习善、行善、扬善的快乐,培养学生善待他人,关爱他人的美好品质,从而树立集体主义观念。

2. 通过活动引导学生从小树立善念、拥有善心、实践善行,让学生“勿以善小而不为”,从而积善成德,形成健全的人格。

【活动对象】

小学一、二年级学生。

【活动准备】

1. 利用晨诵课时间诵读《三字经》《弟子规》。

2. 在家长的帮助下上网收集友善小故事,学会讲一个友善小故事。

3. 与学校周边的社区联系，确定活动地点、活动方案。

【活动过程】

1. 知善扬善。

(1)播放《三字经》视频让孩子观看。

(2)多形式诵读《三字经》之“人之初，性本善。性相近，习相远。苟不教，性乃迁。教之道，贵以专”。

(3)说说“友善”是什么？(板书“友善”)

(4)友善就是善良，与人方便、关爱他人，给他人带去温暖。一个善良的人他会有很多好朋友，会得到很多人的尊敬。

(5)读故事，讲故事。

师讲述：一天，太阳和风争论究竟谁比谁更有力量。风说：“你看下面那个穿着外套的老人，我打赌可以比你更快地让他把外套脱下来！”说完后，便使劲儿向老人吹去，想把老人的外套吹下来。但它越吹，老人将外套裹得越紧。后来，风累了，没力气再吹了。这时，太阳从云的背后走出来，将温暖的阳光洒在老人身上，没多久，老人就开始擦汗了，并把外套脱了下来。于是，太阳笑着对风说：“其实，友善所释放的温暖比强硬更有力量。”

(6)学生讲述友善小故事。

2. 习善行善。

(1)师生共同设计敬老院之行活动方案。

①前期调查：老人人数、需求等。

②分成服务小组。

③各小组准备慰问节目、服务项目、工具等。

④聘请家长志愿者。

(2)根据方案，一周内做好准备工作。

(3)敬老院慰问之行。

(4)分享感受。

画一画、写一写敬老院慰问之行。在学校橱窗展览宣传，让更多的同学一起参与到行善活动中来。

【评价说明】

根据低年级孩子年龄特点，创设一个个活动方案，活动的时间可以结合各个相关节日等契机开展。在活动设计以及活动过程中，特别要指向“会交往”，掌握交往的技巧，培养交往的能力，让孩子们在一声问候、一个微笑中获得交往的喜悦。

方案三:换位思考,你我相处更好

【活动目标】

1. 引导学生理解什么是换位思考,为什么要换位思考,怎样换位思考,层层深入,从而明白人与人之间发生矛盾是在所难免的,懂得与人相处,站在对方立场上,设身处地为他人着想。

2. 通过心理测试、图片展示、情境体验等活动,注重学生的体验和感悟,创设情境,启发思维,让学生参与其中,进一步理解"换位思考"的必要性和重要性。

3. 培养学生学会在学习、生活中换位思考,建立全面的人生观,多角度思考问题,善于站在别人的立场考虑,从而养成良好的沟通习惯。

【活动对象】

小学三、四年级学生。

【活动准备】

精致课件、击鼓传花用具、心形真情沟通卡每人一张。

【活动过程】

1. 心理测试。

(1)请同学们看课件:假如你带着5种动物到野外去,它们分别是猴子、老虎、孔雀、狗、大象。可是随着旅行的进程,你不得不逐一丢掉它们,最后只能留下一种动物陪你,该如何选择呢?

(2)学生发表自己的意见。

小结:通过刚才的讨论,我们会发现,我们与他人的想法往往并不一致,但又没有谁有错,于是就产生摩擦,发生争执,甚至争得面红耳赤,伤了和气,伤了感情。

2. 真心话大冒险。

(1)生活中的我们是不是遇到过这样的烦恼与尴尬呢?我们先来一个真心话大冒险的游戏,让我们坦诚面对过往和现在的种种遭遇。

(2)以击鼓传花的方法,确定交流的学生,学生根据问题,举例说明。

主要问题:

①你觉得你很亲近的人了解你么?

②他们误解过你么?

③最近,你与谁闹过别扭,是什么事?

④你身边的人带给你的困扰有哪些?

小结:从同学们道出的烦恼中,我们发现,这些困扰、烦恼,常常因为意见不合,别人不理解你的想法,而你又没有相互沟通造成的。

3.图片中的启发。

(1)其实,我们事后常常懊恼,可又找不出原因,怎么回事呢?这是因为我们在与人交往沟通方面有所欠缺。怎么办呢?今天,我们就来研究一下解决问题的途径之一——换位思考。

(2)请先欣赏四幅图。展示四组画面,学生说说自己看到了什么,有什么启发。

小结:同一件事物从不同的角度去看,得到的结果也不相同,有时甚至完全矛盾。而我们的矛盾,正源于我们不懂得换位思考。这就启发我们,不要总拿自己的标准去衡量别人,甚至对别人指手画脚。意见不一致时,告诉自己,他不一定是错的,如果“把别人当成自己,把自己当成别人”,不但不会产生矛盾,你还会释然、认同对方的观点。

4.让我变成你。

(1)角色互换——“如果你是……”

①我是老师——

场景一:当同学以各种理由向你请假时,但他的理由都很敷衍,你会……因为……

场景二:课堂上,看到一些学生在下面吃零食、玩手机、看杂志,你会……因为……

②我是父母——

场景一:孩子一回家就放下书包,直奔电脑,你会……因为……

场景二:天很晚了,孩子说要跟朋友出去玩,你会……因为……

(2)请学生选择一个身份、一个场景,来演一演。

(3)谈谈内心体验。

5.昨日重现。

你的成长中,可能因为一些小小的误会而与朋友渐行渐远;可能因为没有换位思考而与父母成了冤家对头,和老师成了老鼠与猫……给你一次回到当初的机会,你会怎么处理呢?

学生交流。

6. 你在我眼中很美。

(1)是呀,学会了换位思考,你就理解了他人,你也就能发现他人的可爱之处。化“挑剔”为“欣赏”,从内心改变对他人的成见,这也是一种换位思考。

(2)学生从欣赏的角度,列举原来你抱怨的人值得感谢的两三个地方,写成信件。

亲爱的____________:

感谢你(是你)____;

感谢你(是你)____;

感谢你(是你)____……

7. 总结。

学会换位思考,用欣赏的眼光去看世界,世界是美好的;学会换位思考,站在别人的角度去思考问题,他们是可爱的;学会欣赏他人、理解他人、宽容他人,我们就能友好相处、愉快生活。

【活动说明】

三四年级孩子的年龄是9—10岁,在小学正好处在从低年级向高年级的过渡期,生理和心理特点变化明显。虽然开始有了一些自己的想法,但是,辨别是非的能力还有限,社会交往经验缺乏,经常会遇到很多自己难以解决的问题,是不安的开始。这个阶段又是生理迅速成熟,而心理发展跟不上生理发育的时期。这种心理上成长的“危机”表现在人际交往上的矛盾和冲突:一方面喜欢结交朋友;另一方面容易发生人际交往困扰,如自我封闭、敌意、不合群,他们在自我意识的支配下,在很多问题上都表现出自己独特的观点和立场,并且容易趋向固执,有一定程度的坚持性,他们习惯于只考虑自己,而不习惯站在他人的立场上来体验他人的情感世界。因此,帮助学生建立良好的人际关系,形成正确的人际交往态度,获得有效的人际沟通技能,应从形成换位思考的意识开始。

建议在“角色互换——如果你是……”环节,条件允许的前提下,可以选择一个典型的父母关系紧张的孩子作为代表,将家长代表请到现场,以某件事为契机,用书信表白的形式相互表达自己的心声,相互谈谈听完对方的心里话以后的感受。这种现场对话的方式更能获得学生的信赖,彼此的交流更坦诚,学生触动会更大。

此活动还可拓展延伸:

1. 沟通的内涵涉及许多方面,如学会聆听、欣赏他人、学会解释、主动询问、关心对方等。要想学生养成一个良好的沟通习惯与品质,必然不是仅仅一节主题活动课所能够解决的,所以,本课只作为打开沟通话题的一个切入口。

2. 沟通主题活动实施过程中,可播放相关视频,学习沟通技巧。

3. 进行人际关系沟通方面的心理辅导。

【活动评价】

学生交往沟通评价表

评价标准:优秀☆☆☆,良好☆☆,一般☆

序号	评价标准	自评	互评	家长评	教师评
1	学习一些关于与人沟通交往的知识与技能,改善与他人之间的关系。				
2	每周至少分别与老师、同学、家长谈心交流一次。				
3	用欣赏的眼光看待别人,赞美别人的优点。				
4	倾听他人讲话时,正视对方,包含关切,身体微微前倾。				
5	耐心倾听,不随意打断他人讲话。				
6	把话听完整,不将自己的意思影射到别人说的话上,引起误会。				
7	表达观点、提出要求、指出问题时用委婉、询问、商量的语气。				
8	未听清,或未弄明白时,主动询问。				
9	引起别人的不满时,及时反思自我。				
10	烦躁时,先控制自己的情绪,不随意向别人发脾气,要争论与辩解前,先冷静一下。				
11	他人误会时,主动解释。				
12	主动关心身边的人,关心他们的健康,照顾他们的情绪。				
13	站在对方的角度想问题,尊重对方的意见,理解对方的感受。				
14	用书信等多种方式把自己的感受讲给对方听。				

方案四:学会合作,成功在握

【活动目标】

1.开展丰富多彩的实践体验活动,让孩子真切体验到个人与团队的密切合作关系,认识到合作在学习、生活中的重要性,增强集体归属感。

2.让孩子掌握合作的技巧,体验、感受合作活动带来的乐趣,培养学生在学习、生活中的合作意识,增强班集体的凝聚力。

3.训练学生的交往技能,克服社交障碍,学会竞争和合作,并勇于合作、乐于合作。

【活动对象】

小学五、六年级学生。

【活动准备】

1.鼓励学生通过多种途径收集有关合作的诗歌、名言、故事。

2.师生学唱歌曲《众人划桨开大船》。

3.准备游戏活动的材料:若干张报纸。

4.让学生以自由组合的方式分成6组,每组选派出一名组长。

5.根据游戏要求,对组长进行简单培训,让他们成为老师的助手。

【活动过程】

1.激趣导入。

我们先来放松一下心情,请大家跟着老师一起做,先用右手碰一下左肩,再碰一下右肩,然后右手竖起大拇指从胸口用力伸出,再换左手做同样动作,最后双手齐做,双手交叉用拇指碰左右肩,然后从胸口将双手用力伸出,拇指朝上,边做边说:"我真的很不错,我是真的真的很不错!"(老师边说边演示,学生模仿。要求声音洪亮,充满自信,配以手势。)

大家再勇敢一点,再自信一点。现在我把词改一改送给大家——"你们真的很不错,你们是真的真的很不错!"

问:在我们做的这个开场游戏中,大家觉得有合作存在吗?如果有,是哪些合作?(讨论交流中发现,刚才的游戏中存在着合作:左手与右手之间的合作,手和嘴的合作,学生和老师的合作,学生与学生的合作。)

2.认识合作。

合作在我们的生活中无处不在。

(1)背一背有关合作的诗歌和名言,如《古今贤文·合作篇》。

(2)讲一讲有关合作的故事《折筷子》。

(3)看一看有关合作的视频《三个和尚》。

(4)说一说自己和别人合作的经历。

小结:确实是这样,世界上几乎所有的事情都需要和别人合作才能完成,小到我们的日常生活和学习,大到国家的建设。只有大家齐心协力,才能获得更多的成功。就像我们的十个手指在大脑的统一指挥下,和谐相处,各尽其责,团结合作,才能完成各项任务。

3.体验合作。

游戏:同舟共济。

(1)设置游戏情境:自己及团队成员乘船在大海上航行,突然轮船触礁进水,即将沉没,所有人都必须搭上救生艇才能逃生。

(2)游戏规则:将所有同学分成6组,每组选出一名组长,指挥大家上船,要保证所有组员都能上船。地面就是大海,每组领两张报纸铺在地上作为救生艇,所有同学的脚都必须在救生艇上才算成功。接下来,收掉一张报纸,将“救生艇”缩小,让学生继续上船,看是否同样能成功。

(成功登上救生小艇的小组举起右手,齐声喊出主题:“学会合作,成功在握”。)

(3)游戏结束,大家畅谈游戏的体会与感受,怎样才能让所有成员都登上船?

(4)总结体会:想成功必须要团结,必须要合作。

4.升华感悟。

小溪流淌只能泛起微小的浪花,百川归海才能激发惊涛骇浪。孩子们,你们能把此时此刻最想说的话用一句最精练的语言说出来吗?

请小组合作,选出最精彩的一句话写在纸上,全班交流,贴到黑板上。

5.活动总结。

通过这次活动,我想大家一定深切体会到了合作的力量。每一位同学都借助自身的能力和相互之间的信任战胜了活动中遇到的困难。希望你们能够将今天的表现延续到以后的学习生活中,不断找到团队合作的快乐。

最后让我们一起唱《众人划桨开大船》。

【活动评价】

把合作运用到日常学习中,配合课堂上的小组合作学习模式,真正践行合作探究,懂得团队合作使小组力量得到充分发挥。

1.设计小组合作学习评价表,学生对照评价标准每周进行合作学习表现的评价。

2.以四人小组为单位设计关于“合作”主题的小报,班内评出等级奖。

3.班委会组织策划,学生分工协作,设计一次“庆六一”主题中队活动,年级内组织观摩。

4.把参与合作活动的感受用成长日记的形式写下来。

附评价标准：

A. 课堂活动中积极参与，与小组成员团结协作，效果好。（5分）

B. 能较好参与课堂活动，团结合作，效果还好。（4分）

C. 遵守课堂纪律，与小组同学相互配合。（3分）

在班级内组成合作学习小组。小组活动完毕后，由小组长负责组织大家进行自评和互评，并记录在“小组合作学习评价表”中。

次数：表示在小组内加分几次。加分1次得1分。

▶ 六、活动体会

学会换位思考

前天，张老师给我们上了一堂“换位思考，你我相处更好”主题活动课，让我一直很有感触。我是一个小男生，一直以来我觉得我们男生在许多方面都优于女生，于是班上不少女生总说我大男子主义，对我有意见。

今天午睡时，我想着下午品德与社会课上的辩题“到底是男生好还是女生好”，想着想着，突然进入梦境……等我睁开眼睛时，发现我居然在学校里，并发现了一件非常可怕的事，我居然变成了女生！

还没等我思考这是怎么回事，张老师突然对同学们说：“现在去排队，下节体育课，难道你们忘了吗？”体育课！听到这三个字，我的精神马上振奋起来，这可是我最喜欢上的课了，于是我迅速跑到外面排队。陆续过来的一些男生说：“今天她这是怎么了？”

来到操场，看到体育老师正站在两个椅子旁，我一下就知道今天要学习的内容——跳山羊。果然不出我所料，老师对我们说：“今天，我们来学跳山羊，有哪位同学愿意演示一下？”我毫不犹豫地举了手。老师十分高兴，“好，三、二、一，跳！”我满怀信心地跳了过去，但却十分尴尬地坐在了椅子上，引得男生们哄堂大笑。看着男生们一个个轻松跳过去的场面，我心里十分生气，很不是滋味……

我就这样气了一节课，来到教室，一看课程表，啊！居然是美术课！我晕，这可是我最害怕的美术手工课，太恐怖了！开始上课了，我极其希望老师有事不来，但美术老师还是满脸笑容地走进教室。我十分害怕完不成手工被留下来。我不敢再想下去，于是拿出卡纸开始做手工。但我越做越奇怪，今天怎么手这么灵巧？以前通常要一节课加半小时才能做完，今天怎么只用了半节课就做完了？我想着想着……

我从睡梦中醒来，我又变回了男生，想起了刚才的经过，我突发灵感……

在品德与社会课上，我是这样对老师讲的：“男生有男生的长处，女生有女生的好处。男生，强壮、勇敢；女生，小巧、灵活。所以我觉得男生和女生都很好！”老师问:“你是如何受到启发的?”于是,我跟同学们讲了那个奇怪的梦……

[海门市通源小学三(6)班　施杰]

让良好的沟通流淌在爱的通道

通源小学开展了以“沟通”为主题的“每月一事”活动,我非常荣幸地作为家长委员会成员参加了家长学校活动,学习了不少亲子沟通的技巧,并付诸实践得到了不少成效。

从学校的讲座中得到启发,我今年为此专门购置了 MP3 和一套音响功放,把网上的传统经典讲解和诵读下载到 MP3 中,然后通过功放播放,让家中每一个人都接触到这些信息,同步学习,对家庭成员的生活行为进行一定的约束和规范。孩子教育需要家庭每一位成员的成长。

我发现网络上有很多传统文化的优秀资源,时间一长,我和孩子的文学水平都有了很大提高。学习过程中也曾遇到这样那样的困难,苦口婆心却适得其反的现象并不少见,也曾为此苦恼过。过后细细思索:做父母的不应该只怪孩子,自己也应该反思,看看问题出在哪里,能不能换种方式使孩子更容易接受一些。其实,只要有心、有创意,家庭教育同样也可以富有情趣。

孩子有了一些阅读能力之后,我便开始尝试着给孩子写一些不同内容的小字条,哪怕只是三言两语。我把这些小字条有时放在孩子的铅笔盒里,有时又悄悄放在孩子的玩具箱里,甚至冰箱门上、镜子上、枕头上,只要是孩子能看到、能找到的地方都曾经是目标。当孩子意外地发现这些小字条的时候,带给他的是一份惊喜,同时也让他能够真实地触摸到父母对他的关注和爱心。

文字和语言有着不同的特点,语言稍纵即逝,有时候说好几遍也不一定留下多少印象,容易这个耳朵进,那个耳朵出。而文字则克服了这个弱点,只要不把它毁掉,那么无论什么时候都可以拿出来看看,而且每看一次,感觉都在重温一遍,印象自然比较深刻。这与暴风骤雨式的训骂与呵斥相比,不仅考虑到了孩子的自尊心,也更容易被孩子所接受。

字条沟通不仅可以让孩子对父母有更多的了解与尊重,坚持下去说不定可以逼着你同孩子一起进步。因为随着孩子年龄的增长,字条的内容将不再是单一的表扬、批评之类,逐渐会扩展到推荐一本书,介绍一篇好文章,留下一个需要动动脑筋才能回答的小问题,甚至包括对某个观点的探讨等等,内容开始五花八门,这对于他的思维能力和写作能力的训练也是一种帮助。如此来来往往,家庭教育同样可以增添不少乐趣。

在孩子的教育中怎么做才是对的,怎么做才是最好的,我也说不好,但对孩子的教育有的方面是共性的,有的东西又要因孩子的个性、特点而不同,在教育中既要顺其自然,又要循循善诱,在管与不管中寻找平衡点。

"加油!""别灰心,再试一次!""你做的这件事真棒! 我为你感到高兴!"……我们经常会给孩子这样的鼓励,孩子将会在我们的鼓励声中快步前进。孩子需要鼓励,我们经常鼓励孩子参加学校集体活动,回来后听他讲一讲参加活动时发生的事情,还进一步问他一些问题:今天开展的是什么活动? 跟谁在一起? 有没有兴趣继续参加这样的活动? 参加这项活动有什么收获和体会? 为什么? 以引起孩子的兴趣,发现问题并及时解决排除。所以说我们的每一次鼓励都是他进步的催化剂。在学习和生活的很多方面,我们都给了孩子很多鼓励和赞赏。所以,孩子是自信的,让他有这样的积极的思想,我认为是很可贵的。

和孩子进行良好的沟通,我觉得陪伴孩子成长的每一天是那么地幸福快乐!

(海门市通源小学钱骁然家长　马华)

合作伴我成长

——"学会合作,成功在握"活动感悟

"加油,加油,五个人了,再来……""慢点,慢点,我好像要掉下去了!""哇塞,他们一张报纸上站了这么多人!"……一阵阵欢呼声从窗户飞出,一声声呐喊在教室徘徊。或许你会惊讶,为什么我们的教室如此热闹? 让我来告诉你们吧,我们的教室正在进行"学会合作,成功在握"的主题活动呢!

今天的主题班队课上,老师说要和我们一起聊聊合作的话题。活动开始,老师让我们一起做了一个非常有趣的游戏:左右手碰肩膀,竖起大拇指从胸口用力伸出的动作。这样的活动真正完成还真不是一件简单的事情。老师鼓励我们齐喊口号:"我真的很不错,我是真的真的很不错。"有趣的活动后,老师带领我们走进了合作的"文化之旅",让我们齐声诵读了优美的诗歌、听了《折筷子》的故事、欣赏了《三个和尚》的视频。活动形式丰富多样,尽管看上去内容各不相同,但其实每一个片段都告诉我们:"合作"与我们的生活密不可分,在我们的生活中无处不在。

整个活动的最高潮部分就属于"同舟共济"游戏了。每组将两张报纸铺在地上,组员们都站在报纸上。接下来抽掉一张报纸。这样的活动让我们耳目一新,兴趣倍增。可是一开始我们并没有准备好,突发状况层出不穷:有的同学单脚独立,因为没有站稳,身体开始晃动;有些小组没有商量好,几个人一起上,一起掉了下来;有的小组成员互相推搡,没几秒钟,就有人掉下了"救生艇"……最后大家的焦点都落在了第二、第四组。只见这两组的小伙伴们互相搀扶,相拥而立,稳如一座泰山,冠军毫无悬念、妥妥地归了他们。游戏结束了,得冠军的同学们个个笑容满面,得意至极。这让我们羡慕不已,我们也深深体会到:"好的合作,它不仅给我们带来成功,还带来快乐。它就像天上的彩虹,给我们的生活增添不同的光环。"

"一支竹篙呀,难渡汪洋海;众人划桨哟,开动大帆船……"在这激动人心的大合唱中，我们结束了这场意义非凡的活动。整个活动中，实践伴随着我们，快乐伴随着我们，让我们对合作这个话题有了更深的体悟。学会合作，成功在握。希望我们每个人都牢牢记住这节别开生面的主题活动课！

［海门市通源小学六(6)班　杨益］

学会合作，收获成长

中国有句古话：“千人同心，则得千人之力；万人异心，则无一人之用。”意思是说，如果一千个人同心同德，就可以发挥超过一千人的力量；如果一万个人离心离德，恐怕连一个人的力量也比不上！这就是合作的力量，这就是团队的力量。什么是合作呢？顾名思义，合作就是互相配合，共同把事情做好。世界上有许多事情，只有通过人与人之间的相互合作才能完成。一个人学会了与别人合作，也就获得了打开成功之门的钥匙。可是我们的孩子基本是独生子女，成长环境相对封闭，因此有些学生有孤僻、自私、不合群的不良心理素质。为了让孩子们都能融入到团队中，获得成功的体验，感受到集体活动的快乐，在活动中增强合作意识，所以我设计了“学会合作，成功在握”的主题班队活动。

活动逐渐展开。首先是游戏导入，我让孩子们一起做了一个非常有趣的游戏：左右手碰肩膀，竖起大拇指从胸口用力伸出的动作，我让孩子们通过交流明白合作无处不在。在这个游戏中，有左手与右手之间的合作，手和嘴的合作，学生和老师的合作，学生与学生的合作。接着，我们在文字中找寻合作的故事，诗歌诵读，聆听故事，让孩子们知道合作就在我们身边。为了让孩子更好地体会合作，践行合作，我设计了一个非常有趣的活动：创设轮船碰撞，搭救掉水队员的情境，让孩子们合作站立在一张报纸上。

事实证明，我们的孩子确实不太会合作。起初，我让学生齐喊口号时喊得参差不齐，有气无力。好在经过一番演练，终于，大家个个手势到位，声音洪亮，整齐的动作仿佛海面激起层层浪，缓缓推进。伴随着响亮的口号“我是真的真的很不错”，同学们更自信、更勇敢了。游戏环节也是如此，一开始孩子们并没有合作好，一张报纸上站人总是会有孩子掉下来或站在区域外，只有两个小组的孩子因为有了明确的分工和合作才取得了成功。活动中，孩子们对游戏充满了兴趣，也非常愿意去表达、去实践、去尝试……

作为21世纪未来祖国的小主人，只有学会合作，有与人主动合作的意识，才能更好地与同学相处，将来才能与工作中的同事一起合作完成任务，实现新的突破。希望这节主题班队会后，学生们会更加关注合作，了解合作，真正学会与人合作！

（海门市通源小学教师　唐娟）

第九章

9月:好学——让我们快乐阅读

【素养类别】文化学习
【每月一事】让我们快乐阅读(9月)
【相关专题】好奇　专注　质疑

一、名词解释

【好学】喜爱学习。《论语·公冶长》:“敏而好学,不耻下问,是以谓之文也。”

【好奇】对自己所不了解的事物觉得新奇而感兴趣。三国魏繁钦《与魏文帝笺》:“窃唯圣体,兼爱好奇,是以因笺,先白委曲。”唐杜甫《渼陂行》诗:“岑参兄弟皆好奇,携我远来游渼陂。”

【专注】专心注意。清陈廷焯《白雨斋词话》卷八:“盖兵贵精不贵多,精则有所专注,多则散乱无纪。”

【质疑】心有所疑,提出以求得解答。《管子·七臣七主》:“芒主通人情以质疑,故臣下无信,尽自治其事。”

二、行为规范

* 留心观察,多听、多看、多思考。
* 能和同伴一起分享见闻、趣事等。
* 专注地阅读书籍。
* 能和他人经常分享读书感受。
* 能和小动物、花草树木交朋友,对周围的事物有好奇心和探究欲望。
* 能通过观察、比较、操作、实验等方法,学习发现问题、分析问题和解决问题。
* 能通过多种渠道(电视、书籍、广告牌、标志牌等)获取信息。
* 能运用有趣的探究工具,积极探索感兴趣的事物。
* 喜欢接触新事物,能经常问一些与新事物有关的问题。
* 能根据观察结果提出问题,并大胆猜测答案。

* 在集体活动中能专注听老师或其他人讲话。
* 遇到感兴趣的事物或问题时，能和他人一起查阅图书资料。
* 对自己感兴趣的问题能主动探究，刨根问底。
* 敢于尝试，能用一定的方法验证自己的猜测。
* 勤问“为什么”，听不懂或有疑问时能主动提出。
* 善于从书中寻找答案。
* 大胆想象，敢于猜测。
* 会玩但不贪玩。
* 能多角度看问题。
* 乐于亲近自然。
* 善于倾听别人意见。
* 能透过表象看实质。
* 善于在失败中究因索果。
* 养成在细节中观察，见微知著的习惯。
* 课上坐立端正，专心听讲。
* 别人讲话时，不随意插嘴。
* 善于捕捉对方说话要点。
* 养成快速进入学习状态的习惯。
* 能闹中取静，集中注意力学习观察。
* 学习时能拒绝诱惑。
* 课前预习、上课记笔记。
* 学会批注、做卡片。
* 不迷信权威，敢于挑战权威。
* 做完作业后要自己检查。
* 主动收集错题，进行反思。
* 认真上好早自习。
* 善于向人求教。
* 功课再难，也要想办法解答。
* 养成多种思路求解的习惯。
* 养成“尽信书不如无书”的思维习惯。
* 学习才艺不能因为困难而退缩。
* 当天的功课当天完成。

▶ 三、名言警句

◆ 知识是一种快乐，而好奇则是知识的萌芽。

◆ 好奇心造就科学家和诗人。
◆ 好奇心是智慧富有活力的最持久、最可靠的特征之一。
◆ 好奇心是科学工作者产生无穷的毅力和耐心的源泉。
◆ 好奇心是学者的第一美德。
◆ 求知欲,好奇心——这是人的永恒的、不可改变的特性。
◆ 好奇心是科学之母。
◆ 好奇的目光常常可以看到比所希望看到的东西更多。
◆ 很多人都说我很伟大很有毅力什么的,其实我就是特别好奇,好奇得上瘾。
◆ 好奇心只要有很好的引导,就能成为孩子寻求知识的动力。
◆ 通往创造性的第一步就是好奇心和兴趣的培养。
◆ 生活全部意义在于无穷地探索未知与不断地增加更多知识。
◆ 读书有三到,谓心到,眼到,口到。
◆ 左手画圆,右手画方,则两不成。
◆ 学问尚精专,研摩贵纯一。
◆ 锲而不舍,金石可镂。
◆ 心不专一,不能专诚。
◆ 用心专者,不闻雷霆之震惊。
◆ 疑是思之始,学之端。
◆ 无专精则不能成,无涉猎则不能通也。
◆ 人只要专注于某一项事业,那就一定会做出使自己都感到吃惊的成绩来。
◆ 精通 科,神须专注,行有余力,乃可他顾。
◆ 尽信书则不如无书。
◆ 学而不思则罔,思而不学则殆。
◆ 思维从疑问和惊奇开始。
◆ 为学患无疑,疑则有进。
◆ 在可疑而不疑者,不曾学;学则须疑。
◆ 学贵有疑,小疑则小进,大疑则大进。
◆ 读书无疑须教有疑,有疑者却要无疑。

▶ 四、参考故事

要跳到月球上的孩子

1930 年 8 月 5 日,在美国俄亥俄州小城沃帕科内塔出生了一个普通的小男孩。这个孩子从小就喜欢各种飞机玩具,经常自己制作飞机模型。6 岁时他第一次坐上飞机,从此对飞行更加着迷。

有一天，妈妈给他做了一件新衣服，他穿上新衣就冲到院子里的一个土堆上又蹦又跳，下雨了也不躲，溅了一身泥浆也不顾。妈妈在厨房洗碗，她听到小孩在后院蹦蹦跳跳玩耍的声音，便对他喊道：“你在干嘛?”小孩边跳边冲屋里大声喊：“妈妈，我要跳到月球上去!”妈妈听了却说：“好啊，只是你别忘了从月球上跳回来，回家吃晚饭。”

这个小孩后来成为第一位登陆月球的人，他就是阿姆斯特朗。

道尔顿发现色盲

我们熟悉的18世纪英国著名的化学家兼物理学家道尔顿，在圣诞节前夕给他妈妈买了一双棕灰色的袜子。可是妈妈却说为什么给她买一双樱桃红的袜子，道尔顿并不认为妈妈在和他开玩笑，而是对妈妈的问话产生了极大的疑问。于是跑去问周边的人，发现除了弟弟与自己的看法相同外，其余的人都和妈妈一样，说是樱桃红色。道尔顿觉得这件小事真不寻常，他对此事的好奇心也越来越大。经过认真的分析与比较，发现弟弟和自己的色觉与别人不同，原来弟弟和自己都是色盲。

道尔顿虽然不是生物学家和医学家，但他却是第一个发现色盲的人，也是第一个被发现的色盲患者。他经过综合分析，又写了篇论文《论色盲》，成为世界上第一个提出色盲问题的人。

这就是奇迹，从简单平凡的小事中产生好奇，深入地研究考虑，一个奇迹便出现在你面前。

陈毅吃墨水

陈毅小时候非常喜欢读书。有一次，他正在看书，妈妈端来饼和芝麻酱，叫他蘸着吃。他一边看书，一边吃饼。书桌上有一个大墨盒，他竟把饼蘸到墨盒里，一口一口吃得很香。妈妈走进屋，看到他满嘴都是墨，吃惊得叫了起来。这时，他才发现蘸的不是芝麻酱，而是墨水。

妈妈一边责怪他，一边心疼地拉他去漱口。他却笑着说：“没关系！吃点墨水好哇。我肚子里的‘墨水’还太少呢!”

专注的魔力

有个故事说，从前印度有位国王想试验心的力量究竟有多大，于是便派人到牢房里抓来一个被判了死刑的囚犯，这个囚犯原是一位大臣。国王说：“现在你就要被处死了，不过我可以给你一线生机，如果你手里捧着一碗油，顶在头上，在城里的大街小巷绕一圈，能不洒落一滴的话，我就赦免你的死罪。”

这位大臣在绝望之中，像突然看见了一线曙光，高兴之后，便调整好心态，小心翼翼地顶着一碗油,在城里的大街小巷走了一圈,果然没洒出半滴油来。虽然国王在沿途布置了种种奇玩杂耍和载歌载舞的美女,故意要分散大臣的注意力,但为了活命,大臣仍充耳不闻、视而不见,终于保全了性命。

伽利略吊灯摆动实验

在伽利略的故乡比萨城里,有一座既庄严又华丽的大教堂。一天下午,伽利略来此参观。一个神职人员开始给一盏油灯注满油,把灯挂在教堂的天花板上,漫不经心地让它在上空来回摆动。

伽利略看到吊灯开始以一个很大的弧度摆动着,弧度变小时,摆动的速度也变慢了。他觉得链条的节奏好像是有规律的,虽然往返的距离越来越小,但吊灯每往返一次所用的时间似乎都一样长。没有钟表,他用右手按住自己的脉搏默默地数着吊灯摆动一次脉搏跳动的次数。他发现,吊灯每摆动一次所需的时间确实是相同的。

伽利略心里突然一亮,他想到:“亚里士多德说过,摆经过一个短弧要比经过长弧快些。亚里士多德是不是弄错了?”他回到家里,找来材料,做了几个摆。他把短摆挂在屋子里,长摆挂在大树上,然后精确计算一个摆从弧的一头运动到另一头所花的时间。实验结果证明,摆来回摆动一次的时间是由绳子的长度决定的,不管摆的重量如何,与振幅也无关。

袁隆平与杂交水稻

袁隆平,被誉为中国的“杂交水稻之父”。他的成功,养活了中国人,让中国不再受饥饿痛苦。而他的成功,也是建立在挑战权威的基础上。

1960年,天灾人祸带来了全国性的大饥荒,袁隆平目睹了严酷的现实,感到了“饿殍”两个字的刺痛,他深切地体会到什么叫“民以食为天”,他觉得自己应该也必须做点什么。当时,米丘林、李森科的“无性杂交”学说——“无性杂交可以改良品种,创造新品种”的传统论断垄断着科学界。袁隆平继续做了许多试验,依然没有任何头绪。他开始怀疑“无性杂交”的一贯正确性,决定改变方向,沿着当时被批判的孟德尔、摩尔根遗传基因和染色体学说进行探索,研究水稻杂交。而在当时,作为自花授粉的水稻被认为根本没有杂交优势。经过多年的不懈努力,袁隆平终于成功地培育出了杂交水稻。

今天回想起那一切,袁隆平深有感触地说:“在研究杂交水稻的实践中,我深深地体会到,作为一名科技工作者,要尊重权威但不迷信权威,要多读书但不能迷信书本,也不能害怕冷嘲热讽,害怕标新立异。如果老是迷信这个迷信那个,害怕这个害怕那个,那永远也创不了新,永远只能跟在别人后面。”

推荐阅读

1.《昆虫记》
2.《第一次发现》
3.《专注力游戏绘本》

五、活动方案

方案一：让我们快乐阅读

【活动目标】

1. 激发阅读兴趣，鼓励幼儿大胆地讲述自己对内容的理解。
2. 创设丰富多彩的阅读情境，让幼儿体验阅读带来的快乐。
3. 通过阅读，让幼儿对小学生活充满向往，有做一名合格小学生的愿望。

【活动对象】

幼儿园大班孩子。

【活动准备】

1. 幼儿参观过小学，了解过小学生活。
2. 绘本 PPT、幼儿人手一本绘本《大卫上学去》。

【活动过程】

1. 谈话导入，激发阅读兴趣。

(1)小朋友，你喜欢看书吗？平时读了哪些有意思的故事书呢？

(2)有一个小朋友叫大卫，刚上小学一年级，上学的第一天就发生了很多有趣的事情，我们一起来看看吧！

2. 教师导读，初步了解故事。

(1)导读一：这是什么时间？你从哪里看出来的？大卫在干什么？（举手发言）为什么上课回答问题要举手发言呢？

(2)请孩子尝试用自己的话语完整地说一说。

(3)导读二：这是什么时候？大卫在干什么？（注意听讲）为什么上课不可以这么做呢？

(4)导读三：我们可以怎样提醒大卫小朋友呢？

(5)请孩子尝试用自己的话语完整地说一说。

(6)导读四：这是在什么地方？大卫在做什么？老师会怎么说？（注意语气）

(7)小结：请孩子尝试用自己的话语完整地说一说故事内容。

3. 自主阅读，理解分享故事。

(1)幼儿自主阅读绘本故事。(提醒幼儿一页一页翻书,仔细观察画面内容。)

(2)与旁边的小朋友分享故事。(提醒幼儿用完整的语言描述图片内容。)

4.师生共读,研读感受故事。

(1)师生共同观察,集体交流。大卫在学校里还发生了哪些事情?你能用完整的话讲给我们听吗?

(2)体验受到表扬和被接纳的快乐。你的眼里大卫是个什么样的孩子?为什么?在老师的眼里大卫是个什么样的孩子呢?老师和同学们都喜欢大卫吗?你从哪里看出来的?

(3)完整欣赏图书。鼓励幼儿边翻阅边轻声讲述。

5.猜测推想,激发幼儿阅读的愿望。

第二天,大卫上学会怎么做呢?

教师小结:其实,每个孩子都不是十全十美的,或许你上课迟到过、跟小朋友打过架、上课不认真听讲、没按时完成作业。没关系,只要像大卫一样努力改正,就仍然是老师和小朋友们喜欢的好孩子。

6.阅读拓展

(1)教师向孩子推荐阅读书目。

(2)组织丰富多彩的读书评比活动,激励幼儿爱上阅读,在阅读中快乐成长。

【活动说明】

孩子是沉睡的精灵,书籍是博爱的母亲。用书籍吻醒孩子,他们懵懵的心灵便明亮起来,如同看到人生的鲜花扑面,阳光普照。让我们用一个个故事、一本本书籍、一首首诗歌轻轻地吻醒孩子们。我们可以组织亲子阅读、师生共读活动,组织"书香孩子""书香家庭"评比。

方案二:保持一颗好奇心

【活动目标】

1.激发学生的好奇心。

2.认识好奇是宝贵的学习品质。

3.学习透过好奇现象探索事物的奥秘。

【活动对象】

小学一、二年级学生。

【活动准备】

1.准备一把直尺。

2.准备自然界好奇的画面。

【活动过程】

1. 表演导入,激发学习兴趣。

(1)今天老师表演一个节目。

①拿出一张纸,尽量撕碎,随意地放在桌上。

②拿出一把塑料直尺,不经意地在头皮上摩擦数下。

③请小朋友们仔细观察,奇迹即将发生。

(2)请学生说说看到了什么现象。

(3)学生谈感想,提问题。

(4)这个现象太奇怪了吧?你想不想也来做一下这个实验?

①学生做直尺吸纸屑实验。

②提问:为什么你失败了呢?为什么他成功了呢?

(5)小结:发现奇怪的现象之后,我们都要仔细观察,解开这个奇怪的现象的奥秘。

(6)学生在座位上做直尺吸纸屑的实验,体验其中的奥秘。

(7)老师揭示直尺吸纸屑的奥秘:摩擦起电。

2. 好奇实验室,寻找奇怪现象。

(1)好奇心是创造的动力,你有好奇心吗?人类因好奇心,激发了科学上那些轰轰烈烈的发明与发现。但事实上,在我们身边,就有许许多多值得我们也好奇一回的"小事"。现实生活中,你对什么产生过好奇心呢?赶快和伙伴们交流吧!

姓名	观察过的事物	提出的问题

(2)小组交流各自好奇的问题,并记录在各自的卡片上。

(3)全班交流。

(4)教师播放课前收集到的表现生活中奇怪现象的图片:①壶口瀑布上的彩虹;②荷叶上不落的露珠;③每天都能6点醒来;④蚯蚓身体断而不死;⑤小朋友吵架又和好。

(5)小结:在大自然中、在生活中、在动物界、在植物界,都有很多好奇的事,非常有趣。

3. 讲述故事,学习面对好奇怎么办。

(1)小朋友都有一颗好奇的心。如果只是好奇,好奇在你脑海中永远只是一个谜。如果勇于探索,想尽各种办法去研究其中的奥秘,就能解开谜底。

(2)讲《牛顿与苹果的故事》。

(3)小朋友们想一想,牛顿对什么好奇?他是怎么办的?结果是怎样的?

(4)学生讲好奇心的故事。

(5)小结:只要我们保持一颗童心,就会发现这个世界上有许多好奇的事。探索好奇的事情的奥秘会有无穷的乐趣。

4.合作交流,研究生活中的好奇。

(1)布置任务:①四人一个小组,每人提一个好奇的现象,然后由小组长记录下来。②大家讨论,你们小组准备研究哪一个好奇的现象?③再讨论,你们准备采取什么方法来研究这个好奇的现象?④方法提示:小组讨论、查《十万个为什么》、请教老师和同学、直接在课堂中查询网络。

(2)指导学生研究。

(3)学生交流研究结果。

(4)总结:好奇是对大自然和生活现象的探索。小朋友因为年龄小,最有好奇心,这是非常宝贵的。所以请大家要保持这种好奇心,以有好奇心而光荣。

有了好奇心还不够,还要去探究事物的奥秘,解开好奇现象的谜底。这样,你的脑子才会越来越聪明,才能成为像牛顿那样的人,成为对社会有用的人。

【活动评价】

以表演入手,抓住了学生的好奇心,学生懂得了什么是好奇心。通过寻找大自然和社会生活中的奇怪现象,学生知道这个世界真奇妙,产生了探索奥秘的冲动。通过故事讲述,学生懂得了面对一些好奇的现象,我们应该怎么办。通过对好奇现象的简单研究,学生感受到了研究好奇现象给自己带来的快乐。利用好奇心发现卡,激励孩子将自己好奇的问题坚持写在问题卡上,坚持寻找答案。

【活动说明】

科学始于我们对外界的好奇心。正是这份好奇心,驱使着人类不断地探索大自然的奥秘,于是科学产生了:苹果掉在地上,牛顿由此发现了万有引力定律;水烧开时壶盖跳动,瓦特由此发明了蒸汽机,使人类开始了第一次工业革命;加拉帕戈斯群岛上的鸟儿奇形怪状,达尔文由此发现了生物进化的原理;光线在宇宙中飞驰而过,爱因斯坦由此颠覆了人类亘古以来的时空观……可以说,整个科学发展的历史,就是人类好奇心闪耀的历史。就是人类对未知世界不断追问的历史。

1.看一看:阅读《十万个为什么》。

2.做一做:将自己好奇的问题坚持写在问题卡上,坚持寻找答案。

方案三:上课专心听讲

【活动目标】

1.懂得上课用眼、用耳、用脑的重要性,初步学会专心听讲的方法,培养专注的学习习惯。

2. 让学生懂得上课专心听讲是提高学习效率的关键。

【活动对象】

小学三、四年级学生。

【活动准备】

故事、字条。

【活动过程】

1. 游戏导入。

(1)做游戏:“请你像我这样做”。

同学们,你们喜欢做游戏吗?现在,我们做一个游戏“超级模仿秀”。请你模仿老师做动作,看谁模仿得像。我们在模仿每个动作前都要先拍手说口诀。我说:“请你像我这样做。”你们说:“我就像您这样做。”然后,就模仿我的动作。

(2)教师做动作学生模仿。

(3)交流:说说你是怎样跟着学的,为什么能学得这么好。

(4)总结:原来这些同学特别注意看老师是怎样做的,非常专心地学,专心地做,所以才做得这么好。所以上课专心听讲很重要,这就是我们今天活动的主题。板书课题:上课专心听讲。

2. 故事明理。

(1)听故事:《高士其小时候的故事》。

(2)提问:高士其是怎样专心听讲的?为什么不理那个玩纸青蛙的同学呢?

(3)讨论:同学们都知道上课要专心听讲,谁说说上课专心听讲有什么好处?

(4)小结:上课是学习的时间,只有专心听讲,才能学到文化知识,掌握各种本领,取得好成绩。(板书:学会知识,掌握本领)高士其小时候上课专心听讲,认真学习,因此他的学习成绩一直很好。这也为他后来成为著名的科学家、作家打下了坚实的基础。

3. 判断鉴别——认识集中注意力的重要性。

(1)同学们,你们在做什么事的时候注意力最集中呢?想一想。(若无人回答提示:放学回家后,书包一放,第一件事做什么?)

(2)好,回答得都很好。刚才有位同学说看电视,那同学们喜不喜欢看电视呢?(若无人回答看电视,则由教师引出来。)

(3)看电视时是不是全神贯注,妈妈叫吃饭也不想吃呢?哪位同学愿意说一说你全神贯注看电视时的样子?

(4)很好,那老师请一位同学来表演一下刚才说的全神贯注看电视时的样子。这个表演非常简单,哪位勇敢的同学愿意来试一试?

(5)演得很好,同学们给他鼓励(鼓掌)。

刚才我们说的是做什么事时注意力最集中,那现在再来说一说做什么事时注意力最不集中。

(6)写作业被打扰时,还是不集中注意力听讲时呢?老师请同学来说一说。

(7)说得很好,同学们都很诚实。老师请一位同学来表演写作业时不集中注意力的样子。

表演得非常好(鼓掌)。请表演的这位同学说一说,通过表演你认识到不集中注意力有哪些不好的后果。

(8)很好,还有没有同学想说一说?

(9)那我们集中注意力时又有什么好的效果呢?

(10)刚才同学们说注意力不集中时会走神、不能专心,记不住也记不牢老师讲的内容,不能做好一件事。而集中注意力看电视时会把所看的内容记得很牢,记得很快,作业也可以很快写完。(在黑板上写下总结后的集中注意力的好处和不集中注意力的坏处。)

(11)学生小组讨论:说一说怎样做才能做到专心听讲。

(12)讨论后归纳:眼睛注意看;耳朵注意听;脑子跟着想;精神要集中。

4.游戏体验。

(1)玩一玩。做“传话”游戏,使学生在游戏中进一步体会专心的重要性。游戏方法及规则:

①教师发给每个小组的第一位同学一张字条,字条上可以写一些与本课学习有关的内容,如:专心听讲,可以学会知识;专心听讲,可以学会本领;专心听讲,可以取得好成绩等内容。

②每组的第一位同学看完字条后,小声告诉后面的同学,依次往后传,传到最后一位同学。

③以传话速度最快,传话内容准确无误的组为胜利组。

(2)做了这么久的练习,同学们是不是有点累了?那我们就来听一段故事,放松一下。不过听完故事后同学们要告诉我故事里出现的所有数字。(放录音:睡美人)

5.深化认识。

(1)夸夸班里在专心听讲方面做得好的同学。

(2)你今后上课会怎样做?

6.活动总结:上课专心听讲是学会知识、掌握本领的前提,希望同学们上课时都能做到眼睛注意看,耳朵注意听,脑子跟着想,精神要集中,养成专心听讲的良好学习习惯。

【活动评价】

“宁静致远”,学生保持一颗宁静的心,就能获得最好的学习效益。对学生学习专注度的评价涉及学生的学校生活与家庭生活。需要两者结合起来,才能获得更佳效果。我们建议:

1. 家长评价。每天对孩子作业的专注度进行星级评定。按专注、比较专注、不专注三个等级给予五颗星、三颗星、不给星的相应评定。累积到50颗星，家长要承诺奖励一本课外书。

2. 老师评价。由各科老师每天对学生进行“重点”评价，即选择部分“点”（个别学生）进行评价。学习特别专注的学生给予五颗星奖励，特别不专心的扣星。

3. 定期反思。每周利用一节晨会课，就学习习惯“专注”进行反思。由获星最多的学生讲述他们专注的故事。

【活动说明】

为了让学生的“专注力”得到进一步提高，我们建议：

1. 选学课程。学生可以根据兴趣爱好，选择学习对提高“专注力”特别有益的课外兴趣项目，比如书法等。

2. 优秀展示：对部分专注力特别好的学生，班级要利用“完美教室”创建的机会，给予他们更多的展示机会。比如，可以是图片文字相结合的墙壁展示，也可以是演讲等展示。

3. 邀请家长为孩子在家作业、阅读中的专注度进行星级评价。

方案四：学贵有疑

【活动目标】

1. 懂得质疑就是独立思考，是创新的开始。

2. 学会在学习中质疑，养成质疑的良好习惯。

【活动对象】

小学五、六年级学生。

【活动准备】

1. 阅读质疑小故事。明白质疑是一种习惯，更是一种能力。

2. 反思自己的质疑习惯，哪些好习惯应该保持，哪些习惯需要修正。

3. 认真阅读苏教版小学语文第九册第十课《嫦娥奔月》。

【活动过程】

1. 解读“质疑”。

（1）学生思考：什么叫质疑？

（2）名家如何定义质疑？

①朱熹曾说：“学贵有疑，小疑则小进，大疑则大进。”

②陶行知先生曾说：“发明千千万，起点是一问。”

（3）学生说说对名家定义“质疑”的理解。

（4）出示题目：学贵有疑。

2.学习“质疑”。

(1)学生讲故事:《蜜蜂的翅膀》《“不,一定是乐谱错了!”》

(2)交流:从这两个故事中,你对质疑有了什么新的认识?

(3)小结:质疑就是不迷信权威,就是有自己独立的思考,就是做一个“我”。

3.体验质疑。

(1)提供苏教版小学语文第九册第十课《嫦娥奔月》。

(2)学生学习,并对其中的题目和插图进行质疑。

(3)学生相互间评论质疑的结果。

(4)老师小结:“奔”字的含义及这幅插图与课文要表现的嫦娥与后羿的感情完全相反。专家当然有其权威之处,这是毫无疑问的,但也有百密一疏的时候。只要我们深入钻研,就一定能有属于自己的思想。

4.迁移质疑。

(1)讨论:要在学习中养成质疑的习惯,我们应该怎么办?

(2)交流归纳:

①解题时要寻求新的思路。

②阅读时要带着自己的思想。

③有了疑问后要找到有力的依据。

④听老师及同学表达时要注意取优去劣。

⑤有了疑问后要敢于表达自己的想法。

5.总结延伸。

“提出一个问题往往比解决一个问题更重要。”要想有所突破,那就要敢于提出问题,乐于思考。

【活动评价】

质疑是非常可贵的品质,要对学生的质疑品质进行鼓励。如何通过评价引导学生积极质疑呢?

1.课堂鼓励。课堂中的学生质疑有些是高质量的,有些是低质量的,甚至还有些根本就构不成质疑。但是,老师面对这随时性的质疑,一定要保持热情,进行正面性的评价。

2.评质疑星。对高质量的质疑,每周评选一次,评出“最佳质疑”和“质疑新星”。期末颁奖的时候,要以学校名义颁发“质疑星”以资鼓励。

组织开展“质疑”星级评比。学生记录一天的学习活动中提出的有价值的问题以及解决方法,给自己的表现打星,激励学生“学贵有疑”,持之以恒。

【活动说明】

“提出一个问题往往比解决一个问题更重要。因为解决一个问题也许仅仅是一个数学上、实验上的技能而已,而提出新的问题、新的可能性,从新的角度看旧的问题，却需要有创造性的想象力，从而标志着科学的真正进步。”因此，培养学生敢于提出问题，乐于思考尤为重要。我们还可以利用晨会课诵读有关质疑的名言警句和名人故事；开展一次以“学贵有疑”的演讲活动；开展“质疑”星级评比。

六、体会感悟

快乐阅读你我他

这学期，我们为孩子提供了丰富的绘本素材，搭建了美好的阅读环境，让孩子在书海中畅游，在优美的情境中熏陶。小班幼儿的想象力、创造力均处于快速发展时期，阅读能力的成长是孩子入学准备教育的重要内容。为了提高幼儿阅读能力，我们从提高幼儿阅读兴趣、养成阅读习惯、增进阅读技能入手，激励幼儿积极动脑，本学期我们开展了“快乐阅读你我他”的活动。

活动前，我们把家长从家里带来的绘本整理在班级图书角里，把我们的图书角布置成优美的情境角，孩子们在优美的情境里认真挑选着自己喜欢的图书绘本，细细品读着书中的内容，脸上时而露出微笑，时而眉头紧皱，俨然被故事情节打动了，他们慢慢地体味着读书的乐趣……我们老师适时参与，用陪读的形式把故事情节，边表演边讲述，让幼儿去感悟，从而一并引导着幼儿向自主阅读方面发展。

通过班级快乐阅读活动的开展，孩子们的自制力得到了培养，孩子们慢慢养成了良好的阅读习惯，在阅读过程中不知不觉了解了故事内容，增长了知识。

我们除了在班级里进行快乐阅读活动，也倡议家长陪同孩子在家坚持进行亲子阅读，我们为家长准备了小班年龄段的亲子阅读推荐书目，家长可以自行选择。以下是家长坚持了一学期亲子阅读之后的感想：

祝梓涵妈妈：我家宝宝，一开始不喜欢听故事，一到故事时间马上跑开，表现出不高兴的状态。但是我们坚持天天进行阅读，现在我们家小祝愿意听故事读绘本了，而且哪天不读了，她还噘小嘴巴！

筱云妈妈：我家孩子一直比较喜欢听故事，但是对于绘本自己阅读没有兴趣，我们听了老师的建议，每天和孩子一起看书，引导她观察画面比较阅读，孩子慢慢也就喜欢了，现在能看厚厚一本，不觉得累，很高兴！

秋伊妈妈：我家孩子年龄小，注意力不集中，我就尝试和她一起看书，可是她好像没什么兴趣，和老师沟通后发现可能因为帮孩子选择的书不合适。于是我看了老师的推荐书目，给孩子准备了适合她的色彩鲜艳的图画书，画面上人物少点的，发现孩子好像能够集中注意力了，现在她还喜欢自己看书，变化很大哦。宝贝加油！

是的，阅读能带给人快乐，帮助孩子幸福成长！

（海门市东洲幼儿园教师　秦姝佳）

快乐阅读,快乐人生

经过一系列的快乐阅读活动,我班幼儿在阅读习惯、阅读能力以及语言表达能力等方面都有了很大进步,是幼儿终身学习的动力和基础。我们一直坚持与孩子一起阅读,鼓励家长与孩子进行亲子阅读,这不仅使孩子得到了很大的进步,而且让我也受益匪浅。

大班幼儿正处在从分享阅读往自主阅读的方向过渡的阶段,又处于幼小衔接的关键时期,他们能仔细观察画面,关注细节,但联想、推理能力欠缺。针对大班幼儿的这一特点,我们运用提问和预测的方式进行指导。即在阅读过程中,教师先用提问的方式引导孩子们观察画面,再让幼儿根据画面传递的信息预测读本内容的发展,接着展示下一页,证实孩子们的预测,并继续观察故事的发展。这样一来,故事的连贯性加强了,幼儿不仅关注到画面,还注意到了页与页之间的关联。

我班幼儿在语言表达和理解能力上,有了明显的提高。幼儿很喜欢理解词语的意思,比如在讲故事中,碰到一个词语,他会问:"老师,这是什么意思?"并且在后来的表达过程中能把词语应用起来。幼儿的想象力也变得更加丰富了,她时常把某样东西做一个漂亮的比喻,看见银杏叶子说是蝴蝶一样的,吃几口的饼干说是高跟鞋、小船。现在我经常会很惊喜地发现,在他们的表达过程中会冒出一些新词语。问他从哪里学来的,他总是很自豪地说从书里。我相信,这都是阅读带来的。这不仅为早期阅读习惯的培养提供了帮助,也有利于孩子入学前学习习惯的养成,同时也给孩子入学后提高语文成绩打下了坚实的基础,这会为孩子增强自信心带来很大的帮助。

孩子渴望认识世界,图书使孩子打开了认识世界的窗口,不仅能丰富他们的知识,还能激发他们求知的欲望、探索自然奥秘的兴趣。在阅读中,大班幼儿的思维非常活跃,他们往往不满足教师的提问,而经常大胆地质疑,提出许多问题,教师积极主动地参与幼儿的讨论,与他们合作,帮助幼儿解决问题。当幼儿在某个问题上争执不休时,教师则可巧妙地提问,帮助幼儿重新进行思维,达成共识。此时教师适宜的提问,无疑是一把开启幼儿心智的钥匙,能激活幼儿的思维。

阅读,培养了孩子良好的看书习惯;阅读,让孩子开阔了眼界,丰富了知识;阅读,更能丰富孩子的心灵,培养孩子良好的品格。快乐阅读能让你在无限的想象空间中获得巨大的乐趣,它能给孩子的一生留下幸福美好的回忆,它将成为孩子人生道路上的一笔宝贵财富。

(海门市东洲幼儿园教师　包佳丽)

享受亲子阅读的快乐

在第一期亲子阅读分享会结束后,我心里感到很惭愧,作为家长,我对孩子的陪伴还很不够。虽然孩子每天都会看书，但在分享会中，我深刻感受到，让孩子自己看书或者是用点读笔听故事，与父母陪读是大不同的。父母亲读书的声音，才是孩子童年最美好的音乐。因此，“要培养孩子阅读的能力，就要让亲子共读成为孩子生活的一部分”。结合平时的一些做法，我有一些心得体会。

一要顺应孩子的心理特点。选好孩子“爱看”的第一批书，使孩子对书产生好感。孩子爱不爱看书，与父母的培养技巧很有关系。在孩子阅读的初期，一定要对提供给孩子的书刊进行精心挑选，尽量给孩子提供一些印刷美观漂亮、内容丰富有趣、情节发展符合儿童想象和思维特点的图画书，如动物画册等。

二要固定读书时间，以此养成习惯。习惯的养成要 22 天，你同样每天坚持做一件事，第 23 天不做就会不习惯。把晚上八点至八点半作为亲子阅读的固定时间，培养孩子良好的阅读习惯，激发孩子阅读的兴趣。亲子阅读能不能达到这样的效果，归根到底还是要看家长能不能坚持，坚持，再坚持！阅读是一个好习惯，如果一个人能够有良好的阅读习惯，那么会终身受益。

三要尽可能为孩子提供轻松自由、形式多样的阅读环境。这里说的阅读环境，一是指阅读的氛围，如在舒适的床上或沙发上，让孩子依偎着家长，家长用手揽着孩子，不时摸摸孩子的头，拍拍孩子的小脸蛋，营造具有浓郁亲情的读书氛围。二是阅读的表达。应注意富有表情地朗读，放慢阅读节奏，用声音来区别故事人物，用节奏来判断故事情节，用感情来表达故事喜恶。此外，可以通过角色扮演、一问一答等，丰富阅读方式，增强孩子对细节的理解和记忆，更加深入地理解故事，拓展知识！

“行万里路，读万卷书”，读书就是心灵的旅行。在亲子阅读的过程中，父母和孩子的情感得到了互动，孩子读书、求索和创造的热情得到了提高。而家长和孩子一起陶醉在书的世界里，一起享受读书带来的快乐，更是无比幸福的。

（海门市东洲幼儿园周煜程家长　周军）

家校合作，共育习惯

良好的学习习惯就像火车轨道。轨道铺成了，列车在轨道上行驶，速度快且安全。小学阶段对知识的学习还并不是最重要的，最重要的是培养学生良好的学习习惯。习惯养成了，学习就变成了自主有趣的事情。我是如何培养学生的学习习惯的呢？

首先，我响亮地提出了“习惯培养的主战场在家庭”，动员家长积极参与到习惯培养行动中来。因为一般学生在学校读书，接受老师的教育，会表现出一定的自制力。但回到家中，家长对孩子的约束力相对老师而言削弱了许多，很可能造成习惯“返旧”现象。所以，只有家长一起参与学生学习习惯的培养，才能让学生始终处于习惯养成的过程中，才能将良好的习惯不断加强巩固。

其次,采取星级评比的方法来促进学生养成良好习惯。学生都有一颗积极向上的心,只有在评比的过程中,才能把学生的主动性激发出来。我们把星级评比当作新教育"完美教室"缔造的一个内容,把学习习惯分为"认真""细致""好学""好奇""专注""质疑"这六个方面,由学生自主申请,自主展示,自主评定。通过这样的星级评比,促使学生加深了对学习习惯养成的认识,强化了学习习惯养成的行为,也促进了学习成绩的提高。

再次,建立了家校合作公众号。在这个公众号里,我发动学生家长谈学生习惯的养成。有许多家长的见解非常独特,也有许多家长的策略非常有借鉴意义。我开展了"学生习惯培养"征文活动,每周发一篇文章。我相信来自于学生家长的习惯培养的方法是最实在的,是最有亲和力的,也是最有学习的价值的。从家长的关注度上来看,微信公众号确实起到了很大的作用。

(海门实验学校附属小学教师　沙敏)

多思善问,其乐无穷

小时候,我就是一个喜欢问问题的孩子。总是追在爸爸妈妈的屁股后面问这问那,惹得爸爸妈妈烦了,就丢给我厚厚的百科全书,让我自己看。从此,一发不可收拾,我迷上了看书。所有爸爸妈妈不能解答的问题通过阅读,都豁然开朗了。

也许质疑问难的习惯就是在我追着父母跑的时候在心中扎下了根。上了小学,我发现自己像一只井底之蛙,有很多需要学习的东西。我像一块海绵一样孜孜不倦地吮吸知识的甘泉。"学贵有疑,小疑则小进,大疑则大进。"老师在课堂上抛下的话像火花一样点燃了我。学习不光是接受知识,还要学会思考。每天的预习工作我格外认真,翻看字典,查找资料,看到不同的理解在心中问一问自己是怎样想的,怎么看的,为什么有这样的想法。学完一课,我会在头脑中描绘出一棵知识的大树,梳理所学的知识点,排查哪些地方有遗漏,及时巩固知识点。

有一次上数学课,学到了折线统计图。我对老师的讲解持有疑义。于是,我来到办公室,对老师讲了我的观点,并和老师们热烈地讨论起来。老师查阅了参考书,证明她的观点是正确的。可是,在老师的帮助之下,我的观点越来越清晰,最后让老师对我刮目相看。

每一次上奥数班是我最得意的时候。我手持教鞭,站在讲台上,俨然一个小老师的样子,头头是道地分析难题,和同学们展开热烈的讨论。老师看着我,微笑着投来赞许的目光,我心里甜甜的滋味真好。

自从和"乐于思考"交上了朋友,我收获了自信和阳光。课堂上,高高举起的小手向老师示意,坚毅的目光中透露出从容,滔滔不绝的话语中带着自己的见解和思考。我成了课堂发言明星,更成了同学们的榜样。

[海门实验学校附属小学五(1)班　钱程旭]

第十章

10 月：感恩——让我们给父母写信

【素养类别】社会交往

【每月一事】让我们给父母写信(10 月)

【相关专题】孝敬　尊师　爱国

一、名词解释

【感恩】对别人所给的帮助表示感激。《三国志·吴志·骆统传》：“飨赐之日，可人人别进，问其燥湿，加以密意，诱谕使言，察其志趣，令皆感恩戴义，怀欲报之心。”唐陈润《阙题》诗：“丈夫不感恩，感恩宁有泪。心头感恩血，一滴染天地。”

【孝敬】①孝顺尊敬(长辈)。②把物品献给尊长，表示敬意。《诗大序》：“先王以是经夫妇，成孝敬，厚人伦，美教化，移风俗。”《尚书·酒诰》：“肇牵车牛，远服贾用，孝养厥父母。厥父母庆……”《诗经·大雅》中还说：“永言孝思，孝思维则；永言孝思，昭哉嗣服。”

【尊师】尊敬师长。道教一般称老师为师尊，百姓称别人的师父为尊师。《礼记·学记》：“大学之礼，虽诏于天子，无北面，所以尊师也。”《汉书·萧望之传》：“国之将兴，尊师而重傅。”南朝梁江淹《齐太祖诔》：“聿尚登学，严道尊师。”《后汉书·孔僖传》：“臣闻明王圣主，莫不尊师贵道。”

【爱国】就是千百年来巩固起来的对自己祖国的一种深厚的感情。汉荀悦《汉记·惠帝纪》：“封建诸侯各世其位，欲使亲民如子、爱国如家。”《晋书·刘聪传》：“臣闻古之圣王爱国如家，故皇天亦佑之如子。”宋曾巩《和酬赵宫保致政言怀》之二：“爱国忧民有古风，米盐亲省尚嫌慵。”

二、行为规范

* 和爸爸妈妈不在一起时，要主动打电话报平安。
* 每天主动为爸爸妈妈分担一样家务。
* 与父母交流时，眼睛要注视，说话要和气。

* 接受父母礼物时,要感恩接受不挑剔。
* 经常要跟爸爸妈妈说“我爱你”。
* 与父母发生矛盾时,要不顶撞。
* 知道父母喜欢吃什么,喜欢做什么。
* 家人生病或遇困难时,要学会安慰他们。
* 学会自己的事情自己做,少让父母操心。
* 学会孝敬家里的老人,给老人带去快乐。
* 每天早上来校跟老师主动问好,放学时主动跟老师说再见。
* 每天为班级做一件有意义的事。
* 得到别人帮助时,学会说谢谢。
* 学会关心别人、帮助别人。
* 不做让父母担心的事。
* 做一些力所能及的家务:打扫房间,整理床铺,洗衣服等。
* 家长疲惫时,帮家长捶背、倒茶。
* 外出时要和家长道别,回家时先向家长问好。
* 吃饭时帮忙拿筷子,先请父母入座,先请长辈动筷。
* 父母身体不适时,应该尽心尽力地照顾他们。
* 多和家长聊聊学校里的事情,告诉家长你的情况。
* 有事与父母沟通,不与父母顶嘴、吵架。
* 随时让父母知道自己的活动内容,不说谎,家长问询时要及时应答。
* 家中有客人来时,主动帮助父母招待客人。
* 过节时,主动向长辈送祝福。
* 长辈在说话时,不抢言、不插嘴。
* 出去玩要要经父母同意,并按时回家,不让父母担心。
* 记住父母的姓名、工作单位、年龄、生日,并能在父母生日时,送上祝贺语或一份小礼物。
* 父母劳累、烦恼时,主动关心,多说宽慰话。
* 上课预备铃响后,保持安静,等候老师进教室。
* 如果上课迟到,应先“报告”,征得老师同意方能进教室。
* 进入老师办公室,必须先轻轻敲门喊报告,经老师允许后方可进入。
* 与老师交谈时,要起立并主动给老师让座。
* 老师在办事或与别人在交谈时,不可随意打扰老师,躬身站立一侧,等老师办完事或谈完话后再找老师。
* 遇到不同意见,善于与老师沟通,不顶撞老师。
* 和老师交谈时,敬语在前,语调轻柔。

* 虚心听取老师的教诲，接受师长的教育。
* 指出老师的错处要有礼貌。
* 对老师说实话、真话，不欺骗老师。
* 珍惜老师的劳动成果，按时完成老师布置的各项任务。
* 知道自己的祖国叫中华人民共和国，简称中国，首都是北京。
* 认识国旗、国徽，会唱国歌。
* 爱护国旗、国徽。
* 认识我们国家版图，能在版图上指出首都和家乡的大概位置。
* 升国旗仪式或大型集会活动奏国歌时要肃立、注目，少先队员行队礼，并齐唱国歌。
* 知道红领巾的来源和意义，爱护红领巾。按要求按时佩戴红领巾。
* 知道我们国家有五十六个民族，各民族要团结，尊重他人的民族习惯。
* 要爱护名胜古迹和历史文物。
* 出境旅游时，保持文明，不做有损国格人格的事。
* 初步树立为振兴中华而努力的志向和自信心。
* 关心国家大事，经常收看新闻。

▶ 三、名言警句

◆ 生活需要一颗感恩的心来创造，一颗感恩的心需要生活来滋养。

◆ 孝子之养也，乐其心，不违其志。

◆ 孝子之至，莫大乎尊亲。

◆ 师者，所以传道、授业、解惑也。

◆ 国将兴，心贵师而重傅。

◆ 蜜蜂从花中啜蜜，离开时盈盈地道谢。浮夸的蝴蝶却相信花是应该向他道谢的。

◆ 不当家，不知柴米贵；不养儿，不知父母恩。

◆ 忘恩比之说谎、虚荣、饶舌、酗酒或其他存在于脆弱的人心中的恶德还要厉害。

◆ 卑鄙小人总是忘恩负义的，忘恩负义原本就是卑鄙的一部分。

◆ 忘恩的人落在困难之中，是不能得救的。

◆ 感谢是美德中最微小的，忘恩负义是恶习中最不好的。

◆ 父母之恩，水不能溺，火不能灭。

◆ 父恩比山高，母恩比海深。

◆ 要知父母恩，怀里抱儿孙。

◆ 养儿方知娘辛苦，养女方知谢娘恩。

◆ 从小不知老娘亲,育儿才知报娘恩。

◆ 孝子之至,莫大乎尊亲;尊亲之至,莫大乎以天下养。

◆ 一日为师,终身为父。

◆ 吃水不忘挖井人,前人栽树后人乘凉。

◆ 知恩图报,善莫大焉。

◆ 借得大江千斛水,研为翰墨颂师恩。

◆ 投之以桃,报之以李。

◆ 淡看世事去如烟,铭记恩情存如血。

◆ 恩欲报,怨欲忘;报怨短,报恩长。

◆ 一饭之恩,当永世不忘。

◆ 鱼知水恩,乃幸福之源也。

◆ 天意怜幽草,人间重晚情。

◆ 感谢命运,感谢人民,感谢思想,感谢一切我要感谢的人。

◆ 树欲静而风不止,子欲养而亲不待。

▶ 四、参考故事

我永远爱你

一天早晨,小熊阿力早早醒来,他跑下楼梯,来到厨房。他想为妈妈做一顿她最爱吃的蜂蜜吐司早餐。

阿力伸手去拿盛蜂蜜的碗——咣当——妈妈最心爱的碗变成了九片黏乎乎的瓷片!阿力不是故意的呀。妈妈会怎么说呢?

阿力的妈妈正在做晨练。阿力走过去,妈妈一边问:“早啊,阿力。我好像听到什么东西摔碎了?”阿力问妈妈:“妈妈,是不是只有我乖的时候你才爱我?”

“我永远爱你呀。”妈妈一边说,一边微笑着,还拉着阿力一起做晨练。

“要是我做了不好的事情,你也爱我吗?”阿力问。

“那我还是会爱你的。”妈妈说,“小宝贝。”

“要是我打枕头仗时,把里面的羽毛都弄出来了,你还会爱我吗?”

“我会永远爱你的,可你必须把所有的羽毛都捡回来。”

“要是我把新买的颜料罐子弄翻了,把小妹妹的身上弄得绿一块、红一块、蓝一块的,你还会爱我吗?”

“我会永远爱你的,可你得给她好好洗个澡。”

“要是我忘了关冰箱的门,结果小妹妹把里面所有东西都拖出来了,你还会爱我吗?”

“我会永远爱你的,可是喝下午茶的时候我们就不能吃点心了。”

“要是我把奶奶做的麦片粥都倒在头上了，你还会爱我吗？”

“我会永远爱你的，可是你必须再喝一碗奶奶的麦片粥。对啦，今天早晨你怎么总问这种傻问题呢？”

有好一会儿，阿力什么也没说。然后他小声说：“如果我把你最心爱的碗打碎了，你还会爱我吗？”

“你知道，我永远爱你。”妈妈说，“来吧，阿力。该吃早饭了。”

然后他们一起走进了厨房。看到地上的九片瓷片，妈妈惊呼：“哦，不！阿力，这可是我最心爱的碗呀！”

“对不起。”阿力说，泪水从脸上淌下。“你说过会永远爱我的。我爱你。”

“我当然爱你呀。”妈妈抱着阿力说。

阿力揩干眼泪，他突然想出一个好主意。匆忙跑回自己的房间，他在房间里到处找，终于找到了想要的东西，然后拿出颜料和画笔……

当他再次下楼，手上捧着一个彩绘的碗，上面写着“阿力爱妈妈”，碗边的水彩还有点湿呢。妈妈笑着说：“这是我新的最心爱的碗！”

陈毅探母

1962 年，陈毅元帅出国访问回来，路过家乡，抽空去探望身患重病的老母亲。

陈毅的母亲瘫痪在床，大小便不能自理。陈毅进家门时，母亲非常高兴，刚要向儿子打招呼，忽然想起了换下来的尿裤还在床边，就示意身边的人把它藏到床下。

陈毅见到久别的母亲，心里很激动，上前握住母亲的手，关切地问这问那。过了一会儿，他对母亲说：“娘，我进来的时候，你们把什么东西藏到床底下了？”母亲看瞒不过去，只好说出实情。陈毅听了，忙说：“娘，您久病卧床，我不能在您身边伺候，心里非常难过，这脏裤子应当由我去洗，何必藏着呢？”母亲听了很为难，旁边的人连忙把尿裤拿出，抢着去洗。陈毅连忙挡住并动情地说：“娘，我小时候，您不知为我洗过多少次尿裤，今天我就是洗上十条尿裤，也报答不了您的养育之恩！”说完，陈毅把尿裤和其他脏衣服都拿去洗得干干净净，母亲欣慰地笑了。

陈毅元帅有繁忙的公务在身，但他不忘家中的老母亲。在百忙中抽空回家探望瘫痪在床的母亲，为母亲洗尿裤，以关切的话语温暖抚慰病中的母亲。虽然陈毅元帅为母亲所做的只是一些平常得不能再平常的小事，但从这些平常的小事中，看出了他对母亲浓厚的爱。他不忘母亲曾为自己付出的点点滴滴，理解母亲的艰辛和不易，知道报答母亲的养育之恩。

黄香温席

在中国的古书上，有“香九龄，能温席”的记载。讲的是我国古代“黄香温席”的故事。黄香小时候，家中生活很艰苦，他非常孝敬父母，在母亲生病期间，小黄香一直不离左右,守护在妈妈的病床前。9岁时,母亲去世了,以后他对父亲更加关心、照顾,尽量让父亲少操心。

冬夜里,天气特别寒冷。那时,农户家里又没有任何取暖的设备,确实很难入睡。一天,黄香晚上读书时,感到特别冷,捧着书卷的手一会儿就冰凉了。他想,这么冷的天气,爸爸一定很冷,他老人家白天干了一天的活,晚上还不能好好地睡觉。想到这里,小黄香心里很不安。为让父亲少挨冷受冻,他读完书便悄悄走进父亲的房里,给他铺好被,然后脱了衣服,钻进父亲的被窝里,用自己的体温,温暖了冰冷的被窝之后,才招呼父亲睡下。黄香用自己的孝敬之心,暖了父亲的心。

黄香温席的故事,就这样传开了,街坊邻居人人夸奖黄香。

夏天到了,黄香家低矮的房子显得格外闷热,而且蚊蝇很多。到了晚上,大家都在院里乘凉,尽管每人都不停地摇着手中的蒲扇,可仍不觉得凉快。入夜了,大家也都困了,准备睡觉去了,这时,大家才发现小黄香一直没有在这里。

"香儿,香儿。"父亲忙提高嗓门喊他,"爸爸,我在这儿呢。"说着,黄香从父亲的房中走出来。满头的汗,手里还拿着一把大蒲扇。"你干什么呢?这么热的天气待在屋里。"爸爸心疼地说。"屋里太热,蚊子又多,我用扇子使劲一扇,蚊虫就跑了,屋子也显得凉快些,您好睡觉。"黄香说。爸爸紧紧地搂住黄香,"我的好孩子,可你自己却出了一身汗呀!"以后,黄香为了让父亲休息好,晚饭后,总是拿着扇子,把蚊蝇扇跑,还要扇凉父亲睡觉的床和枕头,使劳累了一天的父亲早些入睡。

9岁的小黄香就是这样孝敬父亲的,人称温席的黄香,天下无双。他长大以后,人们说,能孝敬父母的人,也一定懂得爱百姓,爱自己的国家。事情正是这样,黄香后来做了地方官,果然不负众望,为当地老百姓做了不少好事,他孝敬父母的故事,也千古流传。

居里夫人尊师的故事

居里夫人是著名科学家,她的法语老师最大的愿望是重游出生地——法国北部的第厄普。可是,她付不起由波兰到法国的一大笔旅费,回乡的希望总是那么渺茫。居里夫人当时正好住在法国,她非常理解老师的心情,不但代付了老师的全部旅费,还邀请老师到家里做客。居里夫人的热情接待使老师感到像回到了自己家里一样。

1932年5月,华沙镭研究所建成,居里夫人回到祖国参加落成典礼。许多名人都簇拥在她的周围。典礼将要开始的时候,居里夫人忽然从主席台上跑下来,穿过捧着鲜花的人群,来到一位坐在轮椅上的老年妇女面前,深情地亲吻了她的双颊,亲自推着她走上了主席台。这位老年妇女就是居里夫人小时候的老师。在场的人都被这动人的情景所感动,热烈地鼓掌,老人也流下了热泪。

居里夫人就是这样,当她成为一个伟大的科学家之后,仍旧没有忘记曾经传授给她知识的老师。

钱学森爱国故事

1949年10月1日，新中国的成立使客居美国的钱学森心潮澎湃，10多年的辛勤准备，终于到了报效祖国的时候。他向夫人蒋英说：“祖国已经解放，我们该回去了。”那时，钱学森已是世界著名科学家，夫人蒋英也在音乐界享有声誉。但祖国的召唤，使他们毫不犹豫地放弃了优越的一切。

1950年8月，钱学森一家人准备乘坐加拿大班机离开美国。但是，美国国防部以莫须有的罪名通过海关扣留了他。之后，美国司法部签署了逮捕令，钱学森失去了自由。

在美国工作的10多年间，钱学森为美国航空和火箭技术的发展作出了重要贡献。美国专栏作家密尔顿·维奥斯特曾写道：“钱是帮助美国成为世界第一流军事强国的科学家银河中一颗明亮的星。”因此，当得知钱学森要回国时，美海军部副部长立即给司法部打电话：“无论如何都不要让钱学森回国，他太有价值了！”“宁可毙了他，也不要放他回国。”

钱学森没有屈服。在失去自由的日子里，他一方面继续着自己的科学研究，一方面坚持斗争，寻找回国的时机。1955年5月，他从海外华人报纸上看到一则关于中国庆祝“五一”劳动节的报道，其中有他家熟悉的世交陈叔通和毛主席一起在天安门城楼检阅游行队伍的消息。

钱学森立即给陈叔通写了一封请求祖国帮助他回国的信，夹在蒋英写给她在比利时的妹妹的信里，悄悄地寄了出去。陈叔通接到信的当天，就把信送交给周恩来总理。当时，中美正在日内瓦举行大使级会谈。王炳南大使根据总理的指示与美方交涉。开始，美方不承认扣留了任何中国公民，但当王大使拿出钱学森的信时，美方才哑口无言。最后，美国政府只得无奈地允许钱学森回国。

1955年9月，钱学森全家登上克里夫兰总统号轮船回国。历经磨难，钱学森回到了祖国。作为新中国国防科技事业的主要创建者之一，钱学森呕心沥血，作出了历史性贡献。1960年，在他具体领导下，我国研制成功了第一枚导弹。之后，他又亲自主持我国“两弹结合”的技术攻关和试验工作，于1966年成功发射了我国第一枚导弹核武器。1965年，他向中央提出研制发射人造卫星的时机已经成熟，并于1968年兼任空间技术研究院首任院长。1970年我国第一颗人造地球卫星发射成功，新中国终于迎来了航天时代的黎明。

推荐阅读

1.《爱的教育》
2.《长腿叔叔》

3.《珍惜每一次的感动》

4.《让小学生感恩祖国的100个故事》

▶ 五、活动方案

方案一:给爸爸妈妈写信

【活动目标】

1. 激发爱父母的情感及想给父母写信的愿望。

2. 学用图画、符号、文字等形式表达想法和情感。

【活动对象】

幼儿园大班小朋友。

【活动准备】

1. 采访爸爸妈妈的视频光盘、家长来信、自备字卡、白纸、画笔。

2. 回顾以前为父母过生日的情景。

3. 采访爸爸妈妈,了解爸爸妈妈喜欢的颜色、爱吃的食物、生日和心愿。

【活动过程】

1. 回忆采访爸爸妈妈的内容。

说一说你的爸爸妈妈爱吃什么、喜欢的颜色、生日、心愿……

2. 观看录像。

(1)观看爸爸妈妈辛苦做事的录像。听听他们都说了些什么。

(2)观看后讨论。

(3)读家长来信。

3. 幼儿写信。

(1)讨论怎样写信:

我们还不会写字,可以用什么方法来写信呢?

(2)幼儿用自己喜欢的方式给爸爸妈妈写信。

(3)展示交流自己的信。

4. 小结。

我们的爸爸妈妈是最爱我们的人,为了我们能快乐成长,他们辛勤工作、任劳任怨,所以我们在平时也要照顾爸爸妈妈,体谅爸爸妈妈,做个懂事的孩子。

【活动评价】

让孩子把信带回家,“读”给爸爸妈妈听,鼓励孩子为家中的长辈做一些力所能及的小事,表达对长辈的爱;邀请父母撰写亲情日记,结合传统节日,开展分享活动。

【活动说明】

感恩是需要学习，需要培育的。本活动以感恩父母为切入口，让幼儿知道要常怀感恩之心，感恩父母、师长、自然，感恩一切给予微笑和爱的人。我们的感恩之心，要善于表达出来。

方案二：爸爸妈妈，我爱您！

【活动目标】

1. 通过活动使学生认识到孝敬父母、学会感恩是一个人最基本的素养，培养学生对父母、他人、社会的感恩意识。

2. 让学生拿出实际行动去孝敬父母，为父母做些实事。能够在日常行为中理解父母、孝敬父母。

3. 能够用感恩的心态努力学习，积极生活。

【活动对象】

小学一、二年级学生。

【活动准备】

1. 学生准备好采访家长的采访稿。

2. 学生收集关于孝敬的故事、歌曲。

【活动过程】

1. 歌曲导入。

(1)听《小乌鸦爱妈妈》歌曲，讲述乌鸦反哺的故事。

(2)在生活中，父母的手永远牵着我们的手；父母的身体永远给我们挡风雨；父母的爱是夏日里清凉的风；父母的爱是冬天里温暖的火；父母的爱是我们生病时一杯温热的水；父母的爱是我们健康时一个放心的微笑。

2. 故事分享。

(1)出示：陈毅画像，你们知道他是谁吗？了解陈毅。

(2)听《陈毅探母》的故事。

(3)分享感受。

(4)在小组内讲述感恩故事。

(5)观看妈妈分娩时的录像。说一说自己的感受。

3. 探究实践。

(1)如何做孝敬父母的好孩子？进行一场小型抢答比赛。

A. 你可以不经过父母的同意，随便出去玩。(　　)

B. 吃饭时等妈妈给盛饭。(　　)

C. 回家就要妈妈买零食吃。(　　)

D. 回家不认真写作业,老和妈妈顶嘴。(　　)

E. 不但自己的事情自己做,还做很多家务。(　　)

F. 帮父母做力所能及的家务,减轻父母负担。(　　)

G. 有心事主动和父母说,经常与父母聊天。(　　)

H. 尊敬父母,对父母有礼貌,听从父母的教导,不顶撞父母,不和父母发脾气。

I. 生活节俭,无浪费现象,不乱花钱,不向父母提过高要求(如买贵重的玩具)。

J. 在学校里听老师的话,认真完成作业。(　　)

(2)学唱孝敬母亲歌曲《我的好妈妈》。

(3)问卷调查《看谁对父母了解沟通多》:母亲节是什么时候? 父亲节是什么时候? 你知道爸爸妈妈的生日吗? 你是怎样给爸爸妈妈过生日的? 爸爸妈妈喜欢吃什么? 爸爸妈妈平时有什么爱好? 你知道爸爸妈妈做什么工作吗? 他们工作一天辛苦吗? 你为他们做了什么事?

4. 感恩零距离。

(1)为家长安放座位,掌声有请家长。

要求:每个孩子走到各自的家长面前,牵着家长的手来到座位上。

(2)观察家长,并由教师采访现场情况。

要求:仔细地触摸并观察家长的手,端详家长的脸、头发等。教师尽量地采访更多学生、各种情况的学生。

(3)为家长做一件事。

教师放视频歌曲《孝敬父母》。

(4)学生访谈,回味"孝道"。

A. 由学生采访几位家长:孩子为你服务时有何感受?

B. 教师采访学生:你为家长服务时观察到了什么? 此时此刻,你最想说什么?

5. 争当"孝亲敬老"小标兵。

全校举行争当"孝亲敬老"小标兵的评比活动,分别从以下四个方面进行:

(1)孝言行动,即:"进门忙问候""出门打招呼""睡前道晚安""分别说再见""谢谢爸爸妈妈"等。

(2)礼让孝举:看电视让频道、就餐让座位、吃菜让佳肴等。

(3)回家"三个一":一句问候话、一杯茶、一件家务事。

(4)假期三件事:送父母一件小礼物、帮父母当一天家、写一篇孝敬内容的日记。

每周进行一次周表彰,月底进行月表彰,评选出各班的"孝亲敬老"小标兵。

【活动评价】

“孝敬父母礼仪”评分表(一)

______年级　学生姓名________　________年______月　第______周

问候礼仪	分类项	具体问候语	父母评价
早起和睡前时主动问候	早起后的问候	“爸爸妈妈,早安!” “爷爷奶奶,早上好!”	A. 很满意 B. 基本满意 C. 不满意
	睡前的问候	“爸爸妈妈,晚安!”	
出门和回家时主动和家长打招呼	自己去上学时的问候	“爸爸妈妈,我去上学了,再见!”	A. 很满意 B. 基本满意 C. 不满意
	自己归来时的问候	“爷爷,我放学回来了,您好吗?”	
父母下班或外出时,主动递接父母手中的东西	父母下班回家或外出归来	“爸爸,您辛苦了,请喝杯茶!” “爸爸(妈妈)回来啦,外出辛苦了。”	A. 很满意 B. 基本满意 C. 不满意
	父母外出时	祝爸爸(妈妈)一路平安,办事顺利。	
节(假)日主动向父母致以节日的问候	父母的节日或父母过生日的问候	“爸爸妈妈,生日快乐! 祝您身体健康!” “爸爸妈妈,母亲(父亲)节快乐!”	A. 很满意 B. 基本满意 C. 不满意
	自己过生日的问候	“爸爸妈妈,谢谢您的养育之恩!”	
	过节时的问候	“祝爸爸(妈妈)节日愉快!”	

父母的心里话:

签名__________

“孝敬父母礼仪”评分表(二)

______年级　学生姓名________　________年______月　第______周

<table>
<tr><th>用餐礼仪</th><th>分类项</th><th>具体行动和语言</th><th>父母评价</th></tr>
<tr><td rowspan="2">膳前准备</td><td>饭前洗手</td><td>1. 自己能养成饭前便后洗手的习惯。
2. 提醒和帮助弟弟妹妹养成洗手的习惯。</td><td rowspan="2">A. 很满意
B. 基本满意
C. 不满意</td></tr>
<tr><td>做力所能及的事</td><td>1. 学习做饭,帮忙择菜洗菜。
2. 放置碗筷,搬放椅子。</td></tr>
<tr><td rowspan="2">用餐前礼仪</td><td>入座</td><td>请爷爷奶奶、爸爸妈妈等长辈先入座。
如果妈妈还在烧菜不能先入座,要主动请示:“妈妈,您辛苦了! 我先入座了,好吗?”
妈妈答:“你坐吧。”
你答:“谢谢妈妈!”后才入座。</td><td rowspan="2">A. 很满意
B. 基本满意
C. 不满意</td></tr>
<tr><td>动筷</td><td>要等长辈先拿碗筷后,自己才能拿起碗筷。
或等长辈说:“大家坐下吃吧。”才动筷。</td></tr>
<tr><td rowspan="6">用餐时礼仪</td><td rowspan="3">三不要</td><td>1. 不挑食,不偏食;不大声喧哗,要保持安静。</td><td rowspan="3">A. 很满意
B. 基本满意
C. 不满意</td></tr>
<tr><td>2. 不要狼吞虎咽,咀嚼时要小声,尽量闭嘴咀嚼。</td></tr>
<tr><td>3. 菜渣残骨不要乱扔,或放在碟子内,或集中堆放一角。</td></tr>
<tr><td rowspan="3">三主动</td><td>1. 主动给长辈盛饭、添饭、夹菜。如果父母给自己添饭夹菜要说:“谢谢!”</td><td rowspan="3">A. 很满意
B. 基本满意
C. 不满意</td></tr>
<tr><td>2. 如果比长辈先吃完饭,主动说:“爸爸妈妈慢用”或“大家慢用”。</td></tr>
<tr><td>3. 吃完后,主动说些感谢的话:“今天的菜真好吃!”“谢谢妈妈做这么多好吃的菜!”“辛苦了,妈妈。”</td></tr>
<tr><td colspan="4">父母的心里话:

签名:__________</td></tr>
</table>

（请将评分表贴在显眼处，请家长根据孩子在家的表现来打分，月底交给学校进行校级评比。）

每周“行孝”事件笔记

日期	“行孝”事件

家长签名：__________

【活动说明】

孝敬父母应从小事做起，从点滴做起。如当爸爸妈妈生日的时候，给爸爸妈妈祝福，给爸爸妈妈盛饭，为父母制作爱心卡，就是一个祝福、一句问候、一个拥抱，甚至只是一个微笑……都是对父母的尊敬。活动延伸部分采用表格式的评价表、“行孝”事件笔记、行孝体验日记等策略，能更好地对学生孝敬的表现进行督促鼓励，让孝敬逐渐成为学生们潜移默化的生活习惯。

除此之外，还可以开展“五个一”活动，即做一件好事、读一本好书、帮父母做一件事、办一张手抄报、给父母一件礼物。如：做好事拾金不昧，在社区打扫卫生，到养老院看望老人，在家帮父母做家务，在公交车上让座，扶老人过马路等。

方案三：师恩难忘

【活动目标】

1. 通过学习、交流，了解我们的民族是一个具有尊师重教光荣传统的民族。
2. 培养学生尊敬老师、热爱老师的思想感情，能用实际行动表达对老师的尊敬和热爱之情。

【活动对象】

小学三、四年级学生。

【活动准备】

1. 和老师有关的歌曲、诗歌、古文等。
2. 准备好做感恩卡的彩纸、彩笔等工具。
3. 会唱一首给老师的歌，会诵一首给老师的诗，会跳一段给老师的舞。

4. 网络链接:中华感恩教育网站、北京感恩励志教育中心、感恩教育官方网、彭成感恩教育。

【活动过程】

1. 了解历史——跟古人学尊师。

(1)了解“老师”。

“老师”最初指年老资深的学者,如《史记·孟子荀卿列传》:“齐襄王时,而荀卿最为老师。”后来把教学生的人也称为“老师”,如金代元好问《示侄孙伯安》一诗:“伯安入小学,颖悟非凡儿,属句有夙性,说字惊老师。”中国有悠久的尊师重道的传统,古代就有“人有三尊,君、父、师”的说法。《吕氏春秋·尊师》云:“生则谨养,死则敬祭,此尊师之道也。”古人席地而坐,以西边为尊,故尊称家庭教师为“西席”和“西宾”。

《师说》中:“师者,所以传道授业解惑也。”原来,仿佛老师只是教授知识,解答问题的人,不苟言笑。其实,自古而今,存在着良多的亦师亦友的典范。老子与孔子便是如此。在中国几千年的灿烂历史中,“师”,总是受人尊敬、被人爱戴的。老师,是人类文化得以传承的功臣。他们做的贡献是极其巨大的。

(2)跟古人学尊师礼仪。

①跟着老师做一做:遇见老师,必作揖行礼。(学生跟着老师一起起立,双手叠在一起,举到胸前,然后弯腰鞠躬。)

②应知应会:老师提问,必起立回答;向老师提问,要举手;老师坐着时,学生应该侍立一旁;老师站着,学生就不可以坐着;老师在场,不高谈阔论。

2. 我心唱响——向老师表谢意。

(1)唱《我爱米兰》,用歌声表达对老师的爱。

(2)改编歌曲《感恩的心》,唱出对老师的感谢。

3. 真情传递——感恩在行动。

老师的赞美给了我们自信,老师的指引点燃了我们心中的理想。感谢老师,感谢您在我们成长路上的辛勤付出,今天我们要用实际行动告诉老师——“我们爱您”。

(1)班级活动:

①给老师的一句祝福语:通过微信、短信、书签等形式为老师写一句祝福语,表达对老师的感谢。

②做一张贺卡:制作一张感恩贺卡,告诉老师我们长大了。

③做一件事:主动帮助老师做一件力所能及的事,如搬作业、擦黑板等。

④真情表白:表示自己会在一个学期内认真做好学习方面的某件事,比如经常作业完不成的,决心每天能按时完成作业;上课不发言的,决心每天至少发言一次等。

(以上活动可以选择2个去做。)

(2)校级活动:

①举行演讲比赛《人生路上的领路人——感谢您，老师》。

②举行征文比赛，参考题目有《师恩难忘，师情永存》《母校——我成长的摇篮》等。

③组织“感谢师恩”贺卡制作大赛。

4. 交换空间——角色体验。

了解老师一天的工作，开展“我是一名教师”的换位思考，酌情开展“我当小老师”的体验活动，体会教师的良苦用心和付出的精力。

【活动评价】

明星学院——争当“尊师小明星”

姓名		我的行动宣言		
序号	应知应会	自我评价	同学评价	老师评价
1	主动跟老师问好。			
2	老师提问，起立回答。			
3	向老师提问，会用礼貌用语。			
4	老师在场与不在场一个样。			
5	认真完成作业，不让老师操心。			
6	认真完成老师布置的任务。			
7	积极为班级添光彩。			

方案四：祖国，我的母亲！

【活动目标】

1. 培养学生关心国家大事的意识，对国家、家乡的发展能有所了解，并了解国家的发展状况。

2. 对国家的历史和人文能有所了解，能利用网络传播正能量，逐步建立民族自豪感。

3. 出境旅游时,保持文明,不做有损国格人格的事。

【活动对象】

小学五、六年级学生。

【活动准备】

1. 简单介绍自己去旅游或居住过的国内一个省、市。

2. 课前发动学生收集祖国特有的文明和近年来的重大成就。

【活动过程】

(黑板上用红色粉笔书写:祖国山河——我们了解多少)

导入:中华民族是一个充满智慧而勤奋的民族。作为一个中国人,我们应该感到无比的骄傲和自豪。可是,我们对自己的国家了解多少呢?今天我们就一起来进一步认识我们的国家,通过活动知道我们如何爱自己的国家。

1. 你了解中国吗?

以必答、抢答等形式进行小组间的竞赛。(国旗、国歌、国徽、首都、民族、四大发明、名胜古迹、重大事件等)

2. 中国地理我知晓。

(1)介绍自己去旅游或居住过的国内一个省、市:说一说它处在中国的哪个部位,介绍一下这个城市的大概情况。

(2)小游戏:比一比谁更了解我国地理。(主持人说一个省的名字,抢答的同学在地图中指出位置,并说出这个省的信息。)

3. 爱国从我做起。

(1)小组分享自己爱国的表现或看到的爱国表现,再用即兴表演的形式表演出来,评比出最佳小组。

(2)谈一谈作为一名小学生可以从哪些方面做到爱国。

4. 给祖国妈妈写信。

(1)给祖国妈妈写一封信,说说自己的心里话。

(2)写一份关于爱国的倡议书,传播正能量。

教师总结:爱国就是对祖国有着深厚的感情,不做损害国家利益和集体利益的事。当然,一个人爱国不是只在嘴上说说罢了,还得要有实际行动才行。作为学生的我们,应该努力学习,早日成为祖国的栋梁之才,这也是爱国的一种方式。希望我们每个人都能在实际行动中实现爱国的诺言!

(3)播放歌曲《歌唱祖国》,让学生再一次感受爱国情怀。

【活动评价】

1. 根据“爱国之星”评价表,每周自己、家长、老师评分,做得好的得一颗五角星,看看你是否能达到“爱国之星”的要求,获得“爱国之星”奖章。

“每周一事”星级评价表

每周一事	争当“爱国之星”					
爱国	1. 知道我国的国徽、国旗、国歌及首都。 2. 升国旗仪式或大型集会活动奏国歌时要肃立、注目，少先队员行队礼，并齐唱国歌。 3. 认识我们国家版图，能在版图上指出首都和家乡的大概位置。 4. 出境旅游时，保持文明，不做有损国格人格的事。 5. 每当有重要事件发生后，通过短信、微信、QQ 等进行讨论，传播正能量。					
公民素养评价	星级评定	细则 1	细则 2	细则 3	细则 4	一月总评
	自我					
	同伴					
	教师					
	家长					
教师留言	签名：　　年　月　日					
我的体验	签名：　　年　月　日					
备注	优秀：☆☆☆☆☆　良好：☆☆☆☆　一般：☆☆☆					

2. 月底对达到“爱国之星”要求的同学在班级进行表彰，同时邀请家长参与表彰活动。对表现非常优秀的学生在学校集会时进行表彰并颁发奖章。

【活动说明】

知国才能爱国，“知之深”才能“爱之切”。当前小学生对祖国是否有深刻的了解呢？一些调查资料表明，他们对祖国的历史名人，甚至是当地的名人都知之不多、知之不深。因此，他们对如何爱国，什么样的行动才是爱国，平时的行为应如何做才是爱国不甚了解。因此，爱国主义教育可以通过知识竞赛、介绍家乡或旅游过的地方、情境表演、给祖国妈妈写信、写倡议书等活动，帮助小学生了解祖国的过去，认识祖国的现在，展望祖国的未来，以此激励小学生了解中华民族的光辉历史，相信中华民族将永远屹立于世界民族之林。

在操作过程中可以结合班会、校会进行国情教育；利用广播、黑板报、宣传橱窗，介绍祖国的悠久历史和改革开放以来的伟大建设成就；指导小学生收看新闻等电视节目，开展社会调查，使小学生感受祖国建设的飞速发展。特别要充分利用课堂教学这条途径,做到结合教学讲历史、讲传统;结合教学讲爱国民族英雄和科学家、艺术家的卓越贡献;结合教学讲老一辈无产阶级革命家的丰功伟绩;结合教学讲社会主义建设的飞速发展和党的方针政策的无比正确;结合教学讲爱国主义理论、远大理想和奋斗精神等。

▶ 六、活动体会

我向孩子学习

首先,感谢学校给我提供了一次重新学习及和孩子互动的机会。学校开展感恩节活动,孩子说家长一定要参加,想来有好几次活动我都没能参加,我就告诉孩子:"放心吧!我一定会参加的!"到了学校进了会场就有了不一样的感觉,当歌曲《感恩的心》唱起时,心中顿时涌起温暖。是的,在我们的生命中有太多的人让我们感动,值得我们去感恩。通过老师一系列声情并茂的演讲及一系列的互动,当老师让孩子用眼睛仔细看自己的父母的时候,那一刻我和孩子都已经热泪盈眶,我也突然发现我好久没有仔细看过自己的父母、孩子。细想在我们的人生中确实需要感恩的人、事、物有很多,而无论感恩于何人、何事、何物,其实都是一种生活态度问题。

今天回来后孩子的表现就和平常不一样。我正在写此文时,她就端来一杯水说:"妈妈,辛苦啦,喝点水。"当然这种教育不可能一次就起到很大效果,学校又采用争当"孝亲敬老"小标兵的活动,更是将这种教育贯穿始终,真正达到教育孩子的目的,让感恩深入人心,让孩子从根本上理解如何感恩,让感恩成为他们一生的习惯。当然作为家长,应以身作则,用自己的行动为孩子做表率,是我们义不容辞的责任。我们一定会积极配合学校,共同实现教育目标。感谢老师的辛勤付出!

(海门市证大小学冯芝麟的家长　刘丹)

我给妈妈洗脚

今天,老师们给我们布置了一个任务,给妈妈或者爸爸洗脚。以前每次都是爸爸妈妈帮我洗脚,可我从来没有给他们洗过脚,今天我也要好好地帮他们洗脚。

我先把脚盆洗干净,然后往盆里加了小半盆凉水,再往盆里加热水时,我想起了爸爸妈妈不让我动暖水瓶。我想了又想,还是从热水器里放水吧!我抬头一看热水器的温度是50℃。啊哈!原来是妈妈给我烧的洗澡水呀!正好给妈妈洗脚。接了热水,我试试水温正好,和我往常的洗脚水一样。

我小心翼翼地把洗脚水端到客厅,放在妈妈脚边。妈妈一脸惊讶地问:"你干什么呀?"我说:"我给您洗脚呀!"妈妈一听,双眼瞪得圆圆的,嘴巴张得大大的,半晌妈妈又问道:"儿子,我不是在做梦吧?"

我笑着说：“老妈，我会让你美梦成真的！”

我先把妈妈的裤腿向上卷起来，然后把妈妈的袜子脱了，最后把妈妈的脚放进盆里。妈妈一直在笑，因为她怕痒，但这笑容里含着很多很多的幸福。我用手把妈妈的脚趾搓干净，妈妈的脚肉乎乎的。我说：“妈妈，我要给你洗洗脚心，你抬一下脚。”老妈抬起脚，我趁机挠了挠她的脚心。妈妈笑得合不拢嘴。妈妈使劲把脚踩在盆底，坚决不让我给她搓脚了。我趁她不注意，又挠了几下她的脚心。妈妈大笑着说：“儿子，你为什么老挠我的痒？”我笑着说：“您以前不也老挠我的脚心吗？我这叫回报您。”

这次给妈妈洗脚，我收获了许多。爸爸妈妈抚育了我们，我们应该回报父母。这让我想起了“谁言寸草心，报得三春晖”。我们要学会用爱报答父母。

［海门市证大小学二(1)班　郁旌萱］

心怀感恩，情系生活

有人说，感恩是人生的最大智慧。也有人说，感恩是人性的一大美德。其实，感恩应该是人类和大自然最美丽的花朵和最美好的种子。说它是最美丽的花朵，是因为它展示了人类和大自然最感人、最亮丽、最光辉的本性；说它是最美好的种子，因为它能够传播最纯真、最淳朴、最浓厚的情感。

有人说，感恩是连动物都会的事情，是人的本能。其实不然，感恩是需要学习的。西方的许多父母从孩子很小的时候就要求他们写感恩日记，让他们学会感恩阳光、感恩自然、感恩一切给予微笑和爱的人。感恩不仅会给感恩的人带来快乐，更能够给自己带来幸福。学会感恩，我们对生活充满信心；学会感恩，我们就会懂得给予永远比索取更快乐；学会感恩，我们就会呵护身边的小草、动物；学会感恩，我们就会关爱弱势人群；学会感恩，我们就会赢得别人的关爱。

记得一次谈话活动《我出生的故事》，家长一起与孩子分享宝贝出生时的故事，并以书信的形式记录。孩子们拿着这封他们还看不懂的信高兴地说：“老师，我带来了。”“老师，我交给你了。”也许此时他们的感受还只是一个小任务，但是在活动中，那是一次爱的洗礼。有的妈妈手很巧，把这信折成了爱心；有的妈妈想要表达的爱意太浓太浓，几张薄薄的纸还远远不够；有一封来自爸爸的信，虽然短短几行，但是字里行间饱含着深深的父爱。当谈话活动进行到尾声，我随手拿起了一封读给孩子们听，内容是这样的：“亲爱的宝贝，也许你现在还不懂什么是母爱父爱。当年爸爸妈妈在几乎不抱任何希望，想去领养一个孩子的时候，你却突然来到了我们的身边。你知道么？我们这一等就是三年……”这是一封让我读后饱含热泪，心情久久不能平静的一封来信。我解释给孩子听，孩子们的表情很凝重，教室里鸦雀无声，随手又翻开一封：“那是一个风雨交加的晚上，没想到就在这晚你要出生了。那时家里没有车，只能打120。到了医院，医生说早产，伴随新生儿肺炎,观察不行的话,天亮后送南通。这是一个多么痛的打击啊!”孩子听后告诉我:“我妈妈说提前25天生了我,我生下来才4斤,很小很小,他们还害怕我养不活了。我的妈妈就一直哭,所以现在眼睛还看不清楚。他们还叫我王一搏,就是希望我搏一搏的意思。”孩子们要求我把这些信读给他们听,于是这个半天我们就沉浸在这么多信纸中。孩子说我一定要好好地对妈妈,妈妈生了我,还要上班赚钱给我买玩具,我一定要听她的话,长大后给她买好多她喜欢的东西,我想感恩之情已经在这些苗苗的心里开始萌发了……

走在新教育的路上,我们情系生活中每一个美丽的节日:春节、元宵节、植树节、母亲节、父亲节、教师节、国庆节、世界动物日、中秋节、重阳节等。无论是祖国母亲还是大自然,无论是长辈亲人还是人民教师,都是我们必须感恩的对象。幼儿园的孩子,通过自己特有的方式表达内心美好的情感。如:制作“感恩卡”、说说“感恩语”、做做“贴心事”、画画“感恩信”等,表达对家人、老师以及朋友的理解、关心和尊重。培养孩子做一个心存感激的人,做一个对自己负责、对父母负责、对社会负责的人,有着特别的意义。

走在新教育的路上,我拥有了一颗感恩的心,心境如春日的阳光一样灿烂。

我感恩那些鼓励过我的人,是他们让我看到希望的晨曦。

我感恩那些被我帮助过的人,是他们给予了我回报的机会。

我感恩批评我的人,是他们让我认识到自己的不足。

感恩鸟语花香,感恩春和景明,感恩蔚蓝的苍穹,感恩这美好的一切……

岁月无声,亲情无限,愿我们与孩子都来亲近这“最温柔的艺术”,编织经久不衰的爱的故事。

(海门市机关幼儿园教师　刘莉莉)

当我老了,依旧有爱

在信息畅通的现如今,当有人喊着你的名字:“嗨,有你的一封信。”你会怎么想?也许会随手一扔,也许会瞄上一眼再扔。想着:哪来的,奇怪了。心中或许还充满了抱怨。今天,当我带着同样的心情接过门卫交给我的信时,第一反应,一定是哪里的对账单吧,或者就是哪里的宣传册。我甚至没看一眼就往包里一放,匆匆步入工作岗位。我绝对想不到,那真的是一封信,一封来自儿子写给我的信,贴上了邮票,盖上了邮戳,绕过了大半个街道传到我手中的信。我很庆幸,我没有糊涂得将这份爱的表达随意丢失;我很庆幸,在劳累了一天后,在我极度疲惫时仍能收到这样的惊喜;我很庆幸,那么小的孩子有如此的爱意。我真的很庆幸。

这是一封儿子写给我的信,也许它并不是完全意义上的信,因为除了最后的署名,整页的纸没有文字。他还小,他还在上幼儿园,除了名字他没有接触过文字的书写,所以他给我的信都是用图画来表达的。淡蓝色的信笺,儿子非常用心地将其折成了小块，每一块都是我们的故事。我不知道在他的小小记忆里，会拥着这么多的温馨场面，任何一位母亲都会被孩子的这些小温暖而感动，我亦是如此。

小的时候，临睡前，我喜欢和孩子一起聊天。聊他住在我肚子里的岁月，他笑了，说自己太顽皮，妈妈好辛苦；聊他学步，他着急了，说自己太笨了，妈妈太累了；聊他学说话，他生气了，说自己不用心，妈妈好认真……每次共同回忆讲述时，他都会直接向我表达他的心意，有时候在我脸庞上亲吻一下，“妈妈，等我赚钱了，我一定会给你买最好玩的玩具。”这就是我的儿子，他能体会亲情，懂得感恩，就像今天，他能给我“写”下这封让我眼含泪水的信……

一个大圆圈，一个小圆圈，一条连接两个圆圈的线，几根曲线，两个苹果，如此简单的构图，我看懂了。那是他胎儿时的生活，我努力吃苹果，通过脐带把营养传输给他，他就慢慢长大，做胎儿检查时出现了很强有力的曲线，表示他很健康。前前后后八个画面，每个画面都曾真实地存在过。在信的最后，他画了一束花朵。我真的很高兴，在他还不会写字的时刻，会给我写信，我很高兴他能通过图画向我表达着他内心的感谢。他能理解大人的养育之恩，所以他不吝啬言语的表达，“谢谢”是他学会感恩的起点……

我是成年人，当我的孩子心怀感恩之情时，我知道那是源于对我的爱，而我也同样应该学会感恩。我也要谢谢他，让我感受着生命的神奇与伟大，也是他让我明白什么是爱，什么是感恩；我还要谢谢老师那么用心地带着孩子们写信，我相信很多家长此时的心情与我一样，没有老师的耐心呵护，没有老师的亲如慈母，就没有孩子的幸福成长……

爱，存在于每个人的心间；感恩之花，盛开在每个人的心田。无论岁月如何变迁，当我老了，依旧有爱。感恩这美好的一切……

（海门市机关幼儿园徐苗玮家长　陆燕）

师恩难忘

金秋九月，老师是这个季节的主题，空气中弥漫着感念师恩的情绪。尊师重道是永远的美德，所有的教师都应该享受崇敬与祝福。在这个收获的季节，我们不会忘记，当群星闪亮的时候，是你们还在不辞辛劳地在灯下奋笔疾书编写教案或批改作业；当万家灯火辉煌，家人共享天伦之乐的时候，是你们还在孜孜不倦地为学生排忧解难。多少朵含苞欲放的花朵在你们的手中欣然绽放，多少棵枝零叶乱的小树在你们的剪裁下茁壮成长。三尺讲台是你们为我们指点迷津，开拓视野的灯塔。不求回报是你们奉献精神的代名词，默默无闻是你们敬业爱业的真实写照。

［海门市证大小学四(1)班　刘好］

第十一章

11月:自信——让我们学会演讲

【素养类别】自我发展
【每月一事】让我们学会演讲(11月)
【相关专题】乐观 勇敢 担当

▶ 一、名词解释

【自信】自己相信自己。如:自信心。《旧唐书·卢承庆传》:"朕今信卿,卿何不自信也?"

【乐观】"悲观"的对称。一般泛指对事业与前途充满希望与信心。

【勇敢】有胆量、有勇气,不怕危险和困难的品质。《礼记·聘义》:"故勇敢、强有力者,天下无事则用之于礼仪,天下有事则用之于战胜。"

【担当】担负;承当。《朱子全书·孟子一》:"公孙丑问孟子'动心否乎',非谓以卿相富贵动其心;谓霸王事大,恐孟子担当不过,有所疑惧,而动其心也。"

▶ 二、行为规范

* 每一天都面带微笑。
* 抬头挺胸走快一点。
* 对着镜子中的自己说"我真棒"。
* 面对他人的质疑,不轻易改变自己的观点。
* 大胆参加各种比赛,不取巧,尽力去做。
* 不自卑,善于发现自己的优点和长处。
* 练习当众发言,说出自己的看法。
* 在任何时候都能善于剖析自己。
* 不躲避别人的眼神,敢于正视他人。
* 受了小伤,不害怕,不惊慌。

* 永远以积极乐观的心态去拓展自己和身外的世界。
* 注射预防针不紧张,不害怕。
* 不顺心的事能够拎得起,放得下,不沮丧。
* 不钻牛角尖,以宽容之心待人。
* 快乐过好每一天,为身边的人带来更多的快乐。
* 善待自己,以自己的率直、磊落来报答怨恨,获得快乐。
* 遇到困难,用微笑来安慰、鼓励自己,坦然面对现实。
* 对自己的言语、行为负责。
* 愿意接受分配的工作。
* 做错事时,要勇敢承认,并努力改正。
* 敢于向师长提出不同的意见。
* 大胆走上讲台毛遂自荐。
* 个人或团体受到侮辱时,据理力争。
* 发现有人破坏公物时,要立刻报告老师或进行劝阻。
* 看到同学被欺负时,你会挺身而出。
* 独自一人能在黑暗的房间里睡觉。
* 和别人闹矛盾后勇于先去讲和。
* 逆境来时勇敢地尝试改变它。
* 在责任面前,不找任何借口。
* 自己应做的事,不推诿给别人。
* 自己决定的事,要认真完成,不敷衍了事。
* 不仅做我答应要做的事,也要做我知道该做的事。
* 对于公众多数决定的事,应该要认真完成。
* 做事失败时,勇于负责。
* 对自己有信心,敢于尝试有一定难度的活动和任务。
* 愿意与他人讨论问题,能自信勇敢地在同伴面前说话。
* 与别人的看法不同时,能相信自己,敢于坚持自己的意见并说出理由。
* 从细节抓起,做到每个环节都执行到位。
* 成功者找方法,失败者找借口。
* 寻找方法,提高解决问题的能力。
* 找对方法,凡事都能解决。
* 与其抱怨,不如负责来做。

▶ 三、名言警句

◆ 无论如何,“流言”总不能吓哑我的嘴。

◆ 天生我材必有用。

◆ 知人者智,自知者明。

◆ 恢弘志士之气,不宜妄自菲薄。

◆ 乐观是一种快乐的享受。

◆ 自信与骄傲有异:自信者常沉着,而骄傲者常浮扬。

◆ 吾无过人者,但平生行为,未尝有无不可对人言者耳。

◆ 自立自重,不可跟人脚迹,学人言语。

◆ 自信者不疑人,人亦信之。自疑者不信人,人亦疑之。

◆ 人多不足以依赖,要生存只有靠自己。

◆ 自信是成功的第一秘诀。

◆ 深窥自己的心,而后发觉一切的奇迹在你自己。

◆ 我们对自己抱有的信心,将使别人对我们萌生信心的绿芽。

◆ 除了人格以外,人生最大的损失,莫过于失掉自信心了。

◆ 有信心的人,可以化渺小为伟大,化平庸为神奇。

◆ 坚决的信心,能使平凡的人们,做出惊人的事业。

◆ 哥伦布发现了一个世界,却没有用海图,他用的是在天空中释疑解惑的“信心”。

◆ 能够使我漂浮于人生的泥沼中而不致陷污的,是我的信心。

◆ 决心即力量,信心即成功。

◆ 不是因成功才满足,而是因满足才获得成功。

◆ 成功的先决条件是“信心”。

◆ 先相信自己,然后别人才会相信你。

◆ 只有满怀自信的人,才能在任何地方都怀有自信沉浸在生活中,并实现自己的意志。

◆ 谁中途动摇信心,谁就是意志薄弱者;谁下定决心后,缺少灵活性,谁就是傻瓜。

◆ 在真实的生命里,每桩伟业都由信心开始,并由信心跨出第一步。

◆ 信心是命运的主宰。

◆ 一个人是否有成就,只看他是否具备自尊心和自信心两个条件。

◆ 要有自信,然后全力以赴　　假如具有这种观念,任何事情十之八九都能成功。

◆ 我们应该有恒心，尤其要有自信心。

◆ 一个人面对正当之事物，从正当的时机，而且在这种相应条件下感到自信，他就是一个勇敢的人。

▶ 四、参考故事

蝴蝶结的功劳

珍妮总爱低着头走路，因为她一直觉得自己长得不够漂亮。有一天，她走进一家商店，看上了一只红色蝴蝶结。店主说：“你戴上这只蝴蝶结，看起来真漂亮。”珍妮听了很高兴，就买了下来。当珍妮欢快地走出门时，不小心和一个人撞了一下，蝴蝶结掉到了地上，她却没注意到。

珍妮来到学校，刚走进教室，正好碰上了她的老师，“珍妮，你真美！”老师爱抚地拍拍她的肩说。这一整天，珍妮都昂着头，脸上洋溢着自信的笑容。每个见到她的人都夸她漂亮。珍妮想：“这一定是那只蝴蝶结的功劳。”回到家里，珍妮高兴地跑去照镜子，她突然愣住了，因为她的头上根本就没有蝴蝶结。

伤心的小壁虎

一天，小壁虎坦坦闲来无事，便站在镜子前仔细地研究起自己的身体来，开始他觉得非常满意。

看来看去，坦坦最后盯住了自己的尾巴。它细细长长的，拖在屁股后面，既难看又没用，简直就是多余的。坦坦心想：不如和其他小动物交换一条尾巴吧，最好能换到一条既美丽又有用的，那该多好啊！想到这儿，坦坦走出了家门。

坦坦走到小河边，看见小鱼摇着美丽的尾巴，在水里游来游去。他想：“假如我拥有这样一条尾巴，那我就心满意足了。”于是，他说：“小鱼姐姐，您把尾巴跟我换换行吗？”

小鱼摇摇头，说：“不行啊，我要用尾巴来拨水呢。没有了它，我就不能游泳了。”

坦坦只好继续往前走。这时，一只小白兔蹦跳着走过。坦坦觉得她的尾巴太可爱了，喜欢得不得了。他对小白兔说：“白兔妹妹，你的尾巴对你来说好像用处不大，你能把它跟我换换吗？”

小白兔说：“我的尾巴虽然很短，但是如果敌人抓住我的尾巴时，尾巴就会脱掉一层假皮，这样我就可以逃脱了。”

就在这时，一条蛇向坦坦偷袭，咬住了他的尾巴。

坦坦奋力挣扎，可蛇狠命地咬住他不放。坦坦用力一挣，挣断尾巴逃走了。

坦坦不但没换到尾巴，还将尾巴给弄丢了，既伤心又绝望。他爬呀爬，爬回家里找妈妈。

坦坦将换尾巴和丢尾巴的事告诉了妈妈。妈妈笑着说："傻孩子，不用伤心。我们壁虎遇到危险的时候，尾巴能够自行切断。但是过不了多久，你就会长出一条新尾巴来的！"

坦坦这才开心起来，原来他的尾巴还有这么大的用处呢！

挺身而出的拜伦

19世纪，在英国的名门公立学校——哈罗学校，常常会出现以强凌弱、以大欺小的事情。

有一天，一个强悍的高个子男生，拦在一个新生的面前，颐指气使地命令他替自己做事，新生初来乍到，不明白其中"原委"，断然拒绝。高个子恼羞成怒，一把揪住新生的领子，劈头盖脸地打起来，嘴里还骂骂咧咧："你这小子，为了让你聪明点，我得好好开导你！"新生痛得龇牙咧嘴，却并不肯乞怜告饶。

旁观的学生或者冷眼相看，或者起哄嬉笑，或者一走了之。只有一个外表文弱的男生，看着这欺凌的一幕，眼里渐渐涌出了泪水，终于忍不住嚷起来："你到底还要打他几下才肯罢休！"

高个子朝那个又尖又细的抗议声音的方向望去，一看也是个瘦弱的新生，就恶狠狠地骂道："你这个不知天高地厚的家伙，问这个干吗？"

那个新生用含泪的眼睛盯着他，毫不畏惧地回答："不管你还要打几下，让我替他忍受一半的拳头吧。"

高个子看着他的眼泪，听到这出人意料的回答，不禁羞愧地停住了手。

从这以后，学校反抗恶行暴力的声音开始响亮，帮助弱者的善举也逐渐增多，两个新生也成为了莫逆之交。那位被殴打的少年，深感爱与善的可贵，后来成为英国颇负盛名的大政治家罗伯特·比尔；挺身而出，愿为陌生弱者分担痛苦的，则是扬名全世界的大诗人拜伦。

人生途中，我们也需要像拜伦一样，在别人只是畏惧地逃避，或幸灾乐祸地观看时，能够拿出罕有的勇气，为了善，为了爱，也为了启迪和震撼那些冷漠的心灵。

胆识过人的毛泽东

毛泽东从小就聪明，人们都夸他长大了一定有出息，是个天才。

那是毛泽东4岁的时候。过年了，外婆给他穿了一身新衣服，头上戴着一顶红风帽，和小朋友们一起玩耍。有一个白胡子老头，喜欢跟孩子们逗着玩。他故意板着脸，翘起白胡子，吓唬小孩子们，说："不许你们在这儿玩，我要割掉你们的耳朵！"

小朋友们一听，都吓得跑掉了，只有毛泽东站在那儿不动。白胡子老头就问他："你为什么不跑呢？你不怕我割耳朵？"毛泽东一点都不害怕他，反而问道："老阿公！你为什么要割我的耳朵呢？"

白胡子老头觉得这个孩子挺有意思，一本正经地说："我要割下你的耳朵做下酒菜！"

毛泽东一点也不害怕，也一本正经地说："一个人做事要讲道理。老阿公，你讲不讲道理？你如果有道理，我的耳朵就给你吃；你要是没道理，我就扯掉你的胡子。"

毛泽东边说边笑眯眯地望着白胡子老头，还把红风帽子的扣子解开，把耳朵露在外面。

白胡子老头大吃一惊，心想：一个4岁的孩子就有这样的胆量和聪明，真是少见。

轮椅上的霍金

他在轮椅上坐了40年，全身只有三根手指会动，演讲和答问只能通过语音合成器来实现。然而，他撰写的科普著作《时间简史》在全世界拥有无数的读者。

他就是人称"宇宙之王"的史蒂芬·霍金。

命运对霍金十分残酷。1963年，21岁的霍金在剑桥大学读研究生时，不幸患上了会导致肌肉萎缩的卢伽雷氏症，不久就完全瘫痪，被长期禁锢在轮椅上。1985年，霍金因患肺炎做了穿气管手术，又被彻底剥夺了说话的功能。几十年过去了，疾病已使他的身体彻底变形：头只能朝右边倾斜，肩膀也是左低右高，双手紧紧并在当中，握着手掌大小的拟声器键盘，两只脚则朝内扭曲着。嘴已经歪成S型，只要略带微笑，马上就会现出"龇牙咧嘴"的样子。现在，这已经成了他的标志性形象。他不能写字，看书必须依赖一种翻书的机器，读文献时，必须让人将每一页平摊在一张大办公桌上，然后驱动轮椅如蚕吃桑叶般地逐页阅读。

医生曾诊断身患绝症的霍金只能活两年，但他一直顽强地活了下来，并且正是在这种令人难以想象的艰难中成为世界公认的科学巨人。虽然，他的身体一点也没有离开过轮椅，但是，他的思维却飞出了地球，飞出了太阳系，飞出了银河系，飞到了上百亿光年外的宇宙深处，飞向了神秘莫测的黑洞。他在大脑中想象着，论证着，计算着。他思考着宇宙从什么时候开始，时间有没有尽头。他发现了黑洞的蒸发性，推论出黑洞的大爆炸……他还建立了非常美的科学的宇宙模型。他当选为最年轻的英国皇家学会会员，成为只有像牛顿这样的大科学家才能跻身的卢卡逊数学讲座的教授。

比起整天被人众星捧月般的顶礼膜拜,他宁愿一个人静静地思考宇宙的命运。他的办公室门口通常会挂上一块木牌,上面写着:

“请保持安静,主人正在睡觉。”

那多半不是真的,霍金只是不愿被外人打扰。此时他一定坐在这间有着高高天花板的舒适小屋里,安静地在电脑前工作上好几个小时。周围两三盆植物当中摆放的是他三个孩子的照片。每天下午 4 点,他会在护士的帮助下与研究生们交谈。他们喝着下午茶,交流着对宇宙的看法。如果有学生对他的理论提出质疑,他立即会给一个咧嘴笑容。

霍金的魅力不仅在于他是一个充满传奇色彩的物理天才,更因为他是一个令人折服的生活强者。他不断求索的科学精神和勇敢顽强的人格力量深深地感动了大众。

有一次,在学术报告结束之际,一位年轻的女记者抢先跃上讲坛,面对这位当时已在轮椅上生活了 30 多年的科学巨匠,深深景仰之余,又不无悲悯地问:“霍金先生,病魔已将您永远固定在轮椅上,你不认为命运让你失去太多了吗?”

这个问题显然有些唐突和尖锐,报告厅内顿时鸦雀无声,一片静默。

霍金的脸上却依然充满恬静的微笑,他用还能活动的手指,艰难地叩击键盘,于是,随着合成器的标准伦敦音,宽大的投影屏上缓慢而醒目地显示出如下一段文字:

我的手指还能活动,

我的大脑还能思维;

我有终生追求的理想,

有我爱和爱我的亲人和朋友;

对了,我还有一颗感恩的心……

心灵震颤之余,掌声雷动。人们纷纷涌向台前,簇拥着这位非凡的科学家,向他表示由衷的敬意。

只不过是断了一根琴弦

在巴黎举办的一场大型音乐会上,人们正如痴如醉地倾听著名的小提琴家欧尔·布里美妙绝伦的演奏。突然,正全神贯注的布里心一颤——他发现小提琴的一根弦断了。但迟疑没有超过两秒,他便像什么事情都没有发生似的,继续面带微笑,一曲接一曲地演奏。观众们和布里一起沉浸在那些优美的旋律当中,整场音乐会非常成功。

终场时,欧尔·布里兴奋地高高举起小提琴谢幕,那根断掉的琴弦在半空中很醒目地飘荡着。全场观众惊讶而钦佩地报以更为热烈的掌声,向这位处变不惊、技艺高超的音乐家致以深深的敬意。

面对记者的“何以能够保持如此镇定”的提问，欧尔·布里一脸轻松地说道：“其实那也没什么，只不过是断了一根琴弦，我还可以用剩下的琴弦继续演奏啊。这就是我们熟悉的许多遭受不幸的人生，依然可以是美丽无憾的。”

布里睿智的回答与他卓然的表演一样精彩——“只不过是断了一根琴弦”，向世人传递的是从容，是乐观，是洒脱，是心头不肯失落的信念，是命运在握的强者充满自信的宣言，是坦然前行的智者面对岁月中那些风雷电雨自豪的回应。

推荐阅读

1.《超越自卑》
2.《自信比金子重要》
3.《自信的力量》
4.《肯定自己》
5.《让孩子自信过一生》
6.《美好的人生》
7.《人性的光辉》

五、活动方案

方案一：让我们学会演讲

【活动目标】

1. 在听听、看看、猜猜中初步感知故事情节，尝试用完整的语句大胆表达自己的想法，提高口语表达能力。

2. 通过集体阅读、亲子阅读和自主阅读，进一步理解绘本中蕴含的道理：相信自己，就能走向成功。

【活动对象】

大班幼儿及家长。

【活动准备】

人手一本《大脚丫跳芭蕾》、课件。

【活动过程】

1. 情境导入。

师：小朋友们，今天，来了这么多客人老师，为了表示欢迎，作为小主人，谁来为客人老师跳个舞？家长们呢？谁愿意带个头？

师：今天我要给大家介绍一位爱跳舞的朋友，她叫贝琳达，让我们一起来看看贝琳达的故事吧。

2. 阅读绘本。

（1）贝琳达的问题。

①讲述故事：有一个跳芭蕾舞的女孩名叫贝琳达，贝琳达喜欢跳舞。她每天去舞蹈学校认真地练舞。她跳舞的时候，姿态优雅，脚步轻巧灵活。可是，贝琳达有个大问题，猜猜看，她遇到了什么大问题？

②交流：因为贝琳达有着一双与芭蕾舞演员不相符的大脚，所以在参加一年一度的芭蕾舞表演选拔时，评审委员对贝琳达表现出怎样的态度？满意吗？

③想一想，演一演：评委可能会说什么？他们夸张的表情有哪些？

（2）伤心的贝琳达。

①还没等贝琳达试跳，三个评审委员都说："回去吧，你那一双脚，永远也跳不好！"如果你是贝琳达，这时你的心里会有什么感觉？

②看一看贝琳达此时此刻的心情怎么样，画面上哪些地方可以看出贝琳达很难过？

③贝琳达确实很难过，她看着镜子里自己的大脚，想："或许那些评审委员说得对，我的大脚真的不适合跳舞。"

④贝琳达觉得自己不适合跳舞，她对自己的舞蹈完全失去了信心，此时此刻，你能对她说些什么吗？

（3）贝琳达的新机会。

①贝琳达真的放弃了吗？请孩子试着看绘本讲故事：贝琳达在费莱迪餐厅找到了工作。餐厅里的客人喜欢她，因为她动作快、脚步轻巧灵活。费莱迪先生也喜欢她，因为她做事很认真。

②虽然，贝琳达在费莱迪餐厅干得很出色，可是贝琳达快乐吗？她在想什么呢？

③贝琳达还会再跳舞吗？你觉得她会在哪里跳？

3. 亲子阅读。

师：你们猜得对不对呢？答案就藏在这些书里，请把书打开到有红色标记的一页，一直看到有黄色标记的那一页。亲子阅读，让孩子自己通过图片内容理解情节发展，孩子有不明白的地方，家长可以稍作讲解。

（1）贝琳达后来跳舞了吗？在哪里跳的？

（2）贝琳达后来怎么又到舞台上跳舞了呢？你看懂了吗？

（3）原来有一个指挥发现了她，她在看贝琳达跳舞的时候是怎样的表情？（惊

讶、赞赏、感动)

(4)贝琳达在舞台上随着美妙的音乐翩翩起舞,你觉得她跳舞的时候像什么?你能用优美的语句说一说吗?

(5)仔细看一看,在观众席上你有没有发现三张熟悉的面孔?没有看表演,就说别人不适合跳舞,这样好不好?为什么?

(6)贝琳达快乐极了,因为她可以跳舞、跳舞、一直跳舞,至于评审委员们说什么,她一点也不在乎了。

4.表演感悟。

(1)在餐厅,在大都会剧院的舞台上,贝琳达对自己的舞蹈有没有信心?你是怎么看出来的?那你觉得贝琳达为什么能获得观众们一致的好评呢?(对自己的表演充满自信,演出就能获得成功。)

(2)现在,你愿意为大家表演一支舞蹈吗?

5.活动总结。

(1)贝琳达对自己的舞蹈充满信心,即使有一双大脚也不会影响她的自信心。相信自己,梦想总会实现!你们的梦想是什么?

(2)老师希望你们像贝琳达一样,带着坚定的信念不断努力,相信你们一定会梦想成真!

【评价说明】

以亲子绘本阅读为载体,让孩子懂得相信自己就能创造奇迹。活动中特别关注胆小怕羞的孩子,让他们也能大胆上台,讲述故事、创编故事、表演故事,他们品尝到了自信的快乐。本次活动邀请家长参与,一起见证孩子的勇敢、自信,并要求家长不断为孩子创设展示自我的舞台,让孩子快乐、自信地成长。

方案二:今天,你微笑了吗?

【活动目标】

1.欣赏人们欢笑的情景,说自己的真实感受,认识生活中离不开微笑,明白微笑的作用之大。

2.辨析事件,学会正确使用微笑,感受微笑的魅力:微笑是一种礼貌,微笑是一种宽容,微笑是一种鼓励,微笑是一种乐观,微笑更是一种自信。

3.学会在日常生活中微笑面对自己,微笑面对他人,微笑面对困难、面对人生。

【活动对象】

小学一、二年级学生。

【活动准备】

1. 翻阅报刊杂志、收集日常生活照片,通过剪一剪、贴一贴等方法制作“微笑剪贴报”。

2. 语文老师利用晨诵、中午阅读时间,和学生共读有关乐观自信的诗歌、故事,如《神童诗》《全世界都在对我微笑》《蝴蝶结》《伤心的小壁虎》等。

【活动过程】

1. 第一阶段:认识微笑。

(1)微笑无处不在。

①看一看:通过欣赏礼仪小姐、老师、少年儿童、农民伯伯、科学家、习总书记等不同身份、不同职业的人的笑容,认识什么是微笑。

②说一说:微笑是我们的一张名片,生活中各行各业都离不开微笑。

③想一想:微笑有什么特征,什么才是真正的微笑?

④议一议:“微笑”是略带笑容、不出声的一种笑。许多带有不同意味的微妙表情都是靠淡淡一笑来表达的,不渲染声色,不夸张感情,轻轻地、慢慢地、柔柔地,自然产生,悠然显现……

(2)微笑从我做起。

①学一学:那我们小朋友会不会微笑呢?请每位小朋友拿出自己的小镜子,欣赏自己的笑,相信微笑着的你会比板着脸的你更漂亮。

②评一评:同学之间互相微笑一下,表示问候、友好、感谢等。

③做一做:对着老师、父母、亲戚、陌生人献上我们最甜美、最热情的微笑。交流感受。

2. 第二阶段:理解微笑。

(1)微笑是一种幸福的感觉。

①导语:小朋友,下课后,你们一般会做些什么游戏?游戏时,你感到开心吗?

②游戏:《跳绳》。

③总结:你们的微笑让老师感到你们很幸福。

(2)微笑是一种礼貌的行为。

①导语:微笑,在我们日常生活中,非常重要,有时它还会帮助我们做好多事情呢!

②小品表演:《问路》。

③讨论:两位小朋友同样是问路,第一个有没有问到路?为什么?第二个有没有问到路?为什么?

④总结:微笑,是一种礼貌的表现,特别是当你请求别人帮助的时候,你的微笑就是你的好朋友,它会帮你的忙,会帮你解决问题。

(3)微笑是一种宽容的心境。

①创设情境:做值日的时候,有个同学不小心把杯子里的水洒到小明的作业本上。

②讨论:如果你是小明会怎么说?

③总结:微笑是一种海纳百川的力量。

(4)微笑是一种乐观的态度。

①导语:我们的生活往往不是一帆风顺的,经常会遇到一些小小的挫折。

②情景再现:廖智,四川绵竹汉旺镇舞蹈老师。突如其来的5·12大地震瞬间夺去了她深爱的女儿和跳舞的双腿,她选择了坚强面对:她用残缺的肢体在鼓上演绎力与美。她的微笑感染了很多人。2013年4月四川雅安地震后,她奔赴抢险救灾一线,戴着假肢送粮、送衣、送发电机、搭帐篷。

③总结:一个淡淡的微笑,会给自己无限的勇气,让自己变得乐观、坚强。

(5)微笑是一种自信的心态。

①导语:有这样一位大哥哥,他是和我们一样的朋友,他作出的成绩可真大,他得到的奖杯也很多,还好几次出国表演呢!小朋友想不想认识他呀?

②观看录像《“指挥家”的风采》。

③总结:录像中的这位大哥哥小朋友认识吗?他的名字叫舟舟,你们觉得他指挥乐队的时候样子潇洒吗?他笑了吗?他的笑,是一种成功的笑,是一种自信的笑。它代表着:你行,我也行!

3.第三阶段:学会微笑。

(1)说说身边事,送出“微笑卡”。

①的确,自信乐观的微笑会使你更加可爱,热情的鼓励更是取得胜利的法宝之一。

②请同学们说说互帮互助的事例。

③把事先制作好的“微笑卡”送给那些乐于助人的学生。

(2)游戏竞技场——微笑速递。

将同学分成五个小组,每组人数相同。

游戏前每组发一个信封,里面分别有一张写有如下字样的纸条:①知道吗?你是最棒的!②别担心,有我呢!③我知道,你一定行。④有困难,来找我!⑤我们是朋友,别客气!

师:每个小组的第一名同学立刻把纸条抽出来,在耳朵边轻声地告诉下一个同学,依次类推。最后一名同学站起来大声说出这句话。几个小组同时进行,看哪一组最有秩序地完成“微笑速递”。

游戏结束了,让我们记住这些话,经常说给同学听吧。

(3)诵读《三字经》,感受微笑的力量。

学会微笑

笑一笑　十年少　如何笑　有门道　见面时　带微笑　由内心　表友好
大场合　不乱笑　安静时　别大笑　内心喜　抿嘴笑　高兴时　哈哈笑
悲伤时　坚强笑　欢庆时　尽情笑　忘我时　别傻笑　人落后　莫讥笑
人有难　不暗笑　有意见　不冷笑　学习紧　自我调　朗声笑　丢烦恼
有委屈　别急躁　善意笑　矛盾消　遇争执　别倔强　退一步　又何妨

和人处　要大方　太计较　感情伤　观演出　别吵闹　看比赛　不滋扰
乘公交　不逃票　让座位　面含笑　客人到　眯眯笑　接待时　懂礼貌
尊父母　爱幼老　病残孕　多关照　名利前　不争吵　淡然笑　素质高
爱学习　勤为上　写作业　有质量　不抄袭　不涂杠　及时交　不拖堂
考试时　别紧张　不作弊　守规章　知识丰　本领强　为祖国　争荣光

(4)学唱歌曲:

歌声与微笑

请把我的歌带回你的家
请把你的微笑留下
请把我的歌带回你的家
请把你的微笑留下

明天明天这歌声飞遍海角天涯飞遍海角天涯
明天明天这微笑将是遍野春花将是遍野春花
请把我的歌带回你的家
请把你的微笑留下
请把我的歌带回你的家
请把你的微笑留下

明天明天这歌声飞遍海角天涯飞遍海角天涯
明天明天这微笑将是遍野春花将是遍野春花
请把我的歌带回你的家
请把你的微笑留下
请把我的歌带回你的家
请把你的微笑留下

明天明天这歌声飞遍海角天涯飞遍海角天涯
明天明天这微笑将是遍野春花将是遍野春花
明天明天这歌声飞遍海角天涯飞遍海角天涯
明天明天这微笑将是遍野春花将是遍野春花

【活动评价】

“微笑”行动考核细则

一级指标	考核要求		自评	小组评议	得分
学会微笑(100分)	生活要求	无论在校内校外,待人接物都要懂得礼仪,笑脸相迎。(10分)			
		体贴帮助父母长辈,主动承担力所能及的家务劳动。(10分)			
		文明乘交通工具,给老、幼、病、残、孕及师长微笑让座,不争抢座位。(10分)			
		谦恭礼让,尊老爱幼,帮助残疾人士。(15分)			
		在任何场合不嘲笑、讽刺和挖苦他人。(15分)			
	学习要求	认真预习、复习,主动学习,按时完成作业。(10分)			
		观看校内或校外的演出和比赛,做文明观众或听众。(15分)			
		乐于助人,乐于参与学校各项中心活动,乐于参加各种竞赛。(15分)			

【活动说明】

由于目前的小学生绝大多数为独生子女,孩子常常是在“以自我为中心”的

“顺境”下生活着，因此，学生普遍存在着较任性、固执、依赖性强的特点。随着年级的升高，有些学生渐渐懂事，但还是有大部分学生仍然在与他人交往中，常常是唯我独尊，不能善解人意；遇到困难不能克服，也不想克服，缺乏自信心。我们的学生还经常与同学发生矛盾和争吵，致使小学生不能也不会与人正常交往。让学生学会宽容，建立自信，那就从学生最喜欢的表情——微笑入手。微笑是人类最美好的语言。让学生在实践活动中，感受到生活中离不开微笑，从而做一个用微笑从容面对一切的人。

方案三：今天，你展示了吗？

【活动目标】

1. 通过对身边同学或电视小明星事迹的了解，更加清楚地领会自信展示的内涵和表现方式。

2. 通过搭建各种学校展示平台，让学生都有一次展示自己的机会，提高学生的表现欲望，丰富学生的生活。

3. 通过系列活动，在校园内营造积极向上的自我风采展示的氛围，培养学生的自信心。

4. 走出校园，能将自身风采以及多样化的校园文化带上更大的舞台。

【活动对象】

小学三、四年级学生。

【活动准备】

1. 根据学生群体不同的性格特点以及平日的表现，制定切实有效的调查问卷。

2. 由于故事收集范围比较广，可以通知家长协助学生一起寻找，对故事进行有效性的筛选。

3. 根据学校准备开展的活动设计节目申报表格。

【活动过程】

1. 第一阶段：寻找自我展示的足迹。

(1)班主任通过晨会、班会课以及平时的课堂等时间了解自己班不同层面孩子学习、生活的状态，对自信勇敢的孩子给予肯定的评价，对一部分内敛、胆怯的孩子给予及时性的鼓励，让他们学会自我欣赏、自我肯定。

(2)发放调查问卷，对各班进行抽样调查，教师根据调查情况进行统计、分析、归纳和总结。

附:《说说你自己》调查问卷

亲爱的同学:

你好,自信勇敢是成功的基石,在日常的学习生活中抓住机会自信展示自己对成长有着重要意义。为此,我们开展此次调查,我们会对问卷信息严格保密,请放心填写,你的选择无所谓对错。

1. 我觉得自己能在学习和集体生活中表现出色(　　)

A. 经常　B. 偶尔　C. 很少　D. 从不

2. 我会举手发言(　　)

A. 经常　B. 不经常　C. 害怕

3. 当上课回答问题时,我总觉得自己回答错,被老师或同学笑话(　　)

A. 经常　B. 偶尔　C. 很少　D. 从不

4. 我发言时声音(　　)

A. 洪亮　B. 一般　C. 声音很轻

5. 当老师组织一些活动让我参加时,我怕出丑(　　)

A. 经常　B. 偶尔　C. 很少　D. 从不

6. 我会在同学面前表现自己的特长(　　)

A. 经常　B. 偶尔　C. 很少　D. 从不

7. 我会积极申报班级期末庆典、学校魅力讲台、星光大舞台等活动(　　)

A. 经常　B. 偶尔　C. 很少　D. 从不

8. 如果让我担任某项活动的组织者,我对待任务的态度是(　　)

A. 有信心　B. 有时有信心　C. 没有信心

9. 我会把自己有过的展示经历分享给我的同学、家人听(　　)

A. 会　B. 不会　C. 看情况

10. 我在这些活动中展示过自己。(可列举几个,校内外均可,没有请填“无”。)

____

感谢您的参与!

2. 第二阶段:感受他人展示的魅力。

在我们身边的同龄人中,总有一些小朋友抓住一切机遇在各个活动中展示自我魅力,并通过努力从普通走向优秀,从优秀走向卓越。他们无疑是我们成长路上最好的榜样。

（1）收集身边的故事。

故事发生时间		故事主人公	
故事主要内容：			
心得体会：			

（2）观看相关的视频、电视节目等，感受他人展示自我的风采，以表率的作用树立自信、勇敢的楷模。

推荐视频：《我的一本课外书》《少年中国梦》《中国梦想秀》。

3.第三阶段：攀登展示自我的舞台。

班级、学校是孩子成长最快的平台，也是他们展示自我最好的舞台。所以在这次活动中，老师应该以丰富的班级活动和校园活动为支撑，为孩子搭建舞台。

（1）班级《我的一本课外书》演讲。

语文阅读是学生常态化的行为，而将自己阅读过的书籍或者读书的感悟分享给班级其他同学，又是对自我的一种突破。所以活动要求每个同学选择自己最感兴趣的一本书，准备一段3—5分钟的演讲。活动可邀请家长、同学来做评委。并根据学生表现，评出等级奖。

（2）学生魅力讲坛。

这是一个面向全体学生的开放式舞台，由学生自主申报讲坛的主题，可以涉及历史、地理、科学、体育等各个领域。由学生成长指导中心评审确认，提前布置会场，邀请各班学生聆听。自主选题、全力筹备、静心策划、精彩演绎、智慧互动，孩子们在展示中成长，在成长中展示。

（3）星光大舞台。

星光舞台，童星汇聚，星光梦想，绚丽璀璨。每个班在活动期间策划一台班级展示的节目，登上学校专门搭建的“星光大舞台”。自创节目、自制宣传海报、自主选拔小主持人，面向全校各年级同学开放。学生们可以在舞台上大胆地说、自信地唱、勇敢地舞、主动地演。小小的舞台，凝聚多彩的梦想。

附：节目申报表

班级		姓名	
申报节目			
以往表演经历			

4.第四阶段:回顾精彩展示的瞬间。

(1)结合自己的活动体验,写一篇文章,上传班级博客。

(2)组织开展“自我展示精彩瞬间”照片征选活动,让孩子们记录自己最自信的一刻。同时,通过这些孩子自信的展示,激发另一部分孩子对自信展示的向往。

(3)班级推选“最自信的脸”的代表,通过PPT或故事叙事的方式进行班级评比。

(4)将活动延伸到校外。将校园多样化的文化列车开到敬老院、社区,在更大的舞台上展示自己。

【活动评价】

1.在每一阶段活动结束后,教师及时利用晨会、班会课等时间进行阶段性小结。

2.根据学生活动过程中的表现,评出班级“魅力风采小精灵”,并给予表彰。

3.结合《魅力学生成长手册》中“朝向美好”一栏,记录参与历程,老师给予点赞。

【活动说明】

几千年孔孟之道的浸染,形成了我们含蓄、内敛、宽厚、谦卑的民族性格。然而,在竞争激烈的当代社会,要求人们面对机会能勇敢、大声地说:“我行。”因此,从小培养孩子自我表现的勇气和习惯,成了学校、家庭教育的一个重要内容。

作为学生,应该时刻具备自信,并始终保持这种信念,在成长的各种舞台上勇敢大胆地展示自我。展示自我,对于一个孩子本身来说,就是一种自我的认可,是一种自信心和积极性的表现。当孩子通过自我表现获得赞美,体会到被肯定的喜悦时,自信心便会随之增强;而自信心的增强,反过来又会促使孩子勇于表现自己。也许部分孩子一时并不能像那些天性外向、开朗的孩子那样乐于表现,但只要他能学会勇敢地展示自己,就是在把握机会,积极进步。

所以本次活动旨在帮助学生了解自信的内涵,通过各种自我风采展示的方式,将自信渗透到学习、生活的各个领域。

方案四:今天,你尽责了吗?

【活动目标】

1.每位学生在班级都有一个适合自己的岗位,在校级都有机会参与岗位体验管理,发展素质,提升能力。

2.让学生更好更深入地了解“做有责任感的人”的内涵:责任心要落实到日常学习生活中,责任心体现在细微之处。

3.在活动中充分发挥教师引领的作用,通过各种有效的途径和方法培养学生的责任意识。

【活动对象】

小学五、六年级学生。

【活动过程】

1. 了解社会上的岗位,唤起责任意识。

(1)进行社会调查。让学生以小组为单位,进行社会调查,可以采访自己的家人、亲戚、邻居,也可以采访学校的老师、门卫叔叔、食堂阿姨等,了解他们的工作岗位、工作职责。

例:“小岗位,大责任”调查记录

时间		地点		采访对象	
参加人					
采访记录					
感想体会					

(2)阅读《小岗位大责任:感动世界的工作故事》。通过阅读,让学生懂得岗位有大小,责任无轻重,懂得岗位是展示个人能力、素质,实现自我价值的舞台。一个人失去了岗位,就失去了立身之地,即使能力再强,素质再高,也无法展现出来。一个人对岗位的态度,是他的事业心和责任感的具体体现。小岗位有大责任,就像一台机器一样,再小的零件少了或坏了,都不能正常运转,甚至报废。我们每个人都应该自觉树立责任意识,为团队集体的发展贡献力量。

(3)观看相关视频,通过生动的人物形象,懂得责任的重要。

推荐视频:《了不起的挑战》第四期消防特辑,《我是演说家》消防员曾庭民的演讲,《我的遗书》《当兵的意义》。

推荐电影:《一个都不能少》。

(4)阅读关于责任的名人故事、诗歌、名言。

推荐周江疆的故事、邓稼先的故事等。

2. 第二阶段:班级人人有岗位,培养责任意识。

通过建立班级人人岗位责任制,让学生真正成为班级的主人,还给他们自我管理的权利。旨在让他们在岗位中实践,在实践中锻炼,在锻炼中感悟岗位赋予他们的责任,培养学生的责任意识。

具体要求:

(1)设立岗位:教室里的一桌一椅、一墙一角、日光灯、黑板、门窗等,都要有人管。让每个学生都有一个岗位,每人负责一个地方,承担一个责任,创造机会让大家人人来为班集体服务。

(2)学生自我申报岗位,岗位间可有合作、调整。各班根据本班实际情况,建立班级人人岗位责任制,张贴在班务栏。

3. 第三阶段:学校体验岗位,增强责任意识。

学生是校园生活的主人，也应成为校园体验、服务、管理的主人。校园体验岗位活动以人人参与为原则，根据不同学生的需求，从不同的方面对学生进行责任心培养。旨在让每个孩子在校园岗位上都能有参与、有体验、有收获，进而培养他们的自我责任感。

除了日常管理等岗位，学校还可以设立公益岗位，以学生志愿者服务为主要开展形式。校内小志愿者主要是运动会、各类校级活动、小导游等岗位服务。旨在让学生在志愿者服务岗位上，通过热心公益事业，逐步培养和提升自身的社会责任意识和社会责任感。

具体要求：

(1)各方面责任心的培养，注重学生的岗位体验与收获。

(2)活动内容要切合学生实际，凸显多样性与持续性。

(3)公益岗位体验要注重学生体验过程中的感受、收获，注意责任感的逐步培养。

4.第四阶段：活动成果展示，提升责任意识。

开展各种形式的展示活动，如“责任名言”书法比赛，《小岗位大责任：感动世界的工作故事》读后感征文比赛，以“小岗位大责任”为主题的演讲、故事比赛等。

【活动评价】

1.注重岗位活动的过程性评价，以十分钟晨会或班会活动的形式进行阶段性总结。

2.活动要注重过程性评价，与学生成长手册结合起来，与魅力学生评选结合起来。

3.活动结束后，采用学生自评、同学互评、小组推荐相结合的方式，评选出班级的“责任之星”。

【活动说明】

每一个人都有一份属于自己的责任，需要自己去担当、去完成。我们的社会需要负责任的人，只有人人都勇于积极地承担自己的责任，共同把各项工作做好，社会才会进步。现在的孩子家庭生活条件都比较优越。在家，集几代人的宠爱于一身，学习、劳动、生活等方面都缺乏自主意识和能力，更缺少应有的责任感。

岗位和人的发展、人的生活有着密切的关系，它是学校生活中必不可少的组成部分。岗位的价值首先表现在保持学校、班级生活的稳定和发展上。其次表现在促进学生个体的发展上，岗位本身含有丰富的教育价值，它是培养学生责任意识的重要途径和方式。

岗位实践一直是学校常规管理的一个抓手，每个班级中，基本上都是人人有岗位，但是经过观察，孩子们对岗位的热情，对岗位工作的态度，以及岗位工作完成的质量，差异性比较大。这次活动，旨在激发学生对岗位的热爱，促使他们更好地履行自己的岗位职责，培养学生的自我责任意识，真正地愿意为同学、为班级服务，进而培养他们的社会责任感。

▶ 六、活动体会

带着自信出发

在我很小的时候，就有一个梦想——当一名二胡演奏家。妈妈是我的二胡启蒙老师。当我还在妈妈肚子里的时候，就经常听优美的民乐。听妈妈说，每当动听的旋律响起，小小的我就会显得特别安静。

慢慢长大，我对二胡越加好奇。一根木头，两根琴弦，竟然能拉出如此醉人的声音？可惜妈妈不允许我随意碰她的宝贝，兴致盎然的我只能趁她不注意的时候，偷偷地去摸一摸，看一看。还不时拿出一副筷子，一根当二胡琴杆，一根当二胡弓子，惟妙惟肖地模仿妈妈拉二胡的样子，逗得爸爸妈妈捧腹大笑。终于有一天，妈妈答应教我学二胡。我手捧心爱的二胡，在小伙伴中奔走相告，我俨然是小小二胡演奏家了。

有一天，班主任东老师在班上发布了一个令人振奋的好消息——咱们“牛牛班”要登上“星光舞台”表演啦！我跃跃欲试，真想上去露一手！于是迫不及待地前去报名，东老师非常支持我的决定，这下我的兴致更高了！每天催促妈妈来教我拉二胡，小小的我一弓一指法，有板有眼地练习着。有时我练习得太专注，竟然忘记了时间，一坐就是一小时，直到小屁股发麻。登台那天，阳光特别明媚，风儿格外轻柔，我和我的小伙伴们自信满满地走上舞台，一曲《小星星》令周围的所有观众都沉醉了！我也光荣地成为学校“二胡吧”的首批成员。

百日笛子千日箫，小小胡琴拉断腰。每当看到小伙伴们尽情玩耍，我心里犹如生出无数条小虫，难受无比，真想把二胡一扔不学了。妈妈见我有了畏难的情绪，倒也没有责怪我，而是购买了许多二胡大师的演奏光盘作为礼物送给我，还专程带我观看二胡演奏会。演奏会上，年轻的二胡演奏家们个个技艺精湛。我想象着，那优美无比、魅力无限的旋律要是能从我的手指尖流淌下来该多好啊！东老师在新阅读课程中常教导我们：“只要行动就有收获，只有坚持才有奇迹。”我能半途而废吗？朱永新教授说过：“谁在保持梦想，谁就能梦想成真！”想到这儿，我浑身又充满了力量，对学好二胡又信心百倍。

九九重阳节那天，我和“二胡吧”的小伙伴们，走进敬老院献爱心。一曲热情奔放的《赛马》让台下的爷爷奶奶们如痴如醉！瞧，那位老爷爷乐得胡子乱颤，这位老奶奶笑得犹如菊花绽放……原来，音乐的力量如此强大，不仅愉悦了自己，也快乐了别人！拉二胡是一件多么快乐的事情啊！

在我快乐成长的日子里，各类大大小小的舞台上，都留下了我活跃的身影。如“缤纷节日”“仪式庆典”“读写汇演”“期末庆典”“魅力讲坛”“师生演奏会”“完美教室展示”……我生命的精彩也在舞台上绚丽绽放！

2013年6月，在海门市“六一”文艺汇演中，获得器乐组一等奖；

2014 年 10 月，走进海门教育电视台，录制《我有一双音乐的翅膀》；

2015 年 8 月，参加“海门之夏”的惠民文艺演出；

…………

在悠扬的二胡声中，我变得越来越自信。老师们常夸我，小楠不仅学习成绩优秀，而且二胡也拉得很棒！去年，我光荣地被评为校“十佳魅力学生”。

爸爸、妈妈为了让我在二胡上拥有更大的舞台，他们带我登门拜访著名二胡演奏家——杨易禾教授。在杨老师的精心点拨下，我的技艺越来越熟练！2015 年 7 月 29 日，是我最难忘的一天。通过层层选拔，我走进了北京大学的演播厅，参加“第十二届中国优秀特长生展示(测评)活动”全国总决赛。轮到我时，我面带微笑，心中数着节拍，优美的旋律从指尖流淌而出。眼角的余光扫到评委老师，他们正慈祥地微笑着，这下我的自信指数飙升，拉得更带劲了！

因为自信，我收获成功！我捧回了少儿组唯一的金奖！这次的经历告诉我：在人生成长的跑道上，要想飞得更快更高，一定要带着自信起飞！自卑退缩、胆小犹豫，只会让你输在起点。当自信地起飞，你就已经开始收获成功，点点滴滴的惊喜将随之而来！

一把小小的胡琴，将伴我度过快乐的童年，成为我一生的好伙伴！

[海门经济技术开发区小学六(1)班　周小楠]

宝贝，张开你自信的翅膀

仍清晰地记得，三年前的 9 月 1 日，我牵着儿子的小手，第一次走进开发区小学的大门，参加他人生中第一个庆典——入学仪式。还没进校门，耳边就传来了一阵悠扬质朴的旋律。小家伙迫不及待地冲进校园，好奇地抚摸着能变幻出动人音符的古老乐器，我告诉他：这就是中国古代的编钟和编磬。

正说着，一阵热烈的掌声又吸引了儿子的注意，他像小鸟一样飞了过去。“孩子，这是星光大舞台，你看大哥哥大姐姐们多自信呀，正在表演节目呢！”儿子扬起稚气未脱的小脸，兴奋地说：“妈妈，我也要在这个舞台上表演节目！”“妈妈，快看，这儿挂着好多五彩的葫芦呀！”儿子又像发现新大陆似的激动地大喊。学校的魅力导游为我们介绍：“这是全国首个小学生航天育种实验基地。”“妈妈，瞧，那边还有一个小风车，它转得多快呀！”儿子又叫了起来。

开学第一天，儿子就深深喜欢上了这个充满艺术气息、文化味道的魅力校园。看着他如此之快地融入学校大家庭，我们打心眼里感到欣慰。

(一)

一天放学回家，鞠珉浩认真地告诉我，陆老师要在班上民主竞选班长，人人都可以参与。我试探着问道：“浩浩你想当班长吗？”听了我的话，儿子睁大了眼睛反问：“妈妈，我也可以当班长吗？”我笑着告诉他：“当然可以了，要对自己有信心，这样别人才会对你有信心啊！把握好机会哦!”有了我的鼓励,儿子信心满满,从制作竞选海报,到准备演说,忙得不亦乐乎!

可是第二天傍晚一回到家里,儿子郁郁寡欢,一声不吭。原来班长被女生朱嘉琪夺得,他屈居副班长！瞧着他一脸失落的模样,我的心里也不是个滋味。哎,这可是儿子第一次充满自信地去做一件事情,该如何去开导他？我思考良久,默默走到跟前,摸着儿子的小脑袋说:“儿子,每一个人都有各自的优点,朱嘉琪一定有她的长处,你要学会发现他人的长处,并向他们学习。浩浩身上也有很多值得小伙伴学习的优点,能当上副班长也是同学们对你的信任,把副班长做好,证明自己,在爸爸妈妈眼里,浩浩是最棒的!”听了我的话,儿子似懂非懂地点了点头。

我知道,让儿子真正地学会悦纳自己、欣赏他人,绝不是一两句话能彻底解决的。

我和他爸爸商量,一定要让他喜欢并做好人生的第一个岗位,这将为他以后的成长积蓄自信的力量。

于是,吃饭时、散步时我们会利用机会,巧妙地询问孩子相关情况。慢慢地,孩子形成了习惯,会主动地跟我们讲他的小干部生活。当孩子遇上困难时,我们会一起与他分析;当孩子讲述心得时,我们会一起分享他的快乐!

功夫不负有心人,孩子慢慢地学会了如何做好自己的副班长,如何与其他小干部合作,如何与其他的小朋友沟通交流,又找到了往日的自信。看着孩子明媚的笑脸,听着爽朗的话语,我知道小学阶段的第一考,孩子通过了!

（二）

在陪伴孩子成长的历程中,顺心顺意的时间总是那么短暂。二年级刚开学的一个晚上,我刚想休息,却意外地在床头发现了这样一张字条:

亲爱的妈妈:

我的心里好难过,我让你失望了。两个星期前,我加入了学校的创意社团,排演课程剧《向太空出发》。每天都很认真地背台词,可是只能当作替补演员,到现在为止一次上台的机会都没有。妈妈,我不想再排练了！我要退出创意社团!

烦恼的儿子:浩浩

2014年10月5日

看完之后,我的心顿时就“咯噔”了一下。反复看着儿子的字条,坐在书桌前,我在快速搜寻解决良策。突然,陆老师推荐亲子阅读的一本书《亲爱的安德烈》映入我的眼帘,一刹那,我有了灵感,提笔给儿子回了一封信:

亲爱的宝贝:

请允许我一直这样亲昵地称呼你。因为,再过几年,你就不是爸妈的小宝贝了,而是成长为一个顶天立地的男子汉了!

我知道你喜欢科技探索、喜欢学校的航天育种实验基地,我希望你能够一直保持对科技的热爱、对世界的好奇！参加舞台剧的表演,妈妈不要求你一定是最闪亮的那颗星，要知道，能与老师、小朋友一起排练，一起演绎穿越课程的故事，你本身已经收获了很多。

宝贝，请你记住，不论你以后遇到什么困难，我依然希望你能坦然面对，并一直努力地去做最好的自己！。

孩子，妈妈相信你能行！

爱你的妈妈

2014 年 10 月 5 日晚

写完信，儿子已睡着了，我把信放在了儿子的枕头边。回到床上，我失眠了，儿子成长的一幕幕不断在脑海浮现……

就这样，平静地过了两个星期，儿子再也没跟我提起过这件事。某天去接儿子放学，只见他满脸喜悦，一见我就唧唧喳喳说开了：“妈妈妈妈，好消息！我们创意社团里要派一名学生去参加世界级珠心算比赛。我毛遂自荐，登上了表演的舞台，朱老师非常欣赏我的表现，我被选上喽！选上喽！”

看着在夕阳下蹦蹦跳跳前行的儿子，我欣慰地笑了：心中有太阳，脸上有笑容，嘴里有歌声。这才是我想要的儿子最好的状态。

（三）

今年开学第一天，放学后，儿子拿着学校下发的一张“魅力精灵学院”的招生报名表征求我的建议。我告诉儿子：“妈妈会尊重你的选择！但如果选择了，就得好好学下去，不可半途而废！”儿子郑重地点了点头，最终选择了拉丁舞、毽球、英语交际三门课程。

可是学习的过程肯定是艰辛的。就拿拉丁舞来说吧，儿了没有一点基础，而且许多孩子在幼儿园就已经开始了拉丁舞的学习。每当儿子遇到困难想退缩时，我总喜欢和儿子一起分享陆老师在晨会课上送给孩子们的一首小诗——

自信和坚韧

山再高
高不过脚面
海再阔
阔不过航船
路再长
也会有终点
云再厚
也遮不住太阳的笑脸
人生只要有自信和坚韧
就会勇往直前闯过难关

登上辉煌的金字塔
摘取成功的桂冠

经过努力,儿子自信了许多,收获了很多,2015 年,儿子参加了上海拉丁舞国际锦标赛,一举拿下了 10 岁组的二等奖,儿子张开自信的翅膀,飞得越来越高了。

[海门经济技术开发区小学三(4)班鞠珉浩家长　张郎萍]

登台表演让孩子充满自信

乐乐是上学期才转到我们班的男孩,长得虎头虎脑,胖乎乎的,很可爱。记得刚到我们班上时,他怯生生地拉着妈妈的手,躲在妈妈身后,小声地叫着“老师早”。我张开双手准备拥抱他,他下意识地往后退了几步,我知道他是个胆小内向的孩子,面对陌生的老师和同伴,他有些害怕,缺乏自信,不敢当众表现自己。如何培养孩子的自信呢?我在实践中探寻摸索,寻求好的办法能让乐乐自信起来。渐渐地我发现,班级的表演区很受欢迎,很多孩子都愿意登台,勇敢地展示自己学到的本领。或许,这对于乐乐来说,会是个突破。

又到了表演游戏的时间,我和孩子们商量着表演故事《小羊和狼》。可是谁来表演故事里的小动物呢?孩子们都踊跃地举手,我决定请每个孩子都来尝试一下自己想表演的角色。当轮到乐乐时,只见他低着头不吭声也不动,我对他说:“乐乐,该你了。”他还是头也不抬地说:“老师,我不想表演。”我又问:“为什么呀?你不喜欢这些小动物吗?能告诉老师原因吗?我不会告诉别人的。”他犹豫了好长时间才趴在我耳边小声地说:“老师我没表演过,我不敢。”我一下子就明白了,孩子虽小,但他的自尊心非常强,也缺乏自信心。于是我用征求的口吻对全班幼儿说:“你们都表演得很好,但是咱们班的乐乐小朋友今天不想表演,让他明天再试一试,好吗?”大家都同意了。我询问他:“乐乐,行吗?”他不好意思地点了点头。为了帮助他勇敢地登台表演,在下午离园时,我把事情的经过告诉了他妈妈,希望在我们的共同鼓励、帮助下,树立他的自信心。

第二天刚来园,乐乐就高兴地跑到了我的身边说:“老师,昨天我在家里学了小猫和大象的动作,他们说的话我也会了。”“这么厉害!待会给小朋友们表演一下吧!”“好啊!”虽然有些害羞,但他还是勇敢地站到台前,给小朋友表演了大象说的话和动作。尽管乐乐的声音比较小,但对他来讲已经是一个飞跃了,这是乐乐第一次登台表演,我能看出他战胜了自己,迈出了勇敢的第一步。小朋友们都为他鼓起了掌,乐乐自己也开心地笑了。看到那充满自信的笑容,我感到特别欣慰,特别有成就感。从那以后,不管是朗诵儿歌、讲述故事还是演唱歌曲,在老师的鼓励下,乐乐都敢于在小朋友面前表演,虽然有时候声音有点小,故事记得不牢,但他渐渐地对自己有信心了。之前那个躲在妈妈背后的胆小男孩变了,开始成长为敢于走到台前表现自己的小男子汉了,我为他骄傲!

建立自信心是一个循序渐进的过程，胆怯内向的孩子不可能在一朝一夕就变得活泼勇敢。让孩子登台表演可以锻炼幼儿的勇气，发展幼儿的语言表达能力和组织能力，同时也帮助幼儿养成良好的倾听习惯，增强孩子的自信心。多给孩子登台表演的机会，多给孩子一点支持和鼓励，你会发现他们会更勇敢地面对这个世界！

（海门开发区幼儿园教师　袁媛）

心心相印，成就未来

随着夏日的脚步逐渐靠近，一个学期也意味着结束，虽然每天都在行走，可是真正回首，却觉得时间过得是如此快。转眼，孩子们即将大班毕业，此时此刻，平复内心的激动，回想相伴行走的日子，更多的是幸福，更多的是成就感。

三年来，我们注重孩子们责任心的培养，让孩子们学会担当。三年来，我们侧重孩子们自信心的养成，让孩子们充满自信。通过之前小班和中班两年时间的努力，我们班的大部分孩子渐渐蜕变成了有担当、有责任、有自信的大哥哥大姐姐了。不过依旧有个别的孩子刚升入大班时，仍然缺乏一定的责任心与自信心。

我班的瑄瑄小朋友，她是个可爱文静的小女孩，那么漂亮的小姑娘却有一个不好的行为习惯，喜欢随地乱扔纸屑。记得在一次手工活动时，其他的孩子都主动将纸屑扔到了垃圾桶里，而她却悄悄地将纸屑扔在了地上。我发现后，什么都没有说，而是自己弯腰捡起地上的纸屑。瑄瑄看见后好奇地问我干什么，我说这些纸屑的家在垃圾桶，我送它们回家。而我们小朋友的家是咱们的大三班，如果班里到处是垃圾，没人会喜欢我们大三班的。话音刚落，瑄瑄便捡起了刚刚扔在地上的纸屑。笑着对我说：“老师，我错了，我再也不会随地乱扔了。”

通过我的言传身教，瑄瑄在以后的日常生活中，不仅对自己、对班级负起了应有的责任，而且也萌发了集体荣誉感，责任意识在不断增强。有一次，我们带领全班孩子参观社区——中南世纪城，我让瑄瑄担任小小监督员。调皮的子涵将糖纸随意扔在地上，此举被瑄瑄看见了，她急忙赶上去说：“子涵，快把糖纸捡起来扔到前面的垃圾桶里。瞧，路上的人都看着我们呢，我们不能给大三班丢脸。”子涵听了瑄瑄的话后，看了看旁边的行人，立刻捡起了地上的糖纸。看到瑄瑄蜕变成了一个有担当的好孩子，老师的心里甜蜜蜜的。

瑄瑄的进步可喜可贺，但是她仍旧羞于在集体面前表现自己，在班里一直默默无闻，好朋友也比较少。每次集体活动时，她总是端端正正地坐着，从来不会主动把小手举起来。但当我请她回答问题时，她却能说出正确的答案，就是声音轻轻的，对自己极度缺乏自信。针对瑄瑄的这种情况，我们采取了相应的措施，寻找她身上的“闪光点”，让其体验成功感。瑄瑄的长处是绘画特别棒，我们适时地抓住瑄瑄的这个“闪光点”，让她做一回美术老师。在老师的协助下，她给小朋友们组织了一次精彩的美术活动。从这次活动中，瑄瑄体验到了登台做老师的快乐，感受到了成功的喜悦，从此扬起了自信的风帆。

针对班级里其他责任感不强、自信心较弱的孩子，我在日常教学中特意分配一些任务给他们，赋予他们一种责任。通过任务的完成增强他们的责任心。如：安排他们值日，做了值日生，就要担当起责任去整理小毛巾、水杯、分碗勺、整理书架等。在任务完成的情况下他们会不由自主地从心底产生自豪感，久而久之在同伴面前也有了自信，从而敢于在同伴、成人面前表现自己，表达自己的意愿与看法。再如：班级通过开展养一盆花活动，让班级里责任感不强、自信心还较弱的孩子在盆花上写上自己的名字，每人负责给写有自己名字的花浇水，搬出去晒太阳。他们对养花活动很感兴趣，努力完成老师交给他们的任务，在养花实践中大大增强了他们的责任心。同时每周我们利用晨间谈话的时间，让他们在集体面前大胆讲述自己照顾的盆栽在一周内发生了哪些变化。孩子们通过不断登台讲述，得到了更多的锻炼。从他们灿烂的笑容、响亮的声音中，我们看到了满满的自信。全市举行的“未来金话筒比赛”“大东方杯幼儿绘画比赛”“幼儿故事大王比赛”等，都少不了他们的身影。在这三年里，我们和孩子一起经历了许多的“第一”：第一次勇敢地举起小手；第一次主动地与小朋友交流；第一次独自完成小任务；第一次登台讲故事、朗诵儿歌……孩子们在经历许许多多第一次的过程中，自信心从无到有，责任心从弱到强。相信这一切都仅仅是开始，愿我们的孩子“心心相印”成就更美好的未来！

（海门开发区幼儿园教师　崔颖）

给每个孩子爱的自信

是什么，让种子冲破岩层的禁锢迎向光明？是什么，让雄鹰无畏风暴的阻遏冲向云霄？是自信。自信是火，是点亮梦想的火；自信是路，是指引走向成功的路。

接手了小班，我们发现这一群孩子：有的总是哭哭啼啼，吵闹不休；有的常常沉默寡言，不言不语；有的不与同伴交往，静坐一旁；有的穿衣吃饭不动手，只等老师帮忙……显然，这些孩子生活习惯无规律，缺乏自信心，一时难以融入集体生活。面对这些可爱的小不点，我们如何给他们自信的力量，让他们扬帆起航呢？

小班的孩子过度依赖父母，在家里许多事情都是由大人帮着做，所以就形成了一遇到事情就说“我不会”，来到幼儿园以后我们用鼓励的话语去真情引导，信任的目光去感染孩子，使他们在愉悦的氛围中，试着去学一学、做一做，养成良好的生活习惯，给每个孩子爱的自信。

刚开学，小班的孩子大多自己不会提裤子。一到上厕所，孩子们就会愁眉苦脸请老师帮忙。为了锻炼孩子，每次上厕所，我们总是让他们自己将裤子褪下，实在不行的，我们再帮助他们。解完小便后，他们总是光着屁股往老师这儿跑，但我们从来不包办代替，而是先让幼儿学着自己往上拉，然后再帮助他们整理，并不时地加以表扬。久而久之，孩子在潜移默化中自己学会了方法，有了信心。到小班下学期，孩子衣服逐渐减少，我们又提出了新的要求，让他们学会将汗衫、衬衣塞进裤子里面。一开始有些幼儿不会把衣服塞到裤子里，经过多次尝试，大部分幼儿都能学会把衣服塞进裤子里。从这些生活小事中逐步让幼儿树立起做事的信心！

孩子想做的事，我们尽量让他们做，他们乐在其中；孩子想做而不敢做的事，我们鼓励他们做，他们快乐地尝试着；孩子能做而不愿意做的事，我们坚持让他们做，他们也自信地完成了。瞧，在“小鬼当家”的比赛中，孩子们不露怯意，自信地登台展示自己的本领：穿鞋子、扣纽扣、叠衣服……看着孩子们愉快地接受挑战，自信地完成任务，露出乐观开朗的笑容时，我们深感欣慰。乐观的心态、自信的种子已经在孩子们的心里发芽。

根据每个幼儿不同的发展特点，我们还会提出不同层次的要求，让每个幼儿都有获得成功的体验，从而产生自信心。我们班的雯雯小朋友胆子特别小，每次遇到事情时总是对着我说：“老师，帮帮我。”我考虑到孩子并不是不会，而是缺乏自信心，要想让她大胆地去做事，培养她的自信心是关键问题。

美术活动《妈妈的新发型》是一个让幼儿尝试用彩纸撕贴为妈妈设计发型的手工活动，它可以提高幼儿的动手能力。在作画过程中，很多幼儿都能很好地完成，他们撕纸和拼贴的作品各具特色。可雯雯坐在那里说：“老师，我不会。”我知道，这是雯雯缺乏自信的表现。于是，我蹲下身子告诉她：“雯雯，我们来一起完成吧。”我一边说一边和她一起做着，慢慢地我让雯雯自己撕纸条，一开始，撕的纸条粗粗的，在我的指导和鼓励下，她可以撕出粗细合适的纸条了。我抓住契机，大大赞扬了一番：“雯雯，就是这样，你做得很棒。我相信你设计的发型也一定很独特，自己试试，好吗？”雯雯很愉快地接受了任务。她一丝不苟地拼贴了起来，一根头发，一缕头发，还有卷发……作品终于完成了，雯雯自豪地对旁边小朋友说：“看，我妈妈的新发型，多漂亮，这是我自己做的呢！”最后作品展示环节，雯雯自豪地拿着她的作品，充满自信地登台走秀！灿烂的笑容在雯雯的脸上绽放，乐观自信的种子已在雯雯心里发芽。从那以后，园里的儿歌表演、故事大王等活动，她都积极参与，勇敢地登上属于她的舞台。

当孩子们遇到困难挫折时，我们默默鼓励，让孩子坦然地接受，乐观地坚持；当孩子进步时，我们创设机会，让孩子勇敢地登台，自信地展示……

人们常说，乐观开朗的人是美丽的，充满自信的人生是璀璨的。我们愿意用爱心、细心和耐心，为孩子们扬起乐观自信的风帆，使他们坚实地走好每一步，去创造属于自己的美好未来！

（海门开发区幼儿园教师　王慧）

第十二章

12 月：自省——让我们记录生活

【素养类别】文化学习
【每月一事】让我们记录生活(12 月)
【相关专题】计划　自律　自强

▶ 一、名词解释

【自省】自我评价、自我反省、自我批评、自我调控和自我教育。是孔子提出的一种自我道德修养的方法。他说："见贤思齐焉，见不贤而内自省也。"(出自《论语·里仁》)

【计划】人们为了达到一定目的，对未来时期的活动所作的部署和安排。可分为各种类别，如经济计划、军事计划、社会发展计划等。

【自律】与"他律"相对。伦理学上指主体内在自觉的道德意识和实践。是反映道德发展水平的概念。宋苏辙《西掖告词》之十五："朕方以恭俭自居，以法度自律，宜得慎静之吏，以督缮治之功。"

【自强】自己努力向上。《周易》："天行健，君子以自强不息。"《礼记·学记》："知困，然后能自强也。"也指国家自力图强。《宋史·董槐传》："外有敌国，则其计先自强，自强者，人畏我，我不畏人。"

▶ 二、行为规范

* 开学前制订好新学期计划。
* 制作一日作息时间表。
* 按照时间表来完成各项事情。
* 做事前先想一想怎么做，从哪里开始做起。
* 每天按时到校，不迟到。
* 发现问题要及时调整计划。
* 每天睡觉前整理好第二天需要的学习、活动用品。

* 台箱里的书本有规律摆放，能较快找到。
* 早晨进教室后仔细核对上交家庭作业，不少交、漏交。
* 交完作业去晨扫，仔细清理，不留死角。
* 晨扫忙完来晨读，字字看清不读错。
* 上课之前按课表准备好上课用品。
* 下课后及时整理，做好下一节课的准备。
* 出操时听到音乐先起立，再端起椅子轻声放到课桌下。
* 课间先如厕后进行游戏活动。
* 中午的时间安排要有计划。
* 记录自己完成家庭作业的时间。
* 及时记录学习、工作中的困难。
* 新课之前要有预习计划。
* 考试之前要制订复习计划。
* 不浪费时间，提高学习效率。
* 不在课桌椅、建筑物等实物上涂抹刻画。
* 计划中的事情要尽力完成。
* 每晚睡觉前想一想今天有哪些收获。
* 每晚睡觉前想一想今天有哪些失误。
* 班级规约自觉遵守。
* 看电视、上网络都能控制在适当的时间内。
* 使用零花钱要有一个计划。
* 自习课上老师在和不在一个样。
* 假期里也能按时起床，遵守作息时间。
* 自己能够完成的事情尽量不打扰父母。
* 不浏览不健康网站。
* 参加活动要守时，有事先请假。
* 培养积极健康的兴趣爱好。
* 不玩不该玩的游戏。
* 不在背后议论别人的短处。
* 不和烟酒交朋友。
* 慎重交友，远离毒品。
* 不参与各种类型的赌博。
* 不参加邪教组织。
* 乐于观察探究，养成记日记的习惯。
* 低碳生活，不与同学攀比。

* 积极参加公益劳动。
* 遇到困难不低头,勇于向困难挑战。
* 捡到东西要主动归还失主或交公。
* 珍惜国家和集体荣誉。
* 不让集体利益受损失。
* 关心国内外大事,崇敬杰出人物。
* 积极参加社会实践活动。
* 树立坚定的理想,矢志不移地奋斗。
* 能进行简单的生产劳动。
* 会使用信息技术,文明绿色上网。
* 诚实守信,答应他人的事要做到,做不到时表示歉意。
* 勇于承认错误,诚恳接受他人的劝告,并积极改正。
* 团队合作中积极发表见解,乐于贡献自己的智慧和力量。
* 对挫折和失误不灰心,能分析原因,寻找办法。
* 不相信运气,努力改变环境,为自己的成功创造机会。
* 知道自己的优点与不足,不断超越自我。
* 今天的事情今天完成。
* 做事要有做成功的信心。

▶ 三、名言警句

◆ 凡事预则立,不预则废。
◆ 世界会向那些有目标和远见的人让路。
◆ 以人为鉴,明白非常,是使人能够反省的妙法。
◆ 机遇从不光顾没有准备的头脑,弱者坐待良机,强者制造时机。
◆ 计划的制订比计划本身更为重要。
◆ 机会永远都是留给有准备的人。
◆ 不会从失败中寻找教训的人,他们的成功之路是遥远的。
◆ 对可耻的行为的追悔是对生命的挽救。
◆ 要进行严厉的自我克制,因为克制本身就可以作为一种精神寄托。
◆ 知错就改,永远是不嫌迟的。
◆ 成功的起始点乃自我分析,成功的秘诀则是自我反省。
◆ 信用既是无形的力量,也是无形的财富。
◆ 我们应该不虚度一生,应该能够说:“我已经做了我能做的事。”
◆ 哪怕对自己的一点小小的克制,也会使人变得强而有力。
◆ 遵守诺言就像保卫你的荣誉一样。

◆ 美德好像战场，我们要过美好的生活，要常常和自己斗争。

◆ 征服自己的一切弱点，正是一个人伟大的起始。

◆ 勿以恶小而为之，勿以善小而不为。

◆ 其身正，不令而行；其身不正，虽令不从。

◆ 天行健，君子以自强不息。

◆ 生活真像这杯浓酒，不经三番五次的提炼呵，就不会这样可口！

◆ 平静的湖面，练不出精悍的水手；安逸的环境，造不出时代的伟人。

◆ 只有自己深深痛过，才能体会别人的痛，于是难得自我反省。

◆ 反躬自省是通向美德和上帝的途径。

◆ 我读的书愈多，就愈亲近世界，愈明了生活的意义，愈觉得生活的重要。

◆ 一本新书像一艘船，带领我们从狭隘的地方，驶向无限广阔的生活海洋。

◆ 掌握知识不是为了争论不休，不是为了藐视别人，不是为利益、荣誉、权力或者达到某种目的，而是为了用于生活。

◆ 浪费时间叫虚度，剥用时间叫生活。

▶ 四、参考故事

年少的梦

泰格·伍兹来自贫寒家庭，兄弟姊妹八人加上一个堂兄、一个表妹，和父母蜗居在贫民窟一间破屋里。

长得又瘦又小的他常常发烧感冒，学业成绩又差，是八个孩子中最差的，想不出来自己以后能干什么。有一天，他在电视上看到介绍高尔夫好手尼克劳斯的节目，为之倾倒，决心将来像他那样，在高尔夫球场上得意洋洋地挥洒自己的人生。

他要求父亲给他买高尔夫球杆，父亲说：“我们玩不起高尔夫球，那是有钱人家玩的。”

泰格转而求母亲，跟母亲说，他将来会像尼克劳斯那样，成为一个伟大的高尔夫球员，还会赚很多钱。

母亲抱着儿子，无限怜爱，跟他说：“儿子，妈妈相信你一定能够做到，你成了伟大的高尔夫球手之后，可以赚很多钱，生活会好起来，到时给妈妈买一栋别墅，好吗？”

这以后，他就在院子里挖了几个洞，用捡来的球和父亲为他做的球杆玩得不亦乐乎。

上了中学以后，他遇上了真正改变他一生的恩师，体育老师里奇·费尔曼先生。费尔曼认为他很有高尔夫球的天赋，带他到高尔夫俱乐部练球，还帮他付了三分之一的学费。泰格进步神速，仅仅三个月，他就夺得佛罗里达奥兰多市少年高尔夫球比赛冠军。

高中毕业后,泰格顺利进入斯坦福大学。第一个暑假,一位很要好的同学为他找到了一个很好的工作,到他哥哥任职的一艘豪华游轮上当服务生,周薪 600 美元。泰格一下子就答应了,因为这样他就可以不再依赖家里,甚至可以帮上一点忙了。

他很不好意思地告诉费尔曼先生,他不去俱乐部练球了,他找到了一个很不错的工作,一个礼拜就有 600 美元的收入。

费尔曼沉吟半晌,问泰格:"你还记得你告诉过我的梦想吗? 那是什么?"

泰格沉默不语。费尔曼目光炯炯,再问。泰格红着脸答道:"像尼克劳斯一样,做一个伟大的高尔夫球员,给母亲买一栋别墅。"

费尔曼双眼仍紧盯着他,严肃说道:"你现在就去工作,那梦想呢? 一个礼拜就能赚 600 美元,很了不起。可是,你仔细想想,你的梦想只值一个礼拜 600 美元吗? 一个礼拜 600 美元,你买得起别墅吗?"

泰格思虑再三,然后坚定地跟老师说:"我的梦想是要成为尼克劳斯那样伟大的高尔夫球员,为母亲买一栋别墅。"

他回到了球场。那一年,他成为全美业余高尔夫球大奖赛有史以来最年轻的冠军。

三年之后,他转入职业高尔夫球界。1999 年,他世界排名第一。2002 年,他继 1972 年尼克劳斯之后,夺得美国公开赛和美国大师赛双料冠军。

后来的事你都从各大媒体上知道了,人们都雅称他为"老虎伍兹"。

摘　　梨

许衡是我国古代杰出的思想家、教育家和天文历法学家。一年夏天,许衡与很多人一起逃难。由于长途跋涉,加之天气炎热,所有人都感到饥渴难耐。

这时,有人突然发现道路附近刚好有一棵大大的梨树,梨树上结满了清甜的梨子。于是,大家都你争我抢地爬上树去摘梨来吃,唯独只有许衡一人,端坐于树下不为所动。

众人觉得奇怪,有人便问许衡:"你为何不去摘个梨来解解渴呢?"许衡回答说:"不是自己的梨,岂能乱摘?"问的人不禁笑了,说:"现在时局如此之乱,大家都各自逃难,眼前的这棵梨树的主人早就不在这里了,主人不在,你又何必介意?"

许衡说:"梨树失去了主人,难道我的心也没有主人吗?"许衡始终没有摘梨。

混乱的局势中,平日约束、规范众人行为的制度在饥渴面前失去了效用。许衡因心中有"主"则能无动于衷。在许衡心目中的这个"主"就是自律。有了自律,才能在没有纪律约束的情况下亦能牢牢把握住自己。

自己救自己

某人在屋檐下躲雨，看见观音正撑伞走过。这人说：“观音菩萨，普度一下众生吧，带我一段如何?”观音说：“我在雨里，你在檐下，而檐下无雨，你不需要我度。”这人立刻跳出屋檐下，站在雨中：“现在我也在雨中了，该度我了吧?”观音说：“你在雨中，我也在雨中，我不被淋，因为有伞；你被雨淋，因为无伞。所以不是我度自己，而是伞度我。你要想度，不必找我，请自找伞去!”说完便走了。第二天，这人遇到了难事，便去寺庙里求观音。走进庙里，才发现观音的像前也有一个人在拜，那个人长得和观音一模一样，丝毫不差。这人问：“你是观音吗?”那人答道：“我正是观音。”这人又问：“那你为何还拜自己?”观音笑道：“我也遇到了难事，但我知道，求人不如求己。”

五枚金币

有个叫阿巴格的人生活在内蒙古草原上。有一次，年少的阿巴格和他爸爸在草原上迷了路，阿巴格又累又怕，到最后快走不动了。爸爸就从兜里掏出5枚硬币，把一枚硬币埋在草地里，把其余4枚放在阿巴格的手上，说：“人生有5枚金币，童年、少年、青年、中年、老年各有一枚，你现在才用了一枚，就是埋在草地里的那一枚，你不能把5枚都扔在草地里，你要一点点地用，每一次都用出不同来，这样才不枉人生一世。今天我们一定要走出草原，你将来也一定要走出草原。世界很大，人活着，就要多走些地方，多看看，不要让你的金币没有用就扔掉。”在父亲的鼓励下，那天阿巴格走出了草原。长大后，阿巴格离开了家乡，成了一名优秀的船长。

推荐阅读

1.《不上补习班的第一名》
2.《影响孩子成长的好习惯故事》
3.《大河马去饭店》
4.《神奇猜猜：我是时间的小管家》

▶ 五、活动方案

方案一:让我们记录生活

【活动目标】

1. 能用自己喜欢的符号记录下自己的喜怒哀乐。
2. 能自己制作整理成长小书,感受成长的快乐。
3. 丰富幼儿的情感,逐步培养自我管理、自我反省的好习惯。

【活动对象】

幼儿园中大班幼儿。

【活动准备】

1. 各种绘本资源。
2. 各种关于记录、自省的故事、儿歌等。

【活动过程】

1. 游戏智慧树。

(1)“种小树”。

①带领幼儿参观幼儿园,认识常见的一些树。

②每个小组选择一种自己喜欢的小树画一画,张贴在主题墙上。

(2)“长新叶”。

①小组商讨决定后,制作自己喜欢的树叶形状。挑选自己喜欢的颜色,裁剪成树叶形状。

②每次区域游戏后,教师的游戏评价环节改为小组成员用绘画的形式记下自己每天游戏中的所闻、所见、所思、所感。

师:今天你玩了什么游戏,和谁玩的,发生了什么事?

小组成员交流游戏中的所想、所思,不断总结经验。

将交流分享的故事画在准备好的树叶上。

③师生一起将画完的“树叶”张贴到墙上。

(3)“开花花”。

①分享游戏中的快乐,反思游戏中遇到的问题,对于能大胆讲述自己游戏的孩子,老师给予肯定和鼓励,孩子可以在自己的快乐游戏树上贴上一朵小花。

②画完的“树叶”不断地上墙,成长树不停地“开花”,同时游戏水平不断丰富,幼儿的合作能力也得以提高。

说明:自由活动等时间,可以和自己的好朋友,三三两两地讲述成长树的故事。

2. 七彩生活绘。

(1)想一想:每天离园前,回忆一天中发生的事情,和老师、同伴分享快乐的、伤心的、生气的等事情。

师:愉快的一天结束了,想一想你今天在幼儿园开心吗?

师:有开心的事,可能也有一些难过的事情。没关系,每个人都有自己的喜怒哀乐,这很正常。

(2)说一说:

自由分享:和好友讲述今天的难忘事情。

师:那请你和你的好朋友一起说一说今天开心的事情吧。

集体分享:分享自己的快乐事,梳理自己的伤心事。

师:谁愿意和我们大家分享一下你的心情呢?

(3)涂一涂、画一画:用画笔记录,鼓励幼儿画面尽可能丰富。

师:每个人的事情都不一样,那么让我们拿起画笔,把它画下来吧。

(4)写一写(我说你来记)。

①倡议“手拉手,一起走”:在班级 QQ 群发布倡议书,鼓励家长帮助幼儿记录下幼儿一天中的趣事,并能坚持,养成习惯。

倡 议 书

亲爱的家长朋友:

每个人在自己所有的朋友之外,都有一个亲密的朋友,那就是日记。我们的孩子虽然年纪小,但是他们对事情有自己独特的想法,在不断地遇事处事中悄然成长。绘画日记记录下了他们一天的喜怒哀乐,能培养孩子做生活的有心人,养成细致观察的好习惯,增强观察力、分析力、思维力、想象力。

我们鼓励家长朋友帮助他们记录下来,孩子在与您的沟通中,架起了亲子之间绝妙的沟通桥梁,日记让我们走进孩子的心灵,分享他们的快乐,疏导他们的不快,从而建构积累认知、交往等各方面的经验。同时也发展了幼儿的口述能力,养成自我反思的好习惯,让孩子健康阳光成长。

何况,在孩子长大以后回望童年的日记,那将是多么温暖的回忆!

家长朋友们,快拿起你们的笔,行动起来吧!

三厂幼儿园

②我说你记:家长客观、真实地记录下孩子的叙述。

在家中,家长可以搂抱着孩子坐在膝盖上,倾听幼儿讲述(注意不要打断,保证孩子口述的完整性)，适时提问引导幼儿思考自己的行为，并把内容真实地记录下来。

③和孩子一起成长：家长记录下和孩子共同成长的点滴感悟。(一周一次)

3. 我的成长小书。

(1)整理成长故事：引导幼儿按日期将一周的成长故事(绘画作品、家长记录单、成长树叶等)整理好。

(2)家长和孩子一起设计制作封面、封底：选择自己喜爱的材料制作封面、封底，并在封面上写上自己的姓名和日记记录的日期，将绘画日记装订成册。(可慢慢地放手让孩子单独制作封面、封底等。)

(3)展示成长小日记，并放入自己的成长档案。

4. 欢乐故事会。

每周五选择成长小书中的一个故事与大家一起分享。

【评价说明】

1. 记录生活的方式有很多种，除了绘画和文字记录，还可以这样做：幼儿每天回家和爸爸妈妈讲讲今天生活学习游戏中的一件事，家长录音录下来，再发给老师，然后在每天的晨间谈话时有选择地分享几个小朋友的故事。

2. 家长将幼儿活动拍成连续的照片，在照片旁边记录下孩子的想法，制作一本照片书，为孩子留下一段美好的回忆。(不管是记录，还是分享，我们都要征求幼儿的意见，让孩子感受到自己是被尊重、被关爱的。)

附：相关表格：

________的日记

时间：_____月_____日　天气________

我的记录(幼儿绘画)	家长记录(幼儿口述)

方案二：今天，你是时间的主人吗？

【活动目标】

1. 学会有计划、有目标地安排自己的生活，体会这样做的快乐。

2. 养成按时作息的好习惯。

3. 让学生真正体验到做事有计划，做到今日事，今日毕带来的好处，学后能把自己的生活安排得更有条理，做事不拖拉，独立性进一步得到提高。

【活动对象】

小学一、二年级学生。

【活动时间】

1个月。

【活动准备】

1. 故事《寒号鸟》的图片，体现某小朋友一日作息时间的幻灯片。

2. 每个学生一份活动记录表，一张空白的作息时间表格。

【活动过程】

1. 故事导入。

(1)讲述《寒号鸟》的故事。

(2)你们有自己的理想吗？有些怎样的打算？请你说一说。

(3)教师评价后小结：每个同学对学习和生活都要有明确的目标(特长目标等)，有了一定的目标才会有努力的方向。每天做一点儿，就离目标近一点儿。最后你的目标一定能实现。

大家应该明白，目标是成功路上的里程碑、导航图、动力源。如果没有目标，没有任何人能获得成功。

要实现自己的目标，就要求每一个孩子有自己的时间表，我们今天就来学习制作。板书：我的生活时间表。

2. 给自己确定学期目标。

(1)看一看小朋友们的目标是什么？感受一下谁的生活有意义？

(2)结合自己的理想，给自己定一个目标。(交流自己的目标。)

3. 我的时间我做主。

要实现自己的目标，就要制定作息时间表，安排好时间，然后有条理地去做，那人就会很充实，每天都会快乐。

(1)制定作息时间表需要考虑的内容。

观察图中小朋友的作息时间表：几点起床，几点上学，几点练书法，几点锻炼身体等。

(2)除作息时间表外还可以做什么?(给重要的日子做记号。)

(3)老师总结:制作作息时间表要考虑的内容。

①这个学期自己的目标是什么?

②除了每天的学习、生活,自己还想做些什么?学些什么?

③自己拿主意。确定各项工作每天安排多少时间,安排在什么时间?

④除了这些,还需要做哪些事?

(4)制定出自己认为最科学、合理的作息时间表,写在空白框内。(小组讨论)把这个表带回家,贴在明显处,从现在开始,大家按照上面的做,让爸爸妈妈监督。

(5)教师总结:要实现我们的目标,光是制定出作息时间表是不够的,还必须有足够的毅力,每天都要坚持按定好的计划和作息时间表去做,才能达到目标,享受到成功后的喜悦。

(6)活动总结:同学们,著名的文学家朱自清说过一句话:人生七十古来稀,前十年幼小,后十年衰老,中间只有五十年,其中又有一半在夜间度过,算来人的一生只剩下二十五年的时间。时间一去不复返,它对每个人来说,都是相等的,谁珍惜时间,时间就会喜欢他。

我的一日生活	
早晨	
上午	
下午	
晚上	

我的时间我做主	
时间	学习与活动

【活动评价】

在进行了一系列的活动之后,只有配以及时有效的评价才能使活动真正发挥好作用。评价可以采用自评、互评、师评等多维度来进行。先让学生自评,然后在小组里进行互评,回家再让家长评,每日小组里选出得星最多的人,在班级里再进行评选，如果有较多的同学都得满星，只要确实做得好，都可以获得“计划之星”的奖励，人数不限。鉴于低年级孩子的年龄特点，平时积累各项得分情况（得分可以根据情况来具体确定，可以是完成了就得满分，可以是点到一次有问题扣一定分数等形式），一周进行一次评价。90分以上得五星，85—90得四星，80—84得三星，75—79得二星，74及以下得一星。

“善于计划”好习惯养成评价表

班级________ 姓名________ 第______周

评价内容	自我评价	家长评价
认真执行一日作息时间	☆☆☆☆☆	☆☆☆☆☆
发现问题及时修改计划	☆☆☆☆☆	☆☆☆☆☆
晚上准备好第二天的学习、活动用品	☆☆☆☆☆	☆☆☆☆☆
书本有规律摆放，能较快找到	☆☆☆☆☆	☆☆☆☆☆
仔细核对交作业	☆☆☆☆☆	☆☆☆☆☆
晨扫有顺序，清扫干净	☆☆☆☆☆	☆☆☆☆☆
及时收拾、准备学习用品	☆☆☆☆☆	☆☆☆☆☆
中午时间安排有计划	☆☆☆☆☆	☆☆☆☆☆
及时记录学习、工作中的困难	☆☆☆☆☆	☆☆☆☆☆
制订预习、复习计划	☆☆☆☆☆	☆☆☆☆☆

【活动说明】

我国有句俗话“凡事预则立、不预则废”，说的就是做事要有计划。通过本次“我的时间我做主”系列活动，让学生懂得时间的宝贵，学会如何合理利用时间，学会有计划、有目标地安排自己的生活，从有序的生活中体会计划学习与生活的快乐。还可以开展以下活动：

活动一：生活小剧场。一天中，你做了些什么事情？你是如何安排的？请你和小朋友们一起回想交流一下。鼓励孩子说出每天所做的事情，可以是平时上学时候一天的活动，也可以是周末在家的活动安排。鼓励孩子把一天的生活做一个梳理，同时思考今天我是否认真地过完了一天的生活。

活动二:头脑风暴。一天的生活到底应该怎么安排?有什么好的建议呢?请小朋友展开头脑大风暴,转动你的小脑瓜,思考起来吧!鼓励孩子小组合作,积极思考:如何合理安排自己的一日生活。让孩子根据自己的实际情况,制订适合自己的生活安排表。

活动三:小小调查员。几天来,你的生活过得好吗?还有哪些地方安排得不够合理?应该怎么调整呢?成立小小调查组,采访小朋友们是如何安排自己的生活的,是否有些地方安排得不尽如人意?鼓励孩子向同伴取长补短,完善自己的生活安排表。

活动四:我的时间我做主。经过了一段时间的修改、完善,你的生活时间安排表一定很完美了吧!你是否对自己的时间安排了然于心呢?

另外,教师可扮演时间老人,胸前挂一卡通钟面,拨动时针和分针,小朋友随着时针指向的时间,做出相应的动作,共享合理安排时间的快乐。

方案三:自律——做最好的自己

【活动目标】

1.通过本次活动营造"善自律"的班级氛围,使学生明确自律的内涵,知晓什么行为是自律。

2.增强学生的自律意识,让学生懂得自律是美德,自律得从身边的每一件小事做起。

【活动对象】

小学三、四年级学生。

【活动准备】

有关"自律"的名言警句、名人故事、PPT课件、自律计划表等。

【活动过程】

1.什么是"自律"?

(1)在自习课上,老师不在教室时,你会怎么做?(学生交流)

(2)教师总结:自律,就是在没有人现场监督的情况下,通过自己要求自己,自觉地遵守法纪,拿它来约束自己的一言一行。自律是用自觉的行动创造一种井然的秩序。从小的方面来说,它是对一个人意志力的考验。也许现在的我们还没有完全懂得自律的涵义,但它却时刻在我们身边,起着不可估量的作用。

(3)事例讲述:美国有个心理学家曾做过这样一个实验,将一群小孩子放置在同一个房间里,并放上糖果,告诉他们等工作人员回来再吃,然后又用隐藏的摄像头观察他们,发现只有少部分孩子克服了糖果的诱惑。之后工作人员跟踪调查,发现没吃糖的孩子成人后在事业上大多都很成功,而吃了糖的那部分孩子很少有成就,并且失业率很高。同学们,由此可见,自律是成功的基石。

2.“自律”行为知多少?

(1)请同学们先来回答一组问题,看看你的自律能力怎样。生活中碰到这些现象你会怎么办?请回答“是”或“否”。

①如果有一门作业本应今天完成,但留到明天完成也没有人批评你,你一般都不会留到明天。

②学习时碰到难题,你一般不会询问别人而是坚持自己思考,直至最后自己解决。

③在家里正当你要写作业时却碰上了你最喜欢看的电视节目,你会选择放弃电视节目。

④来到十字路口,这时红灯亮了,但周围没有一个人,也没有一辆车,你会选择等待直至绿灯亮起。

⑤午读时,老师不在,班干部也不管,大家都在叽叽喳喳说闲话,但是你却能保持安静,不受任何干扰。

⑥你会经常计划如何使用你一天里的课余时间。

⑦你能坚持做一件事情一个小时而不受任何人的干扰。

⑧除了老师给你布置的作业外,你会经常主动去阅读课外书籍。

以上问题答“是”得1分,答“否”不得分,看看你自己能得几分。

(2)在日常学习和生活中,许多时候我们都需要自律,那么首先我们要下定决心管好自己,其次我们还要有坚韧的毅力,并不断提高对自己的要求,这样才能做到自律。

3.“自律”我能行。

(1)自律是一种人格境界,从古至今,我们国家行为自律的人数不胜数。请听两个关于名人自律的小故事。(名人故事:《鲁迅的“早”字》《许衡与梨》)

(2)有时候,最大的敌人就是自己。我们每个人要战胜“自己”是很难的,而要战胜自我,就需要了解自我,知道自己的长处和不足。

(3)认识自己,制订计划。

①说说自己在学习生活中有哪些优点和缺点。

②人只有真正地认识自己,才能说出自己的缺点。当我们意识到自身问题时,可请其他同学来监督自己,使自己在今后改正错误,做到自律。

③说一说,面对自己的这些不足,你准备用什么办法改正它?小组交流。

④“金无足赤,人无完人”,下面让我们一起找出自己行为上的不足,一起完成“我的自律计划”。

我的自律计划表1

<table>
<tr><th colspan="3">周一到周五</th></tr>
<tr><th>时间</th><th>事件</th><th>具体内容</th></tr>
<tr><td>下午5:30—6:00</td><td>吃晚饭</td><td>吃饭不能挑食。</td></tr>
<tr><td>下午6:10—6:30</td><td>玩或看电视</td><td>尽量多看新闻类电视。</td></tr>
<tr><td rowspan="2">晚上6:30—8:00</td><td>做老师布置的家庭作业
做课外作业
准备明天上学的文具</td><td>1. 做作业前先回顾当天课程，消化学习的内容并巩固记忆。
2. 认真结合课本知识做作业，边学边记。如果已完全掌握，可以快速做完。做完检查改正错题错字。
3. 背课文及英语单词。
4. 预习，掌握需要学习的主要内容。
5. 写日记。</td></tr>
<tr><td>没有家庭作业</td><td>1. 默记英语单词。
2. 做练习，研究难题。
3. 看课外书、作文选。
4. 学习音乐、美术或培养其他爱好。</td></tr>
<tr><td>晚上8:00—8:20</td><td>看书，练字等</td><td>尽量看完中国四大名著、国外名著或者自己喜欢的书本。
用适当的时间，按照字帖，练习一手漂亮的字。</td></tr>
<tr><td>晚上8:20—8:30</td><td>洗澡</td><td></td></tr>
<tr><td>晚上8:30</td><td>睡觉</td><td></td></tr>
<tr><td colspan="3">A. 专心听课，积极发言，你将取得意想不到的效果。
B. 加强与家长的沟通是必不可少的环节。
C. 严谨的生活和学习规律是成功的基础。
D. 克服懒惰你将更容易接近成功。
E. 提高效率，将有更多的时间娱乐。</td></tr>
</table>

我的自律计划表 2

周六和周日		
时间	事件	具体内容
上午 9:00 之前	起床、洗漱、吃早餐	
上午 9:00—10:30	做星期五晚没做完的家庭作业 做课外作业 复习	复习一周的学习内容，加深和巩固记忆。 做练习。
上午 10:30—12:00	自由活动	参加乒乓球等体育活动。 或者参加美术、音乐兴趣班。 交朋友，和同学玩。
中午 12:00—12:30	午饭时间	
下午 12:30—5:30	午睡和自由活动	参加乒乓球等体育活动。 或者参加美术、音乐兴趣班。 或者交朋友，和同学玩。
下午 5:30—6:30	晚饭时间	适当吃西餐或者特色餐饮。
晚上 6:30—7:00	自由活动	自己支配时间。
晚上 7:00—8:00	复习，预习	深化拓展一周所学的内容。 预习下周及星期一的课程。
晚上 8:00—8:20	洗澡	
晚上 8:20	睡觉	
A. 提高阅读及写作水平你将终身受益。 B. 克服懒惰，提高专注度是关键。 C. 严格执行或敷衍塞责是素质高低的重要指标。		

⑤交流自律计划。

⑥“勾勾手指签个约”自律承诺：

A. 勾勾手指，我和父母有个约。

B. 勾勾手指，我和老师有个约。

C. 勾勾手指，我和同学有个约。

(4)寻找身边的自律榜样。

①老师知道你们在心中都有一个评价自律行为的标准，那就让我们来找一找

身边的自律小标兵。

②学生推荐，说明推荐理由。

③民主投票选举。

④颁发奖状。

(5)学会坚持，我能自律。

①真好，我们身边有这么多的自律榜样。自律跟顽强的意志力是分不开的，一旦你制订好了计划，那么没有什么能比坚持不懈地去完成更有用了。长远看来，你的成果来源于你的行动，而坚持，就是行动的最好方式。

②你准备近期(这个星期或这个月)坚持做好一件什么事情？小组交流。

③名言警句伴我行。

A.选择自己喜欢的名言警句作为自己的座右铭，写在课前准备好的书签上。

B."如若你想征服全世界，你就得征服自己。"把坚持不懈当成永远的朋友，这就是你自律的法宝！

(6)经常反思，我能自律。

①孔子云：吾日三省吾身。这就是要求人们要经常地自我检查，对自己近期表现进行总结，肯定自己的优点、长处，了解并改正自己的缺点。

②开展"每日五问"活动。

(根据自己的情况制定每天、每周、一个月的盘点内容，要求不一定多，而要注重落实的可行性和阶段性，鼓励学生在不断严格要求的过程中享受成长的乐趣。)

每日五问　　　　姓名：__________

日　期	每天问一问	自我评价
(　)月(　)日	1.今天我全身心投入学习了吗？	
	2.今天我为同学、班级做了什么？	
	3.今天我遵守学校的各项规章了吗？	
	4.今天我锻炼身休了吗？	
	5.今天我有哪些收获和进步？	

③只有经常反省自己的过失，才会不断积累经验，更加严格要求自己。自古以来，"律己"的人都是注重小节的，他们明白"千里之堤溃于蚁穴"的道理。如果让小的陋习任其发展，不加以控制，那么它就会像滚雪球一样越滚越大，最终造成严重后果。

同学们，自律是一扇窗子。打开它，你拥有的将不仅仅是窗外的风景，还有等待你的成功。

【活动评价】

养成教育是一项需要长期坚持的工作。适时评价，是解决懈怠或流于形式的重要措施。每天利用晨会或中午时间让学生对表中内容进行同桌协商性评价，表现很好的画三颗星，一般的画两颗星，需要努力的画一颗星。评价时教师巡视，对于不太合理的评价进行指导。也可以挑选一两张评价表，让大家来看看评价是否合理。在开始的三周内要坚持每天都进行评价，三周以后可以看情况两天一评或三天一评，再以后也可以一周进行一次评价。

三、四年级学生自律行为第(　　)周评价表

序号	评价内容		星期一	星期二	星期三	星期四	星期五
1	校内	课上专心听讲					
2		作业认真完成					
3		遵守课间纪律					
4	校外	坚持课外阅读					
5		自己整理房间					
6		遵守交通规则					

【活动说明】

叶圣陶先生有句名言“教是为了不需要教”。意思是说，我们教育的根本目的是要让学生掌握一定的方法技能，从而能独立自主地处理问题。因此，我们开展“自律——做最好的自己”的主题活动，就是要培养学生“自己可约束自己，自己能提升自己”，激发起学生“自律”意识，实现学生管理由“他律”向“自律”的转变。营造积极主动、认真踏实的良好习惯。还可开展下列活动：

1.共读共写。在书香班级建设过程中，每个孩子不仅有共读的书目，还有自己的书友队，此时创设共读共写的生活，不仅能帮助孩子的阅读感悟，还能激发孩子的写作兴趣。所以适时完成一定数量的读书笔记，如书中人物的素描、与书中人物的心灵对话、续编或是创编故事都是非常好的自律内容。

2.班级循环日记。班级日记采取每一个班级成员轮流写的形式，这样让每个学生学会关注班级，观察老师同学，体验学习生活。在班级日志扉页的落笔须知上写道：认真观察写发现，每日三思写成长；放开眼界写光明，小中见大写理想；不畏邪恶写刚正，取长补短写榜样。每一个同学在记班级日记前，都必须先阅读前一篇日记，并写上自己的简短评述。常在班上朗读《班级日志》，使学生重温自己的学习生活经历，关注发生在自己身边的事，重视与自己有关系的事，修正自己的行为。这对他们的明天不仅是珍贵的回忆，更能使他们在反省中扬长避短，不断

完善自己。

3.“善自律，我最棒”读书征文活动。在活动初期，布置开展“善自律，我最棒”的征文活动。在活动的末期，进行征文评奖，优秀篇章推荐到学校刊物中，让“自律”的意识深入每个人的心中。

4.“智慧的眼睛”漫画大赛活动。以“智慧的眼睛”为主题，引导学生在开展“自律——做最好的自己”的活动中，用漫画的形式展露生活中美好及不良的现象，以来警示、激励学生向正确的方向发展。

方案四：自强，给我一双飞翔的翅膀！

【活动目标】

1.阅读有关自强的名言警句、名人故事，培养学生收集和整理信息的能力。

2.学会自省，知道自立自强是一种可贵的品质，做人应该自立自强。

3.懂得从小培养自立自强的精神，做到生活自理、学习自觉，不依赖父母，能承受挫折打击，意志坚强。

【活动对象】

小学五、六年级学生。

【活动准备】

1.全体学生学唱《真心英雄》。

2.查阅书本或上网收集或创作自立自强的格言警句。

【活动过程】

1.谈话交流。

(1)学生听唱歌曲《真心英雄》。

同学们，唱着这首耳熟能详的《真心英雄》，你们有什么想说的吗？(引导学生谈感受)

(2)是呀，生活难免有挫折，就让我们在自省中学会自强，给自己一双飞翔的翅膀！(揭题)

2.走近自强不息的名人世界。

(1)PPT展示张海迪与霍金的事迹。

(2)学生交流课前收集的自强不息的名人事迹。

(3)这些只是古今中外许许多多靠着自强不息获得成功的代表，除了他们以外，还有哪些人也是自强的代言人呢？

(4)自强是一种优秀的品质，它更是我们国家和民族屹立于世界民族之林的精神动力。那么，在我们的生活中，在我们的周围，是否也有着这样自强不息的榜样呢？今天，就让我们一起走近我们的同龄人——陆佳宁。

3.学习身边的榜样——《陆佳宁事迹介绍》。

在海门市包场小学，师生间传扬着一个孝心故事：该校五年级的一名13岁女生，五年如一日精心照顾因病致瘫的母亲，用柔弱的双肩撑起了一个家！特别令人心酸的是，小姑娘每天要往返上百千米照顾生病的母亲，风雨无阻！

雪上加霜的是，陆妈妈多年前就罹患肌无力等多种疾病，身体瘫痪，生活不能自理；近几年病情不断加剧，必须在海门市区的一家医院接受长期治疗。无奈之下，母子二人只能寄居在海门城区解放路七一桥附近一位亲戚家的车库里，生活的艰辛可想而知。

穷人的孩子早当家，家庭的重担全都落在陆佳宁的身上。13岁的少女，在平常人家还是撒娇的年龄，而她却早早地承担起维持一个家庭的重任。为了给母亲补充营养，她省吃俭用，从不叫一声累、道一声苦。

“丫头天天要为我做饭做菜、端茶送水，还要洗衣拖地做家务，我心疼啊！但丫头和我说，妈妈的健康是她最大的幸福，再苦再累也不怕。我感到很欣慰，但心里还是觉得真对不住娃娃啊！”陈玉芝说及伤心事泣不成声。

她的班主任周萍老师动情地介绍：“陆佳宁同学从小聪明好学，尽管家境十分贫寒，但个性非常坚强。虽然每天起早贪黑替母亲做饭洗衣服，但从未影响过学习。特别是在近一个学期来，母亲在海门市区一家医院接受治疗，她更加忙碌，每天一大早给母亲备好午饭后，再快步去赶乘从海门市区至包场的第一班公交车到学校上课。下午放学后，又乘去海门的最后一班车急急赶回母亲身边照料她起居。一个成年人每天来回100多千米，长年累月如此奔波也吃不消啊，更何况是一个13岁的小女孩？”

“这个小女孩确实不简单，这么小就承担起照顾病母的职责，五年如一日，太不容易了……”海门港新区浜北村村支部副书记成雅敏提起好丫头陆佳宁，赞不绝口。

而今，这个自立自强的小姑娘已经转入我们学校，在五(2)班就读。陆佳宁，她就是我们身边最好的榜样！

(1)当同龄女孩还在家中撒娇，不幸的她却已经用自己柔弱的双肩早早支撑起了家庭。听了陆佳宁的事迹后，请对照一下自己平时的行为，然后说说从陆佳宁的身上，你学到了什么？

(2)陆佳宁的自立自强让大家感动与赞叹，她是值得我们学习的好榜样！

4.分享《假如给我三天光明》的读后感。

(1)本学期，我们认识了这样一位与命运抗争，自强不息的女作家，她就是海伦·凯勒。最近一段日子，我们一直在浸润在她的《假如给我三天光明》的文字里，那些动人心弦的文字，一定给大家留下了深刻的印象，现在就请大家分享一下你读完这篇文章后的感受。

(2)交流展示《假如给我三天光明》读后感。

(3)海伦·凯勒的一生,是生活在黑暗中却给人类带来光明的一生,她用行动证明了人类战胜困难的勇气,她用自己的自强不息给世人留下了一曲永难遗忘的生命之歌!

5.制作自强主题的书签。

(1)我相信,通过这堂课的学习,大家对自强已经有了更深一层的理解,这也让我们发现自省其实很重要。通过自省可以让我们发现问题,让我们不断进步。现在就请大家拿出制作书签的材料,让我们一起动手,写下你心中自强的宣言。

(2)展示交流。

6.课堂总结。

通过今天这堂课,我们知道了自强就是靠自己的劳动生活,不依赖别人;自强就是不安于现状,勤奋、进取,依靠自己的努力不断向上。自强是一种良好的品质,更是一种可贵的精神。我们更明白了,生活中也不能缺少自省,自省让我们不断成长、不断进步。孩子们,生活中难免有艰辛坎坷,但是不管环境多么恶劣,哪怕只有一滴水、一粒土,也要顽强地坚持,根深深地扎下,执着追寻阳光,像树一样成长,实现自己最高的理想。

【活动说明】

这是一个关于学生行为习惯教育的长线活动,贯穿于这个学期始终。设计“共读交流”“书写成长计划”“记录成长故事”“实践活动”等活动努力使学生形成自强的生活态度,在生活起居、为人处世方面要学会独立自主,提高独立生活的能力。培养学生以自强的态度对待生活中的困难,做到在错误面前不逃避,困难面前不低头,培养自强的精神。

【活动评价】

评价采取星级评定,以自我评价和家长评价相结合的方式开展。每周根据相关内容进行评价,做好记录。各班根据学生在活动中的表现,评选出若干“自强之星”,在此基础上推荐一名参加校级“自强之星”,学校将进行宣传表彰。

自强主题活动评价表

班级________ 姓名________ 第______周

评价内容	自我评价	家长评价
能把开了头的事做完,能按设定的目标计划行动,有始有终。	☆☆☆☆☆	☆☆☆☆☆
知道自己的优点、不足与进步,勇于并善于战胜自己的弱点,有上进心。	☆☆☆☆☆	☆☆☆☆☆

评价内容	自我评价	家长评价
尽全力去改变环境，为自己的成功创造机会；不要相信运气，要相信自身的努力。	☆☆☆☆☆	☆☆☆☆☆
对挫折和失误不灰心，不固执，能分析原因，想方设法战胜困难。	☆☆☆☆☆	☆☆☆☆☆
知道自己的任务，讲究效率，合理安排，能独立按时完成。	☆☆☆☆☆	☆☆☆☆☆
生活自理，积极做好力所能及的家务，能较好地进行简单生产劳动。	☆☆☆☆☆	☆☆☆☆☆
生活节俭，不挑吃穿，不乱花钱，会节省、计划用钱。	☆☆☆☆☆	☆☆☆☆☆
情绪饱满，常见笑容，不为小事生气。	☆☆☆☆☆	☆☆☆☆☆

▶ 六、体会感悟

七彩游戏绘，甜蜜共成长

很久很久以前的人们没有纸、笔，也不会写字，他们是怎样记事情的呢？前不久，我和孩子们一起读了《记事情》这本绘本，孩子们对横跨几千年来的记事方式十分好奇。哦，原来他们会用草绳打结、洞穴壁画、龟甲竹简书写等各种方式来记事情。那现在人们可以用什么方式来记事情呢？写下来、一边说事情一边录下来、用照相机拍照片、用录像机摄下来……孩子们七嘴八舌地讨论着。你想用什么方式来记事情？孩子们意见格外一致，都想用五彩的画笔来记录，也许在他们看来，自己记录的事情才真正是自己的事！于是，在腊梅飘香的 12 月，在孩子们即将迈入 6 岁之际，一次“我在长大——七彩游戏绘”主题活动悄然展开了。

每天游戏后，我们将传统的谈话游戏分享，升级成了分享欢喜困惑、共绘快乐游戏的甜蜜一刻。

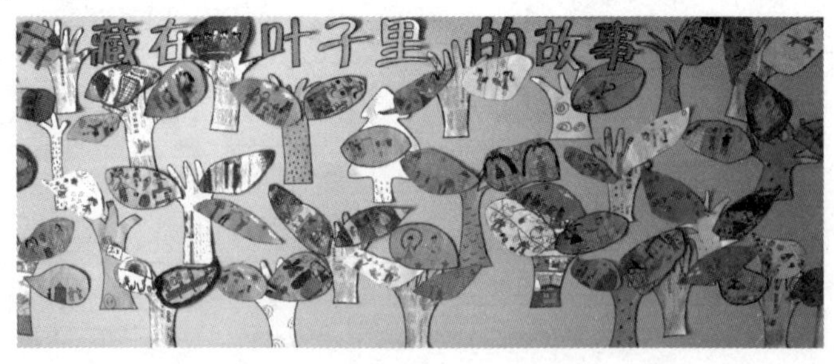

“我在长大——七彩游戏绘”主题墙

9月27日

今天我和朱馨悦一起在操场上的“建筑小天地”搭积木。这时候一只蝴蝶飞来了，我说是我先看见的，朱馨悦说是她先看见的，我俩就吵了起来。后来老师来了，老师说蝴蝶是大自然的，应该给我们大家一起欣赏。老师还给了我一个气球，给了朱馨悦一朵花，我俩就不吵架了。后来，我们还一起用积木拼了一只大蝴蝶。

——大(三)班　龚睿

10月12日

今天做游戏的时候，我和小朋友一起玩了跳绳、走平衡木、爬绳网，我们还一起在沙里玩。后来我和妙妙、金金一起想办法，把三个人的绳子连在一起，妙妙和金金一起甩，我在中间跳。然后我们再交换跳绳，我们玩得很开心。

——大(一)班　叶一睿

12月16日

我和施烨蕊在美工区玩的时候，不小心把颜料弄到了墙上，我们很着急，不知道怎么办才好。后来我们用毛巾把墙上的脏东西擦掉，我们又一起做游戏了。老师还表扬我们了。

——大(三)班　刘子慧

3月15日

今天我和一个中班的小妹妹一起玩跷跷板，旁边有很多小朋友看我们玩。老师说，做游戏的时候要照顾好小弟弟小妹妹。

——大(二)班　沈杨阳

现在，30棵小树扎根在花园里，孩子将自己的游戏分享故事记录在属于自己的树叶上。一片片树叶记录着同伴的友爱、游戏的快乐、成长的喜悦，也记录着争吵、难过、困难……一片片树叶提升了孩子们的游戏水平，也让我读懂了孩子，更理解、更热爱身边这群人间的天使。

30棵小树和30个灵动的生命在游戏中成长。孩子，我要给你们最美好的祝愿，愿你们的生命更加美丽，愿你们的生活更加美好！

（海门市三厂幼儿园教师　丁娟）

成长路上，一路风景

记得小时候，我自己也很喜欢记日记，而且特别喜欢记录一些不开心的事情，日记就像是我的一位隐形朋友，她默默地倾听着我的诉说，伴随着我们的成长。不过可惜的是，慢慢地随着学业的加重，没有持之以恒，现在想来还是非常可惜的。

孩子读中班的时候老师在QQ群里发出倡议书，我是第一个支持响应的，这是一件多么美好的事情。现在的孩子真是幸福的，在他尚未识字的年龄，老师就开始引导孩子记日记了，如果能坚持，女儿不仅会收获童年难忘的回忆，更会收获韧性、毅力以及坚持不懈的习惯。

一回到家，孩子就迫不及待地展示她的“日记”作品，说实在话，乱糟糟的图画，让我一头雾水。可是孩子却兴奋地告诉我：“今天我正在拍皮球，萌萌走过来，然后我的皮球就滚了，萌萌帮我追了回来，我和她是好朋友。”原来如此，那个弯腰的小人原来是萌萌在捡皮球呀。我微笑着拿起笔，帮她记录了下来。写完了，我摸了摸女儿的头：“涂上颜色，你的日记就更精彩了！”丫头蹦跳着去找炫彩棒了！

之后的好几天，只要我一下班，孩子就喋喋不休地讲述她的幼儿园生活，有谁摔了一跤她把人家扶起来的，有喂幼儿园自然角里的小仓鼠喝水的事情，有今天和谁扮“过家家”的事情……每次我帮她记录完，她又拿起彩笔进行润色一番，最后小心翼翼地、整齐地夹在我帮她买的文件袋里。

可是女儿今天有点不高兴，拿着“日记”噘着嘴，绘画日记上有个小朋友在哭，我把她抱在怀里,她委屈极了,原来今天女儿不小心用玩具敲了呈呈的手,呈呈大哭,老师把女儿批评了。我问女儿:"那怎么样不让老师批评你?"她认真想了想说:"我应该给他摸摸手。""还要说什么呢?""对不起。""对啊,这样呈呈就不会哭,老师就不会过来批评你啦!你们又是好朋友,对不对?"女儿刚才还满是泪水的眼睛瞬间亮晶晶起来,她赶紧在"日记画"上添了几笔,哈哈,也只有她自己能看懂了!

现在"日记画"藏在她的成长档案袋里,有的时候我们母女会拿出来看看,看看以前的趣事,总是让人忍俊不禁,一股暖暖的感觉穿过心间,此刻,我和孩子的心贴得更近了。

现在在老师的引导下,在家长的鼓励下,女儿已经逐渐将记"日记画"变成了生活中的一部分。有的时候带她出去玩,哪怕很晚了,她也要扒拉几笔记录一下,她的绘画日记带到幼儿园去,总能和她的好朋友讲个不停。

因为记日记,孩子和父母、和同伴、和老师的心灵靠得更近。当绘画日记成为她的一种习惯,成为她童年生活重要的一部分,女儿的坚持、坚韧的品质得以培养,也能从伤心的事情中习得经验,提高交往、受挫等能力!

成长是收获一路的风景,在风景里,走得太快,会错过很多。有的时候,需要不时地停下来,回头看看,自我反省,自我教育,才会成就更精彩的人生。

握着女儿的手,我们一路从容、一路欢歌、一路精彩!

(海门市能仁幼儿园陆彦希家长 张红俭)

孩子们变了

说起华罗庚,相信大家一定马上想起那个烧开水泡茶喝的事例。如何在最短的时间里喝上香喷喷的茶,就需要有计划地安排洗水壶、茶壶、茶杯,烧水,生火,买茶叶等活,否则就会手忙脚乱且耗时颇多。的确,做事有计划对于一个人来说,不仅是一种做事的习惯,更重要的是反映这个人的做事态度,也是一个人取得成功的重要原因。对于孩子来说,做事有计划同样是非常重要的。它可以帮助孩子有条不紊地处理事情,避免手忙脚乱。一个做事没有条理、没有计划的孩子在走向成功的道路上将会比其他人更加辛苦。因此,"计划"成了12月份"每月一事"的关键词。

对于低年级的孩子来说,计划是个很高深的词,如何让孩子们明白什么是计划呢?绘本故事无疑是一个很好的切入口。《神奇猜猜:我是时间的小管家》让孩子们能对"时间"一词有初步的概念。经过老师改编的《四只毛毛虫的故事》也很有趣。那只早早地就制订好计划的毛毛虫找到了又大又甜的苹果。听了故事,有孩子说:"计划就是把要做的事安排好先后顺序。"有孩子说:"计划能够让我们在最少的时间里把事情做好。"还有孩子说:"计划可以让我们的生活不会乱糟糟的。”

对计划有了初步的了解之后，我们就开始了关于计划的实践活动。“生活小剧场”“头脑大风暴”“小小调查员”“我的时间我做主”等等，一系列的活动开展让孩子们逐渐养成了有计划做事的好习惯。

不少孩子回家后会先把一天的生活作一个梳理，同时思考今天我是否认真地过完了一天的生活。张小路同学原来是个马大哈，做事总是丢三落四。自从活动开展后，他非常感兴趣，总是把“我的一日生活”表格随身带着，表格中，从清晨、上午，再到下午、晚上，一天的生活记录得十分细致。这一记，让他有了很大的发现，发现自己原来常常会因为上学时太匆忙，忘带东西；没有控制好玩耍的时间，作业来不及做等问题，而现在他已经可以出色地成为老师的小助手了。

经过一段时间的实践，孩子们对如何有计划地生活有了较为深刻的体验。对于时间，也从最初的浑浑噩噩到现在已经能够合理安排了。在这个主题月即将接近尾声时，老师和孩子一起通过交流活动，充分感受了时间的珍贵、计划的重要。在一个个快乐而有趣的活动中，孩子在不断增强时间概念的同时，也享受到了合理安排时间的快乐。从来不把时间当回事的刘笑同学，竟然常常会用“人生七十古来稀，前除年幼后除老，中间光景不多时，又有炎霜与烦恼”来提醒身边的同学：时间有限，做事要先有计划，才能更好地利用时间。

才一个月的时间，同学们的变化就已经这么明显，继续坚持下去，相信一定会有更多的精彩呈现。

（海门市能仁小学教师　陈菊）

今天我当家

星期五，老师布置了一项特殊的作业——当一天家长。

睡在床上，我便开始做起了计划：早晨起床先买菜，再打扫房间，然后做饭……

第二天吃完早饭后，爸爸给我20元钱作为一天的伙食开支。按照前天夜里想好的计划，先上菜市场采购去。路上，我边走边盘算着：水果家里还有，不用买了；牛奶没了，要买了；妈妈喜欢吃肉……

路过平常常去的书摊时，老板一声招呼：“你要的《幽默大师》到了。”啊！我的最爱！赶紧付款拿书，5元。等书到手，猛地想起自己的任务，糟糕！虽说书也算得上精神食粮，但属于计划外开支，而且有挪用“公款”的嫌疑哦！看看还剩下的15元钱，想想要买的菜，心里飘过一片乌云，汗！手快了点，不妙啊，开局不利。

进了菜市场，瞧瞧妈妈常买的梅条肉，那么点还要10元！摸摸兜里的钱，狠狠心，买了下来！那边是鱼摊，那个……叹口气，算了还是别去了。转了半天，咳！真是不当家不知菜贵呀，敢情这点钱什么也买不了！终于看见卖青菜的摊了，一问，小青菜一元一把，那就来一把吧。我又买了一块豆腐、一把小葱。不是我小气，实在是可动用的资金有限，得省着点花才行。看着手里少得可怜的菜，嗨！这哪是准备午餐啊，不知道的，还以为是买了喂兔子呢。

提着东西敲开家门，低着头交到妈妈手里。看着妈妈的笑脸，自己都觉得不好意思。但不管怎么说，总算完成任务。一盘点，计划 20 元，花费 21.3 元，亏损 1.3 元，在可承受范围之内，从本人小金库冲抵。

正躲在房间里盘算呢，只听见妈妈在卫生间大声呼喊："儿子，衣服还没洗呢。""来了。你不要急，都在我的计划里面呢！"于是，我走到洗衣机旁把衣服扔进了洗衣机。

洗衣机转动后，我又叫来爸爸让他指导我烧饭。饭烧好了，妈妈不请自来，一进厨房就惊呼起来："这是我儿子的战绩吗？"看着妈妈一脸怀疑的样子，我不禁得意起来：可不是，平时总嫌我这不是那不是的妈妈现在无话可说了吧！就连操作台上的菜刀、砧板、碗、调味品等都已经被我整理好了。

"儿子，今天表现不错。"爸爸趁机表扬了我。

这时，我不禁佩服起我们的老师，是她让我们学会了有计划地做事。家务活也是可以统筹安排的。比如锅里在烧菜时，顺便就可以整理一下菜刀、砧板……

有了计划，就不会手忙脚乱了。

［海门市能仁小学二(5)班　马心豪］

有一种成长叫自强

现在的孩子从小娇生惯养，有爷爷奶奶疼，爸爸妈妈宠，饭来张口，衣来伸手，大塌下来有全家人帮着顶，地陷下去他(她)会被第一个托起来。然而，人生的道路不可能总是一帆风顺，这样的孩子，将来怎么能面对困难和坎坷？我的女儿就是其中这样的一个，每天上下学要家长接送，家务活从不沾手，跟年幼的妹妹斤斤计较，不称心还要大吼大叫，遇上点困难就绕道而行……作为家长，我们看在眼里急在心里。

最近，我们欣喜地发现孩子在慢慢变化。每天写完了作业，她就会和我们讲一个个小故事。随着孩子绘声绘色的讲述，我们也知道了破土而出的小竹笋、努力学飞的小鹰、微笑着承受一切的桑兰、厄运打不垮的谈迁、与命运抗争的海伦·凯勒……他们都是孩子从老师推荐的文章中汲取到的力量，真是感谢老师的良苦用心！我们也不失时机地告诉孩子："生命中有太多的羁绊，无法抗拒，唯有学会承受，才能从容面对，才能微笑着迎接人生中的所有挑战！也许你的付出不一定有收获，也许你的拼搏会处处碰壁，但是，千万别放弃，最后的坚持就是胜利的开始！"孩子郑重地点了点。她的醒悟、她的决心都饱含在这无言而坚定的回答中。

真正改变孩子的还是那个微信圈里传遍了的、感动了无数人的孝心女孩陆佳宁。她用柔弱的双肩支撑起整个家庭，五年如一日照顾生病的母亲，是孩子们身边看得见摸得着的榜样。听孩子一遍遍讲述着这个早已传遍海门大街小巷的故事，我们一次次感动着。她兴奋地告诉我们：“陆佳宁转到我们学校了，就在五(2)班。她和我们一样大，我要向她学习，也要做个自强自立的人！”看着孩子自豪的表情，我深深体会到了榜样的力量，尤其是同龄榜样的力量。

接下来的日子里，我们真真切切地感觉到了孩子的变化。书包不再让我们拿，力所能及的家务抢着做，说话不再充满了叛逆性，知道好东西要和大家一起分享，和妹妹相处懂得了谦让……一个和以前完全不一样的孩子慢慢呈现在了我们眼前，我们喜上眉梢！孩子在成长，我们也在成长！陪着孩子一起长大是我们义不容辞的责任！坚信我的孩子在这样“随风潜入夜，润物细无声”的教育中一定会成为一个让我们骄傲的孩子！

人的一生，总会遇见挫折与磨难，但人生没有过不去的坎。迈过了，便是一种收获，便会让自己成长起来。有一种成长叫自强！人生当自强！且行且惜，且走且悟！

（海门市能仁小学陈军茹家长　陈杰）

生命因挑战而丰盈

人世沉浮如电光石火，盛衰起伏，变幻难测，人生的道路不可能总是一帆风顺的。这群在蜜罐里泡大，从顺境中走来的孩子，将来怎么能面对困难和坎坷？所以，教会他们自立自强，挑战自我，超越自我，才是真正的成长！

“一元钱生存挑战”活动在孩子们热切的期盼中终于拉开了帷幕。我们的活动规则是：以小组为单位，每组6人，每人一元活动资金。不得向家长、老师、同学等寻求帮助。家长志愿者们只能远远地保护孩子安全，不得发表任何意见，也不能提供帮助。挑战者们在外解决午饭和喝水问题，不仅吃饱，而且吃好。孩子们听了都自信满满，觉得完成这次挑战是小菜一碟。一群小天使就这样怀揣着一元钱，踏上了生存挑战的旅途。

热闹非凡的大街上人来人往，车水马龙，孩子们新奇地东看看，西走走，不知不觉十分钟过去了。“一元钱肯定不能解决午饭和喝水问题，必须想办法挣钱。”有孩子想起了老师说过的话。他们纷纷开始了挣钱行动，有的小组把钱合在一起批发了矿泉水，想在大街上叫卖；有的小组准备在商场门口表演节目，卖艺挣钱；有的小组在学校附近的快餐店当小小服务员；有的发传单……孩子们挣钱的途径五花八门。可是，接下来的表现却有点不尽如人意。平时在家天不怕地不怕的小皇帝们，在大街上却怎么也抹不开面子，亮不起嗓子。尤其是那些女孩子，拘谨又忸怩，脸涨得像红苹果。相比之下，在快餐店当小小服务员的孩子倒是很快进入了角色，上菜、擦桌子、洗碗虽然干得笨手笨脚，却有模有样，小嘴儿也甜甜的，深得大家的喜爱。而手捧矿泉水的孩子几次看到有人走过，想上前推销，却怎么也迈不开步子；发传单的孩子，见人就把传单塞到他们手里，也不管别人要不要；卖艺挣钱的孩子最为难，直往人堆里躲……时间一分一秒地过去了，混在人群里的家长和老师看在眼里，急在心里，想帮忙却又不行。

终于，有胆大的孩子出马了。“叔叔，您口渴吗？我们有矿泉水。比超市便宜点，卖给您吧！”见叔叔不理睬，就紧紧跟上，“叔叔，我们这是在开展‘一元钱生存挑战’的活动，我们的水很干净，没有毒的，您就买一瓶吧！”看着孩子额头上冒出的汗珠和恳求的眼神，那位好心的叔叔终于买了一瓶，还竖起大拇指夸奖孩子们是好样儿的。首战告捷，孩子们自信了很多，不一会儿就卖完了所有的水。真心为那位买了第一瓶水的叔叔点赞，是他给了孩子们自信！其他小组的活动也都在顺利地进行着，孩子们通过自己的努力，挣到了他们人生的“第一桶金”，解决了每个人的午饭和水。看着孩子们大口大口地吃完了所有的饭菜，小口小口地喝着瓶子里的水，家长志愿者眼里泛起了泪花！

回到教室，孩子们感慨万千：他们为自己克服了胆怯心理而高兴；他们懂得了有效的合作是成功的保证；他们理解了父母挣钱的艰辛；他们更深切地明白了有挑战才有超越……孩子们在挑战生存的同时，收获了成长的快乐！

“一元钱生存挑战”这个活动说不上多有创意，但能真真切切地触及孩子的心灵。体验回来后的日子，孩子们都变了，不再乱花钱，不再剩饭菜，不再跟父母大喊大叫，不再害怕和陌生人打交道……这个活动，值！

人生的道路漫长而崎岖，途中充满了形形色色、大大小小的挑战，它们时时处处都与我们相依相随！让我们以百分百的信心和不屈不挠的斗志向自我挑战，向一切挑战！挑战是人生的一种磨炼，强者在挑战中更显英雄本色。人生因挑战而精彩，生命因挑战而丰盈！

（海门市能仁小学教师　姜淑萍）

后　记

“交给学生一生有用的东西”是新教育实验的核心理念之一，开展“每月一事”项目是实现这个理念的一个重要载体。海门新教育实验区自 2009 年编写出版了《一生有用的十二个好习惯：新教育实验“每月一事”项目操作手册》以来，又历经了两千多个日日夜夜的探索与实践、反思与总结，积累了许多非常成功的案例。同时，我们与时俱进，遵循“德育为先，能力为重，全面发展”的教育改革与发展战略主题，有效融合社会主义核心价值观的培育与践行，依据学生发展核心素养体系，重新编写了《养成一生有用的好习惯——新教育实验“每月一事”操作手册》，终于交出版社付印了。此时此刻，我们的内心真真切切地充满了喜悦与幸福。因为，在我们新教育人的共同努力下又收获了一个新的成果，迎来了一个新的庆典。

这么多年来，海门新教育实验区的幼儿园、小学全体师生深度卷入，核心团队反复研讨，新教育“每月一事”的基本定位逐步清晰。12 个月，12 个主题，分成了三大板块：第一是“自我发展”板块，有五大主题；第二是“社会交往”板块，有四个主题；第三是“文化学习”板块，有三个主题。参与各个主题研发的主要编稿单位是：1 月，节俭——德胜小学、王丽名师工作室；2 月，守规——中南国际小学、蓓蕾幼儿园；3 月，环保——海南小学、少年宫幼儿园；4 月，公益——海师附小、海南幼儿园；5 月，勤劳——实验小学、通源幼儿园；6 月，审美——东洲小学、锦绣幼儿园；7 月，健身——育才小学、实验幼儿园；8 月，友善——通源小学、能仁幼儿园；9 月，好学——实验附小、东洲幼儿园；10 月，感恩——证大小学、机关幼儿园；11 月，自信——经济技术开发区小学、开发区幼儿园；12 月，自省——能仁小学、王丽名师工作室。吴勇、施健负责项目策划与统稿，许新海负责总策划、审稿。朱永新教授一直关心着整个操作手册的编稿工作，对 12 个主题、专题的确定做了详细的指导。还有赵振杰、孙云晓等专家对我们的手册编写提出了宝贵的建议。赵丽芳老师在统稿过程中也给予了帮助。我们在此一并表示感谢。还要感谢所有新教育实验区参与本项目行动研究的新教育人，尤其是要感谢海门实验区的老师、学生、家长,是他们的行动和实践为我们的操作手册提供了丰富的资源与帮助。

新教育“每月一事”项目不仅要交给学生一生有用的好习惯,更要交给学生一生有用的完整的素养和人格,朝向幸福完整的教育生活。因此,新教育“每月一事”项目的实施,一定是全员参与的过程,一定是高度融合的过程,一定是不断反省的过程,只有这样,新教育“每月一事”项目的研究道路才能越走越远,越走越宽,研究成果才能越来越丰硕。当然,我们深知,在探索实践之路上一定存在许多不足之处,恳望所有有志于此的同仁提出宝贵意见!

编者

(鄂)新登字 02 号

图书在版编目(CIP)数据

养成一生有用的好习惯:新教育实验"每月一事"操作手册/新教育研究院 编著.
—武汉:湖北教育出版社,2020.6(2021.10 重印)

ISBN 978-7-5564-1102-3

Ⅰ.养…
Ⅱ.新…
Ⅲ.习惯性-能力培养-儿童教育-家庭教育
Ⅳ.G78

中国版本图书馆 CIP 数据核字(2016)第 143818 号

养成一生有用的好习惯 YANG CHENG YI SHENG YOU YONG DE HAO XI GUAN

出品人	方　平		
责任编辑	刘书慧	责任校对	刘慧芳
封面设计	牛　红　刘静文	责任督印	张遇春

出版发行	长江出版传媒	430070　武汉市雄楚大道 268 号
	湖北教育出版社	430070　武汉市雄楚大道 268 号
经　销	新　华　书　店	
网　址	http://www.hbedup.com	
印　刷	黄冈市新华印刷股份有限公司	
地　址	黄冈市宝塔大道 89 号	
开　本	710mm×1000mm　1/16	
印　张	18.5	
字　数	339 千字	
版　次	2016 年 8 月第 1 版	
印　次	2021 年 10 月第 10 次印刷	
书　号	ISBN 978-7-5564-1102-3	
定　价	36.00 元	